A nova culinária vegana

A nova culinária vegana

Receitas incríveis sem produtos de origem animal

Ann Gentry

Fotografias de Sara Remington

Tradução de Maria Sylvia Corrêa

Copyright © 2011 Ann Gentry
Copyright das fotos © 2011 Sara Remington
Copyright da tradução © 2014 Alaúde Editorial Ltda.

Publicado originalmente com o título *Vegan Family Meals – Real Food for Everyone*, por Andrews McMeel Publishing, uma empresa do grupo Andrews McMeel Universal, Kansas City, MO, EUA.

Todos os direitos reservados. Nenhuma parte desta edição pode ser utilizada ou reproduzida – em qualquer meio ou forma, seja mecânico ou eletrônico –, nem apropriada ou estocada em sistema de banco de dados sem a expressa autorização da editora.

O texto deste livro foi fixado conforme o acordo ortográfico vigente no Brasil desde 1º de janeiro de 2009.

2015
Alaúde Editorial Ltda.
Rua Hildebrando Thomaz de Carvalho, 60
São Paulo, SP, 04012-120
Tel.: (11) 5572-9474
www.alaude.com.br

Produção editorial: Editora Alaúde
Preparação: Graça Couto, Elvira Castañon
Revisão: Olga Sérvulo, Temas e Variações Editoriais
Capa: Rodrigo Frazão

Edição original: Andrews McMeel Publishing, LLC
Projeto gráfico: Julie Barnes e Diane Marsh
Fotografia: Sara Remington
Food stylist: Robyn Valarik
Assistente de food styling: Mara Dockery
Prop stylist: Dani Fisher
Assistente de prop styling: Bella Foster
Assistente de câmera: Shawn Corrigan
Crédito das imagens: iStockphoto.com
   (páginas 28, 216, 220, 228 e 232)

Impressão e acabamento: Intergraf Ind. Gráfica Eireli
1ª edição, 2014 (1 reimpressão)

CIP-BRASIL.
Catalogação na publicação Sindicato Nacional dos Editores de Livros, RJ

G295n

Gentry, Ann
A nova culinária vegana: receitas incríveis sem produtos de origem animal /Ann Gentry; tradução Maria Sylvia Corrêa; fotografias Sara Remington. - 1. ed. - São Paulo: Alaúde, 2014.
268 p. : il. ; 24 cm.

Tradução de: Vegan family meals : real food for everyone
Inclui índice
ISBN 978-85-7881-234-8

1. Dieta de baixa caloria - Receitas. 2. Culinária vegetariana. 3. Dieta - Aspectos de saúde. 4. Hábitos alimentares. 5. Nutrição. I. Título.

13-07217   CDD: 641.5635
                  CDU: 641.561

sumário

Agradecimentos **vii**

Introdução **ix**

Café da manhã
1

Petiscos e sanduíches
41

Sopas
75

Saladas
105

Pratos principais
139

Grãos e legumes
177

Sobremesas
209

Livros e sites recomendados **243**

Índice remissivo **245**

É necessário um vilarejo para dar origem a um livro de culinária. Sou muito agradecida a meu vilarejo particular: a minha família, meus amigos, sócios, funcionários e comensais de meu restaurante, Real Food Daily, que contribuíram para o nascimento deste livro.

muito obrigada

agradecimentos

A Rochelle Palermo, editora e degustadora das receitas dos meus dois livros, que transformou minhas ideias de culinária em receitas coerentes e executáveis que todos podem apreciar.

À escritora Laura Samuel Meyn, que esteve comigo em todas as conjunturas deste processo, com aguda atenção aos detalhes, dando sentido às minhas palavras e ideias um tanto malpassadas ou cozidas demais.

A Sara Remington e equipe – venham quando desejarem a minha casa para preparar, cozinhar, produzir, filmar e fazer a mágica de transformar as receitas em lindas fotografias.

À equipe do Andrews McMeel, começando pela editora Kirsty Melville, que mais uma vez me abriu uma porta; Jean Lucas, meu editor, sempre disponível e objetivo; Julie Barnes e Diane Marsh, equipe de arte maravilhosa, que criou o *layout* certo para as minhas receitas e as fotografias de Sara.

À equipe do Real Food, e a Kacy Hulme e Beth Griffiths, as assistentes que seguraram as pontas no trabalho – obrigada a ambas pelo apoio que me deram para escrever este livro. E a meus chefs, Shelly, Ivy e Romualdo – obrigada por atenderem às minhas meticulosas exigências.

A meu marido, Robert Jacobs, pelo apoio resoluto e por acreditar no que faço.

E a nossos filhos, Halle e Walker, o futuro de um mundo onde mais gente irá consumir "alimentos verdadeiros" deliciosos, equilibrados e cultivados organicamente.

introdução

Quer que sua família aprecie refeições e lanches deliciosos e saudáveis? Que pareça, e se sinta, bem? Quer melhorar a saúde dela a longo prazo? Quer ajudar o meio ambiente? A alimentação vegana faz uma diferença incrível no nosso corpo e no mundo a nossa volta. Há três décadas venho experimentando receitas vegetarianas e veganas diversas, desde quando era uma jovem atriz brigando com o peso e a aparência, até hoje, como profissional, mãe de dois filhos e proprietária da cadeia de restaurantes de comida vegana Real Food Daily, nos Estados Unidos. A fim de seguir uma dieta vegetariana, eu aprendi: é preciso cozinhar em casa, com receitas fáceis. Este livro está recheado de receitas saborosas e substanciosas que irão contribuir para a nossa saúde, a ética e o meio ambiente que todos compartilhamos.

Não é preciso ser vegano ou vegetariano para desfrutar dos benefícios de refeições à base de vegetais. Não se deixe desviar por uma atitude do tipo "oito ou oitenta": vale a pena o esforço de consumir menos carne e laticínios diariamente, mesmo que você não os elimine por completo. Na verdade, a minha própria dieta não chega a ser cem por cento vegana. De vez em quando, como pequena quantidade de peixe e laticínios.

Depois de uma infância com uma dieta tipicamente americana, ao estilo sulista, e de mais tarde, na faculdade, viver à base de doces e cigarros, a minha vida mudou completamente nos meus 20 anos. Eu era então uma aspirante a atriz em Nova York, trabalhando de garçonete em um restaurante vegetariano de Greenwich Village. O Whole Wheat'n Wild Berrys era um lugar que transmitia energia e informação sobre como se alimentar de modo diferente. Rapidamente, tirei a carne e os laticínios de minha dieta.

Inspirada pelo florescimento do movimento da alimentação natural, tentei fazer jejum, experimentei sucos e megavitaminas. As informações conflitantes, porém, e as dietas pouco práticas me confundiam. Depois de vagar pela variedade de ofertas das casas de alimentos naturais, descobri que a macrobiótica, uma dieta baseada em grãos integrais e legumes, era a mais sensata e balanceada. A macrobiótica me ensinou a comer e a cozinhar. E o mais importante, me ensinou a conexão entre dieta e saúde. (Leia mais sobre macrobiótica na página 202.) Depois, quando me mudei para a Califórnia, a descoberta de inúmeras

A nova culinária vegana

fazendas orgânicas e feiras nas proximidades foi outra grande inspiração.

Ao longo dos anos, explorei diversas dietas vegetarianas. Passei anos com alimentação apenas vegana e macrobiótica, experimentei alimentos crus, combinados com alimentos integrais e sem glúten, e outros regimes sem carne. Hoje em dia, sei com qual me sinto melhor – uma dieta fundamentalmente vegana.

É um momento para veganos ou vegetarianos.

Nos anos 1970, a alimentação natural era um movimento alternativo, mas hoje não mais. Ser vegano é considerado bem bacana, na verdade. Quando comecei a mudar a minha alimentação, a maioria dos produtos e ingredientes vegetarianos só existia em poucas lojas especializadas. Hoje, é menos difícil encontrar produtos e ingredientes vegetarianos, veganos, macrobióticos e integrais, e existem as vendas *on-line*.

As mudanças em prol de uma alimentação natural surgiram como resposta a uma epidemia de doenças degenerativas: o século XX assistiu a uma explosão de doenças cardíacas, diabetes, obesidade e alguns tipos de câncer, entre outras. A maior parte dessas doenças pode ser atribuída diretamente a mudanças radicais em nossa alimentação, mudanças trazidas pela revolução industrial. Sendo assim, autores e pesquisadores começaram a identificar e a documentar a relação entre alimento industrializado e as doenças degenerativas que de repente infestavam o mundo, rompendo com o mito de que a carne é um elemento necessário para uma dieta nutritiva.

Em 1971, Frances Moore Lappé publicou *Dieta para um pequeno planeta* (São Paulo: Ground, 1985), um livro radical para a época, contando como as pessoas poderiam crescer sem carne. O livro de Lappé estabeleceu os fundamentos para que um movimento vegetariano florescesse entre a geração Baby Boomer. Em 1987, John Robbins publicou *Diet for a New America*, alertando a geração X (entre 1960 e 1980) para a importância de uma dieta baseada em vegetais. Robbins fez mais do que apenas documentar as consequências para a saúde de uma dieta vegetariana – ele expôs os prejuízos que a indústria da carne causava ao meio ambiente e a forma horrível como os animais eram tratados nas empresas do ramo alimentício.

O ramo de alimentos saudáveis, naturais, orgânicos e macrobióticos cresceu. As pessoas criaram cooperativas em suas comunidades a fim de adquirir esses novos ingredientes. Algumas dessas cooperativas transformaram-se em lojas de alimentos naturais. De mãos dadas com esse movimento da alimentação natural, fundaram-se instituições onde as pessoas podiam se recolher, alimentando-se de modo saudável e praticando exercícios. Hoje em dia, esses mesmos princípios foram incorporados por *spas*, onde uma abordagem equilibrada do bem-estar depende de uma dieta saudável e harmoniosa.

A ideia se espalhou: médicos e profissionais de saúde pública dizem que precisamos consumir mais alimentos vegetarianos. Michael Pollan e Mark Bittman, conhecidos autores contemporâneos, apresentam argumentos irresistíveis sobre comer menos carne, conquistando um público maior que seus antecessores. A Organização das Nações Unidas recomendou um dia sem carne por semana como forma de combater as mudanças climáticas, e a Johns Hopkins Bloomberg School of Public Health (escola de saúde pública) patrocina a Segunda-feira Sem Carne, uma iniciativa sem fins lucrativos, de âmbito nacional, que visa reduzir em 15 por cento

introdução

o consumo de carne a fim de melhorar a saúde das pessoas e do nosso planeta.

O LIVRO DE RECEITAS QUE VOCÊ TEM EM MÃOS É TOTALMENTE VEGANO.
Todo mundo já sabe que cuidar da saúde da família a longo prazo significa encaixar mais vegetais, frutas e grãos integrais em todas as refeições, e mais refeições e petiscos vegetarianos toda semana. Talvez você se pergunte: "Como vou conseguir isso?" A resposta está contida neste livro: refeições veganas caseiras.

Não se sinta intimidado diante da ideia de preparar alimentos vegetarianos. Um dos sanduíches mais comuns nos lares americanos, o de pasta de amendoim e geleia, é vegano. A maior parte das receitas a seguir leva menos de uma dúzia de ingredientes. Elas são fáceis e muito mais saborosas do que pasta de amendoim e geleia. Que tal Rolinhos de lasanha (página 166), Enchiladas de feijão-rajado (página 142), ou Hambúrguer com salada, cebola caramelizada, abacate, tomate e molho rosê (página 117)?

A ALIMENTAÇÃO VEGANA É SAUDÁVEL E EQUILIBRADA.
Você sabia que a maior parte das pessoas consome proteína demais? Existe um mito de que precisamos de mais proteína do que necessitamos de fato, a fim de favorecer a venda de carnes, que por sua vez incrementa a venda de plantas como milho e soja, usadas para engordar o gado. O excesso de proteína tem sido relacionado a pedras nos rins e osteoporose, entre outros problemas de saúde.

É fácil obter as proteínas necessárias nos alimentos vegetarianos; entre os ingredientes ricos em proteína estão vagens, produtos feitos com soja, nozes e sementes. Espalhe um bocado de nozes torradas na salada, ou acrescente tofu ou tempeh em um mexido de legumes. Variando bastante, descobrimos que uma dieta vegetariana proporciona satisfação e energia.

Costumava me preocupar com a quantidade de vitaminas e minerais. Entre as cinquenta vitaminas e minerais de que precisamos, 48 são abundantes nos vegetais. Entre as duas que não são, a vitamina D é produzida cada vez que tomamos sol, e a outra, a vitamina B_{12}, está presente em alguns dos alimentos veganos reforçados, como cereais, leite de vegetais, leveduras nutritivas, manteiga de vegetais, além de poderem ser ingeridas como suplemento.

Uma dieta à base de vegetais, naturalmente rica em fibras, com pouca gordura e rica em vitaminas e minerais, irá reduzir o risco de doenças cardíacas, diabetes, obesidade e alguns tipos de câncer. O colesterol está presente apenas nos produtos de origem animal, portanto, uma dieta vegana está naturalmente livre dele.

A nova culinária vegana

As dietas vegetarianas mais interessantes, além de evitar produtos de origem animal, se concentram no alimento verdadeiro. Em outras palavras, alimentos integrais contrapondo-se a produtos processados e refinados. Por exemplo, o arroz. A moagem e o polimento que convertem o arroz escuro no arroz branco dispensam todas as fibras dietéticas e os ácidos graxos essenciais, grande parte do ferro e das vitaminas B_3, B_1 e B_6 e metade do manganês e do fósforo. É por isso que uso arroz integral mesmo quando faço sobremesas (veja o meu Arroz-doce com leite de coco na página 231) — isso é muito importante.

O alimento vegano é substancioso.

Comer o que está na parte inferior da cadeia alimentar, ou comer vegetais em vez de animais que comem vegetais, é inteligente para a saúde e também para o meio ambiente. Bastam 2.000 metros quadrados de terra para alimentar um vegano, e cerca de 16.000 para um carnívoro. A produção de hortaliças e grãos usa apenas uma fração da água e dos combustíveis fósseis necessários para obter as mesmas calorias da carne. É inacreditável, mas a indústria da carne gera mais emissões de gás de efeito estufa que todos os carros, caminhões e ônibus juntos. Não comer carne alguns dias por semana poupa mais energia e resulta em menos gases de efeito estufa do que dirigir um carro híbrido.

É evidente que as mudanças climáticas da terra estão diretamente relacionadas à agricultura. Todo ano nós perdemos milhares de hectares de terra nativa para a pastagem de gado. As operações da indústria alimentícia emitem toneladas de metano, um gás que tem vinte vezes mais propriedades de aquecimento do que os outros gases de efeito estufa. Fertilizantes, pesticidas, beneficiamento de alimentos, transporte de animais — tudo isso polui o ambiente. Ao escolher uma forma mais sensata e

---

Em 1975, meu cunhado Larry Jacobs, fazendeiro que cultiva produtos orgânicos, morava no Maine, em uma propriedade rural de Scott e Helen Nearing, pioneiros nessa "volta à terra" que seguiam uma vida vegana, trabalhando a terra, cultivando os próprios alimentos, construindo e escrevendo (publicaram Living the Good Life, entre muitos outros livros). No auge da vida deles, ser vegetariano não era menos que radical.

Larry conta histórias engraçadas sobre médicos que iam a Harborside, no Maine, para conhecer Scott, um velho forte de 90 anos, que havia mais de quarenta anos não comia carne alguma. Incrédulos, os médicos examinavam o casal Nearing, procurando doenças que uma pessoa sem comer carne havia tanto tempo deveria ter. Mas os exames e as observações provaram que os Nearing tinham uma saúde esplêndida. Na verdade, eles eram muito mais saudáveis que seus contemporâneos carnívoros

veganos com saúde e energia

e estavam completamente livres das doenças degenerativas que infestavam os americanos. Sua dieta vegana e seu vigoroso estilo de vida (eles se recusavam a usar cavalos para puxar o arado em suas plantações, lavrando eles mesmos o solo aos 90 anos) lhes havia proporcionado uma forma física de pessoas com um quarto da idade deles.

introdução

simples de se alimentar, teremos uma sociedade mais saudável e um futuro melhor.

Não admira que meus restaurantes orgânicos veganos estejam cheios de gente que não é vegana ou vegetariana o tempo todo. As pessoas estão pensando na saúde e no impacto sobre o meio ambiente, e acrescentando refeições vegetarianas a seu repertório semanal com crescente interesse.

O alimento vegano é benévolo.

É impossível ignorar os custos éticos e ambientais das granjas e fazendas. Não comer carne é uma solução mais eficaz e imediata do que fazer campanhas pelos direitos dos animais a caminho do matadouro. Os jovens parecem saber isso naturalmente: questionam por que alguns animais são de estimação e considerados amigos enquanto outros viram comida. Meus filhos, ainda em idade escolar, nem sempre consomem alimentos veganos fora de casa, mas fazem uma dieta vegetariana com facilidade – e por conta própria.

Para muita gente, tornar-se vegetariano é um bom jeito de começar. Se você resolver também tirar laticínios e ovos da dieta, fará ainda mais por sua saúde e pelo meio ambiente. Tanto o comércio de laticínios como o de ovos empregam práticas altamente questionáveis a fim de ter uma produção elevada a custos baixos. A gordura animal, assim como a dos ovos e laticínios, entope nossas artérias e nos deixa preguiçosos. As frutas, os vegetais e os grãos integrais – para mim, comida de verdade – nos deixam leves e energizados.

A família e os amigos talvez estranhem alguns desses alimentos novos que você está consumindo.

Como fui criada no Sul dos Estados Unidos, quando comecei a consumir novos alimentos, isso não passou despercebido. Minha família chamava essa culinária de "comida da Ann", como se fosse algo bem esquisito. Ao visitar a família em Memphis, eu preparava refeições na cozinha de minha mãe – refeições que ela comia com prazer, mas com certa reserva. Em algum momento, sempre havia uma referência à "comida da Ann".

Muitos anos mais tarde, depois que abri meu primeiro restaurante, a família começou a compreender a minha alimentação. Nas viagens a Los Angeles, meus pais iam comer no Real Food Daily e viam como ele ficava lotado. "Essa comida deve ter algo a mais," raciocinavam, "se tanta gente está comendo". Conquistei muitos céticos com pratos como a minha versão de linguiças com purê de batatas: Linguiças de maçã com purê de batatas e inhame (página 162). Nem todos os membros da família e os amigos consomem refeições vegetarianas o tempo todo, mas apreciam as que compartilhamos – e eu gosto de provar que elas são muito mais satisfatórias do que eles imaginavam.

A comida vegana é deliciosa.
Uma dieta à base de vegetais estimula a criatividade na cozinha, com um repertório sazonal de produtos frescos, coloridos e prontos para usar. Ao preparar os melhores ingredientes locais e da estação com métodos de culinária variados, você terá diversos sabores mais interessantes, texturas e cores.

Para me inspirar, muitas vezes busco receitas que vêm de culturas do mundo todo. As receitas com longa história gastronômica são sempre resultado de um empenho sincero: existe uma razão para que as pessoas as transmitam de geração a geração. Consideremos a Índia, com seus pratos tradicionais vegetarianos que ficam quentes pela combinação exótica de especiarias que proporcionam camadas de sabor e calor; o Extremo Oriente, com o uso criativo de tofu e tempeh e seus ricos condimentos, como o missô e o tamari; o México, com o jeito simples

A nova culinária vegana

de combinar ingredientes como pimentas, favas e milho, num equilíbrio exato. Você vai encontrar essas culturas refletidas em receitas como Sopa de lentilhas vermelhas com curry (página 89), Macarrão setsuan com molho picante de amendoim (página 147), e Salada à moda do sudoeste com molho de chipotle e tirinhas de tortilha (página 112), entre outras.

Sabores vibrantes ajudam a superar o que as pessoas esperam da alimentação vegana. Vou dar um exemplo. Um dia, um amigo do Tennessee, que tem uma bem-sucedida fazenda de soja e algodão, veio a Los Angeles e almoçou no Real Food Daily. Quando voltou, disse aos amigos: "Não sei o que comi, mas era muito bom".

É possível mudar, e isso começa em casa.
Embora eu espere que você visite o Real Food Daily para fazer uma refeição vegana e experimentar uma gastronomia inspirada, acredito que uma mudança real na dieta acontece em casa — é em casa que a gente faz boas refeições e adquire bons hábitos alimentares. Comer em casa traz ainda a vantagem de caber no bolso e fazer bem à família. Hortaliças frescas da estação custam menos do que carne, e você pode ajustar as receitas de acordo com o paladar das pessoas à sua mesa. O tempo gasto vale a pena: mostrar aos filhos e amigos como se alimentar bem é uma das mais importantes habilidades que podemos transmitir.

Como mãe e profissional ocupada, luto para equilibrar diariamente trabalho, filhos, compras de alimentos, exercício, tentando enfiar no meio disso tudo um tempinho para mim mesma. Então, como consigo arrumar tempo para fazer refeições em casa? Primeiramente, começo com refeições simples. Embora seja agradável ter quatro pratos por refeição, isso não é necessário. Equilibre ao longo da semana o seu consumo de nutrientes, e não se angustie tentando fazer com que toda refeição seja completa. Em vez disso, concentre-se em uma ou duas receitas, feitas com uma variedade de ingredientes naturais.

Os pratos deste livro são planejados para as refeições da família. São receitas veganas fáceis, com lista de ingredientes e técnicas acessíveis, tempo de preparo relativamente curto e muito tentadoras, claro. Considero uma família quem se reúna à volta de sua mesa com regularidade; as receitas a seguir podem ajudar você a adotar com mais frequência refeições e lanches à base de vegetais, tanto para si quanto para seus entes queridos.

Comece hoje.
Acho estimulante e gratificante que mais gente esteja desfrutando os benefícios de ficar sem carne; foi isso que inspirou este livro. Enchi-o de minhas receitas caseiras preferidas — mais de cem delas. Para ajudar com ingredientes que talvez sejam novos, veja as listas em "Despensa vegana" ao longo de todo o livro, com informações adicionais que desmistificam coisas como espelta e umeboshi, e muitos outros produtos à base de vegetais. Lembre-se de que muitas das minhas receitas são facilmente adaptadas aos ingredientes que você tem à mão, portanto, verifique as sugestões na apresentação delas.

Receitas veganas rápidas e fáceis são o que as pessoas têm pedido em meu restaurante, e é do que todos precisamos: receitas que não comprometam nossa ética nem a saúde, mas cujo preparo não leve o dia inteiro. Existem razões em abundância, e é fácil preparar uma comida deliciosa que faça bem a sua família e ao planeta. Seja você um vegano comprometido, à procura de novos modos de preparar refeições frescas e saudáveis em casa, ou um onívoro vitalício que deseja aprimorar a saúde e colaborar com o meio ambiente, vai descobrir algo de energético ao cozinhar refeições vegetarianas para si mesmo, sua família e seus amigos.

café da manhã

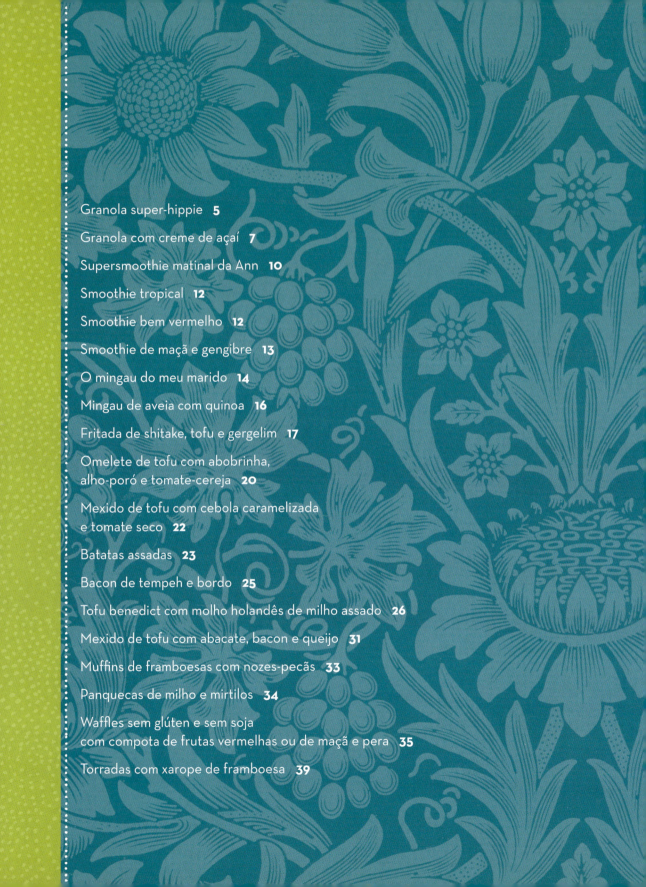

Granola super-hippie 5
Granola com creme de açaí 7
Supersmoothie matinal da Ann 10
Smoothie tropical 12
Smoothie bem vermelho 12
Smoothie de maçã e gengibre 13
O mingau do meu marido 14
Mingau de aveia com quinoa 16
Fritada de shitake, tofu e gergelim 17
Omelete de tofu com abobrinha,
alho-poró e tomate-cereja 20
Mexido de tofu com cebola caramelizada
e tomate seco 22
Batatas assadas 23
Bacon de tempeh e bordo 25
Tofu benedict com molho holandês de milho assado 26
Mexido de tofu com abacate, bacon e queijo 31
Muffins de framboesas com nozes-pecãs 33
Panquecas de milho e mirtilos 34
Waffles sem glúten e sem soja
com compota de frutas vermelhas ou de maçã e pera 35
Torradas com xarope de framboesa 39

café da manhã

As pessoas inventam um monte de explicações para não tomar o café da manhã. Dizem que não têm tempo, ou que não têm fome de manhã, ou dizem que só precisam de uma xícara de café. Na verdade, já me senti culpada por dizer essas mesmas coisas. Também já fui uma moça que nunca tomava o café da manhã. Atualmente, preparo o café da manhã diariamente – e sou boa nisso pois aprendi por que ele é tão importante.

Na medicina chinesa, acreditam que consumir alimentos de boa qualidade ao se levantar estimula o *chi*. *Chi* é energia – a *nossa* energia. Pensemos no café da manhã como dar a partida no corpo. Comer nas primeiras horas depois de se levantar também energiza a mente, ajudando a concentração. O café da manhã continua a influenciar mais tarde, quando talvez a gente fique tentado a comer qualquer coisa rápida (e menos saudável). Na verdade, tomar o café da manhã é um modo amplamente reconhecido de manter um peso saudável – quem faz essa refeição reduz o risco de obesidade e aperfeiçoa a capacidade de escolher alimentos melhores durante o resto do dia.

Embora muitos alimentos do café da manhã possam ser levados ao trabalho (parece que a vida moderna nem sempre dá espaço para refeições mais descontraídas), eu tento reservar um tempo durante a manhã para comer alguma coisinha em casa. Gosto do ritual do noticiário matutino com uma xícara de chá e um café da manhã natural. Já fui testemunha da diferença que um café da manhã saudável faz para mim e minha família, e concluí que se trata de uma necessidade e não de um luxo.

Então, que tal alguns alimentos de boa qualidade para otimizar o *chi*? Estão todos neste capítulo: desde a minha Granola super-hippie (página 5) e os Muffins de framboesas com nozes-pecãs (página 33), que podem ser preparados com antecedência para embrulhar e levar ao trabalho durante a semana, até os Waffles sem glúten e sem soja (página 35) e a Fritada de shitake, tofu e gergelim (página 17), que você pode fazer rapidinho quando tiver uns minutos a mais. Incluí aqui receitas de vitaminas saudáveis a serem apreciadas em casa ou na correria do dia, e panquecas dignas de serem oferecidas a hóspedes no fim de semana, sejam eles veganos ou não. Todas essas receitas não contêm produtos de origem animal, naturalmente, e foram montadas com todas as coisas boas que fazem a gente se sentir mais vivo e com mais energia no início do dia.

granola super-hippie

Há muito tempo a granola é considerada uma comida hippie. Chamo essa granola de "super-hippie" porque contém superalimentos como goji e amoras de Hunza, o que a torna ainda mais nutritiva do que a original (saiba mais sobre superalimentos na página 8). Goji, ou bagas de goji, são frutinhas vermelhas originárias da China e do Tibete; as amoras de Hunza são da região do vale do rio Hunza, nas montanhas do Himalaia. As melhores granolas têm a dosagem certa de doçura e de crocância e foram douradas no forno. Para alcançar uma doçura bem equilibrada, mescle o xarope de bordo com o xarope de arroz. O xarope de arroz é também fundamental para a textura, pois ajuda a criar grumos, que os amantes de granola sabem ser a chave para resultados excepcionais (em termos ideais, a granola tem partes iguais de gruminhos e de ingredientes soltos). Se não tiver à mão o óleo de coco, o óleo de canola também serve. A granola é por si só um bom petisco, e fica deliciosa se servida com qualquer leite vegano, inclusive o Leite vegano caseiro (página 30). **Rende 6 xícaras**

- 1½ xícara (chá) dos tradicionais flocos de aveia
- ½ xícara (chá) de castanhas-do-pará grosseiramente picadas
- ½ xícara (chá) de sementes de girassol com casca
- ½ xícara (chá) de amêndoas inteiras grosseiramente picadas
- 1 colher (chá) de canela em pó
- ½ colher (chá) de sal marinho
- 2 colheres (sopa) de gordura de coco (ver dica)
- ½ xícara (chá) de xarope de bordo
- ½ xícara (chá) de xarope de arroz
- 2 colheres (sopa) de água
- 1 colher (sopa) de essência de baunilha
- ¼ de xícara (chá) de damascos secos picados
- ¼ de xícara (chá) de bagas de goji secas
- ¼ de xícara de amoras de Hunza secas (página 9)
- ¼ de xícara (chá) de uvas-passas brancas

Deixe a grade em altura média e preaqueça o forno a 150 °C. Forre uma assadeira grande, de fundo grosso, com papel-manteiga.

Misture a aveia, as castanhas-do-pará, as sementes de girassol, as amêndoas, a canela e o sal em uma tigela grande.

Leve uma frigideira pequena ao fogo baixo e aqueça o óleo de coco. Acrescente o xarope de bordo, o xarope de arroz, a água e a essência de baunilha. Mexa até tudo se mesclar bem e esquentar. Despeje os xaropes sobre a mistura de aveia, mexendo bem com um batedor. Espalhe a granola por igual na assadeira forrada.

Leve ao forno por cerca de 40 minutos ou até que fique dourada e se formem gruminhos. Enquanto a granola estiver assando, mexa-a delicadamente a cada 15 minutos com um garfo, para garantir que doure por igual, mas sem separar os gruminhos. Acrescente os damascos, as bagas de goji, as amoras e as uvas-passas, misture e deixe a granola no forno por mais 10 minutos. Retire e deixe esfriar (vai ficar crocante quando esfriar).

A granola pode ser conservada num recipiente hermeticamente fechado por até 2 semanas.

A nova culinária vegana

Dica: Você precisa derreter a gordura de coco antes de medir. Em uma panelinha, leve 2 colheres (sopa) generosas de gordura de coco ao fogo baixo e derreta-a. Assim que ficar líquida, meça as 2 colheres (sopa) de óleo.

Variações: É divertido experimentar alguns desses superalimentos, mas não deixe que esses ingredientes incomuns ou a indisponibilidade deles façam com que você desanime e não prepare a granola: embora em muitas regiões eles sejam encontrados em lojas de produtos naturais, pode substituí-los por coco, mirtilos, cerejas, tâmaras ou figos secos. As uvas-passas brancas dão uma cor linda, mas qualquer uva-passa ou groselha também serve. Sinta-se à vontade para usar as nozes ou sementes que preferir. Muitas vezes, uso nozes, nozes-pecãs ou avelãs.

A evolução da granola

Ainda que os hippies tenham ajudado a popularizar a granola nos anos 1960, junto com os movimentos de alimentação natural, as primeiras caixas de granola industrializada só chegaram às prateleiras em 1972. Entrei na faculdade nos anos 1970 e perdi o auge do movimento hippie, mas me lembro de comer granola de caixa em muitas refeições. Não era cara, me dava energia e eu adorava essa praticidade. Naquela época eu não tinha ideia de como cozinhar coisa nenhuma, então doces, granola crocante e leite eram a refeição perfeita para uma estudante. Mal sabia eu que aquele exato momento marcava o verdadeiro renascimento da granola em todo o país, à medida que os movimentos pela alimentação natural se firmavam, tornando comum o que um dia estivera restrito a entusiastas da boa saúde.

A "granula", como foi chamada inicialmente, era feita de farinha de trigo integral e se parecia com uma mistura de trigo e cevada. O dr. James Caleb Jackson, que tinha um *spa* em Dansville, Nova York, foi o primeiro a produzi-la e vendê-la no fim do século XIX. Na mesma época, o dr. John Harvey Kellogg desenvolveu um cereal semelhante – e só mudou o nome para "granola" quando entrou em disputas legais com Jackson. Quando os anos 1960 estimularam a duradoura popularidade da granola, o principal ingrediente era aveia em flocos. Nos anos 1970, muitas pessoas alegaram ter reinventado a granola. Uma delas foi Layton Gentry – nenhum parentesco comigo –, que desenvolveu uma receita de sucesso e a vendeu a duas empresas. A primeira foi a Sovex Natural Foods, do Tennessee, cujas vendas ultrapassaram 1 milhão de dólares em 1971. Depois de recomprar da Sovex os direitos, Gentry vendeu a receita à Lassen Foods, da Califórnia. A revista *Time* fez um perfil de Gentry em 1972, chamando-o de "Johnny Semente de Granola".

Hoje em dia, fico contente de dar continuidade à tradição de sofisticar a receita de granola, criando um cereal para o café da manhã cheio de nutrientes. Inspirando-se em minha Granola super-hippie (página 5), fique à vontade para adaptá-la, fazendo a sua mistura preferida de frutas, oleaginosas e sementes.

granola com creme de açaí

Esta receita apresenta uma maneira inteiramente nova de apreciar a Granola super-hippie (página 5) – misturando açaí com pequenas quantidades de leite vegano. Prefiro o açaí congelado sem açúcar, ao qual você pode acrescentar um pouco de xarope de agave; se isso for azedo demais para suas papilas gustativas, então use a polpa adoçada com açúcar mascavo. Eu uso uma bebida de arroz, linhaça ou coco, pois gosto do sabor desses leites veganos. Se desejar, você pode trocar o leite vegano por uma consistência mais espessa, semelhante à do iogurte. De qualquer modo, o resultado é delicioso. Também gosto de completar a granola colocando frutas frescas, como pêssego, amoras, pera ou banana. **Rende 4 porções**

2 polpas de açaí sem açúcar congeladas

1 banana madura

6 morangos frescos

¼-½ xícara (chá) de leite vegano

1 colher (sopa) de xarope de agave

½ colher (chá) de canela em pó

2 xícaras de Granola super-hippie (página 5)

frutas frescas sortidas (opcional)

Deixe a polpa de açaí derreter até ficar macia. Bata-a com a banana, os morangos inteiros, ¼ de xícara (chá) de leite, o xarope de agave e a canela em um processador, na velocidade máxima, até obter uma mistura homogênea. Se necessário, acrescente mais leite para obter a consistência desejada. Deve render um pouco mais que 2 xícaras (chá) de creme de açaí.

Divida esse creme em 4 tigelinhas. Espalhe ½ xícara (chá) de granola sobre elas. Complete com as frutas frescas e sirva imediatamente.

despensa vegana

superalimentos exóticos

Nos últimos anos, os superalimentos exóticos adentraram os nossos mercados, recebendo uma atenção imensa tanto dos nutricionistas quanto da mídia. "Superalimento" é um termo empregado para o alimento com alto teor fitonutriente – excepcionalmente alto, considerando as calorias por porção – e com consequentes benefícios para a saúde. Nem todos os superalimentos são exóticos: mesmo alimentos como espinafre e mirtilo assim se qualificam. O espinafre, por exemplo, é especialmente rico em ferro. Mesmo quando consumimos superalimentos fáceis de encontrar, estamos obtendo o máximo em cada caloria.

Embora seja animador saber que alguns de nossos preferidos do dia a dia sejam escolhas tão inteligentes, também é divertido experimentar superalimentos mais exóticos, como a linhaça. Eles trazem à mesa sabores, texturas e benefícios para a saúde. Os superalimentos exóticos são populares entre as pessoas que seguem uma dieta crua; seus defensores afirmam que eles são capazes de verdadeiros milagres nutricionais, tais como uma crescente longevidade e a cura de doenças. Seja esse o seu caso ou não, vale a pena experimentar essas fontes nutritivas de energia. São excelentes como petiscos ou em receitas: as três frutas aqui listadas realmente dão destaque à minha Granola super-hippie (página 5). Lembremos que não existe um ingrediente mágico; obtemos diferentes benefícios para a saúde de diferentes alimentos, por isso a variedade e a moderação são muito importantes.

café da manhã

O açaí é o pequeno fruto do açaizeiro, palmeira nativa da América Central e da Amazônia brasileira, que produz cachos com dezenas de frutinhos redondos. É considerado um dos alimentos mais completos e saudáveis da natureza, já que é rico em antioxidantes, aminoácidos, ácidos graxos essenciais, fibras, vitaminas. Com um sabor que tem sido descrito como entre o de uma amora e o de chocolate amargo, o açaí não é naturalmente doce, portanto costuma ser misturado a outros ingredientes. Os brasileiros o consomem tanto em acompanhamentos para pratos salgados como em tigelas com granola, em sucos, vitaminas, iogurtes e sorvetes.

A linhaça é bastante recomendada para a nutrição geral do organismo; existem várias pesquisas em andamento, mas há quem acredite que ela pode reduzir o risco de doenças cardíacas, derrame, alguns tipos de câncer e diabetes. O óleo de linhaça é uma rica fonte de ácidos graxos essenciais. Sempre uso óleo de linhaça como ingrediente, já que é um modo simples de elevar o teor nutritivo dos meus molhos para saladas (página 106). Também uso esse óleo para passar em torradas (página 39), pois empresta uma cor dourada e um sabor mais forte ao pão. A semente de linhaça é rica em fibra e lignina (componentes das plantas que agem como antioxidantes), além de ácidos graxos essenciais.

As bagas de goji, também chamadas de "sinforina", são como amoras enrugadas, de um vermelho brilhante, nativas da China; quando secas, têm o formato e a textura próprios das uvas-passas. O sabor é um tantinho agridoce e suavemente travoso — um misto de mirtilo com cereja. São ricas em antioxidantes, particularmente carotenoides como o betacaroteno. Adoro beliscar essas pequenas bagas; são grudentas e agradáveis.

As amoras secas são conhecidas pelo sabor distintamente travoso e rico; são carnudas, difíceis de mastigar e oferecem vitamina C, ferro, cálcio, proteína e fibra dietética. Procure em casas de produtos naturais pelas amoras de Hunza, que são nativas de uma região no norte do Paquistão. Frutas silvestres, as amoras de Hunza são colhidas e secas, um alimento natural que não recebe nenhum tratamento nem processamento.

supersmoothie matinal da Ann

Esta é a minha vitamina preferida. Às vezes, vario ligeiramente as frutas, dependendo do que tiver à mão, mas quase sempre fico com esses ingredientes. Fácil de encontrar, a água de coco é excelente fonte de potássio e reidrata o corpo naturalmente com eletrólitos. Suco de maçã, suco de amora ou suco de laranja também podem ser bons substitutos dela. Gosto de acrescentar uma vitamina em pó natural para reforçar a carga nutritiva de minha vitamina: existem muitos tipos à disposição, portanto, leia as embalagens com cuidado e escolha uma que seja feita principalmente de frutas e vegetais. **Rende 3½ xícaras**

1⅓ xícara (chá) de água de coco

3 colheres (sopa) de amêndoas hidratadas (página 11) e escorridas

1 colher (sopa) de linhaça hidratada (página 11) e escorrida

1 colher (sopa) de vitamina instantânea em pó natural

1 banana madura

1 xícara (chá) de frutas vermelhas sortidas frescas ou congeladas

½ xícara (chá) de pedaços de pêssego ou manga

Triture todos os ingredientes no processador até obter uma mistura homogênea. Encha os copos e sirva imediatamente.

Durante os meses quentes do ano, começar o dia com uma vitamina é perfeito: refresca e é delicioso, e é também um modo inteligente de incorporar à dieta os antioxidantes e fibras extras, e outros poderosos nutrientes que várias frutas oferecem. Gosto que a vitamina tenha a textura certa – nem líquida como um suco, nem tão espessa para pegar uma colher. A vitamina ideal é também equilibrada no sabor; aceita uma nota de cada fruta, mas nenhum ingrediente encobre os demais. Quando há castanhas e sementes, elas encorpam a mistura de frutas e oferecem um leve toque crocante, sem contar os benefícios à saúde.

vitaminas

café da manhã

AMÊNDOAS HIDRATADAS
Além do aroma e sabor atraentes, as amêndoas são ricas em nutrientes: têm mais fibras dietéticas e cálcio que qualquer outra fruta seca, não admira que estejam na lista dos superalimentos (saiba mais sobre superalimentos na página 8). As amêndoas hidratadas ficam muito mais fáceis de ser digeridas – e seus nutrientes, mais fáceis de ser absorvidos. Se desejar, pode tirar a pele delas, que sai facilmente depois da hidratação; ou então, simplesmente, deixe-as intactas (eu as uso assim sempre). Para as receitas de vitamina que pedem amêndoas hidratadas, basta tirá-las da água, deixá-las escorrer e colocá-las no processador. **Rende 2 xícaras**

2 xícaras (chá) de amêndoas orgânicas cruas inteiras

Coloque as amêndoas em uma tigela média e enxague-as em água corrente até a água sair clara. Enxágue as amêndoas 3 ou 4 vezes, usando a mão ou um coador para escorrer a água a cada vez.

Coloque as amêndoas lavadas em um recipiente de vidro bem fechado. Acrescente água fresca e fria suficiente para ficar pelo menos 2 centímetros acima das amêndoas. Tampe e deixe descansar, longe de luz solar direta, por pelo menos 8 horas ou até 24 horas. As amêndoas vão inchar e a água vai ficar da cor de âmbar.

LINHAÇA HIDRATADA
Além do sutil sabor natural que lembra o de nozes, ela possui antioxidantes e ácidos graxos ômega-3 em abundância. Tem pouco carboidrato e muita fibra, o que a torna o alimento ideal para dar início ao dia, ajudando você a se sentir inteiro e satisfeito. Quando estiver pronto para usar a linhaça hidratada, provavelmente não será preciso escorrê-la – em geral, não há nenhum excesso de líquido, já que ela absorve a água. **Rende 1 xícara**

1 xícara (chá) de linhaça orgânica

Coloque a linhaça num coador fininho e enxágue-a em água corrente fria, revirando-a com os dedos.

Coloque-a em um recipiente de vidro fechado e acrescente água fresca e fria suficiente para ficar pelo menos 4 cm acima dela. Tampe e deixe descansar, longe da luz solar direta, por pelo menos 8 horas ou até 24 horas. Assim que as sementes estiverem bem hidratadas, podem ser usadas (elas vão inchar com a água, mas é desnecessário escorrê-las). Para armazenar, mexa as sementes com uma colher e cubra-as com mais água como indicado. Leve-as à geladeira. Depois de uns dias, escorra a água, enxágue a linhaça e cubra-a com água fresca e fria. Com este método, a linhaça vai durar até uma semana na geladeira.

smoothie tropical

Esta é outra das minhas vitaminas preferidas, em especial num dia quente de verão. A água de coco complementa a suculência do abacaxi (embora, num apuro, o suco de abacaxi possa substituir a água de coco). As frutas dessa vitamina são ricas fontes de antioxidantes; o abacaxi e o mamão papaia também contêm enzimas bastante digestivas. **Rende 3½ xícaras**

1⅓ xícara (chá) de água de coco

1 banana madura

1 xícara (chá) de abacaxi fresco em cubos

1 xícara (chá) de mamão papaia em cubos

½ xícara (chá) de manga em cubos

3 colheres (sopa) de amêndoas hidratadas (página 11) e escorridas

Bata todos os ingredientes no processador até obter uma mistura homogênea. Encha os copos e sirva imediatamente.

smoothie bem vermelho

Esta vitamina é a preferida dos meus filhos. Eles adoram a cor vibrante e o sabor dos morangos e framboesas. Qualquer dessas frutinhas vermelhas ou uma combinação delas pode ser alterada, portanto use as que forem da estação ou as que tiver à mão. Esta vitamina é a ideal para incluir polpa de açaí, já que ela se mescla bem com as demais frutinhas, sem afetar sua cor. Gosto de saber que meus filhos estão obtendo os benefícios desse superalimento, que inclui antioxidantes, fibras e muito mais. **Rende 3½ xícaras**

2 xícaras (chá) de suco de amora, framboesa ou uva

1 xícara (chá) de mirtilos frescos ou congelados

1 xícara (chá) de morangos frescos ou congelados sem os cabinhos

½ xícara (chá) de framboesas frescas ou congeladas

1 pacote de polpa de açaí congelada sem açúcar

2 tâmaras sem caroço

Bata todos os ingredientes no processador até obter uma mistura homogênea. Encha os copos e sirva imediatamente.

smoothie de maçã e gengibre

Esta vitamina é um tônico refrescante. Gosto de prepará-la à tarde para dar aquela "levantada". O gengibre é conhecido por suas inúmeras propriedades curativas, e combiná-lo com frutas abranda seu sabor forte e picante. O chá verde em pó acrescenta uma textura suave e rica, dando à vitamina um lindo tom verde-claro. Em geral, encontro chá verde em pó nas lojas de produtos asiáticos ou entre os chás, no supermercado. Procure pelo chá verde matchá em pó, pois é o mais puro. **Rende 1¼ xícara**

1 pedaço de 15 cm de gengibre fresco sem casca

1 banana madura

½ xícara (chá) de suco de maçã sem açúcar

¼ de xícara (chá) de amêndoas hidratadas (página 11) e escorridas

2½ colheres (sopa) de suco de limão-siciliano

1 colher (chá) de chá verde em pó

Rale o gengibre em uma tigela coberta com gaze ou toalha de papel. Junte as pontas do tecido e esprema a polpa do gengibre para extrair o sumo. Descarte a polpa.

Coloque o sumo do gengibre no processador, acrescente os demais ingredientes e bata até obter uma mistura homogênea. Encha os copos e sirva imediatamente.

Para fazer vitaminas (sem falar em leite de castanhas, sopas cremosas e molhos), é indispensável um bom liquidificador, de alta potência. Embora seja útil a todos os cozinheiros, ele é especialmente importante para quem segue uma dieta à base de vegetais. se dar a esse luxo, invista na compra de um aparelho da marca Vitamix (www.vitamix.com). Embora ele seja um pouco mais caro que os convencionais, costuma proporcionar resultados mais homogêneos. Por exemplo, se você utiliza nozes e castanhas nas vitaminas, elas vão sumir

A escolha do melhor liquidificador

Se você prepara comida em casa com regularidade, talvez tenha experimentado vários liquidificadores ao longo de sua vida, portanto, vale a pena investir em um bom, que dure alguns anos a mais (e com poucas frustrações). Pelo menos, invista em um liquidificador potente, com diferentes velocidades. Se você puder na mistura mais do que aconteceria com um processador menos potente, que deixaria a vitamina com uma textura um tanto pedaçuda. Uso o meu Vitamix não só para fazer vitaminas, mas também para outras tarefas da cozinha, inclusive transformar oleaginosas em manteiga e líquidos quentes em creme.

o mingau do meu marido

Meu marido, Robert, e eu temos uma interminável discussão matutina: quem prepara o melhor mingau? Ele acha que é ele, enquanto eu prefiro o meu Mingau de aveia com quinoa (página 16). Esta receita é do Robert, e, devo admitir, é muito saborosa. Hidratar a aveia ressalta o seu sabor adocicado natural e a banana bem madura adoça ainda mais esse mingau. O acréscimo da granola dá a ele um toque crocante, o que nos leva a outra discussão: Robert, na verdade, prefere esta receita com cereal matinal à base de trigo e cevada do que com a minha granola, porque gosta do sabor do malte. Por mim, tudo bem, significa que a minha granola caseira vai durar mais. **Rende 4 xícaras**

1¼ xícara (chá) da aveia em flocos tradicional

1¼ xícara (chá) de leite de soja sem açúcar ou leite de aveia

1 xícara (chá) de leite de arroz

1 banana bem madura (quando a casca estiver pintadinha, ela está no ponto)

½ xícara (chá) de água quente

½ xícara (chá) de Granola super-hippie (página 5)

Misture a aveia e os leites de soja e arroz em uma panela média. Tampe e leve à geladeira até o dia seguinte.

Leve a mistura de aveia hidratada ao fogo baixo e mexa de vez em quando, até que o mingau chegue perto de ferver. Abaixe o fogo, tampe parcialmente, cozinhe em fogo baixo por 5 minutos, até a aveia ficar macia e a mistura, espessa e cremosa (preste atenção para o mingau não subir e derramar).

Amasse a banana grosseiramente com um garfo, depois misture-a ao mingau.

À parte, em uma tigela pequena, despeje água quente suficiente para cobrir a granola. Deixe descansar por 5 minutos para a granola ficar macia e hidratada. Escorra-a e misture-a ao mingau. Leve ao fogo baixo por mais 1 minuto, sem parar de mexer.

Sirva o mingau em tigelinhas.

café da manhã

Um creme de arroz matinal dá um café da manhã perfeito e rápido para quem tem o estômago sensível ou para quem deseja que a primeira refeição do dia seja leve, mas nutritiva e satisfatória. Os meus filhos adoram este mingau cremoso. É também uma escolha excelente se você não está se sentindo muito bem, mas ainda assim quer comer algo.

Siga as medidas indicadas no verso da caixa – e minhas dicas para deixar este creme de arroz ainda melhor.

mingau de arroz rápido e simples

1. Em vez de água, use um leite vegano aguado, como o leite de arroz, o leite de amêndoas ou o leite de cânhamo. Primeiramente, leve o leite vegano ao fogo até quase levantar fervura, e então acrescente aos poucos o creme de arroz, mexendo para não empelotar. Deixe cozinhar em fogo baixo, sem parar de mexer, por 2-3 minutos.

2. Se desejar incrementar o mingau, acrescente um fio de xarope de bordo ou xarope de agave ao servir, ou complete com nozes e castanhas torradas e picadas. Não se esqueça de colocar um pouco mais de leite vegano. Servir o mingau dessa maneira sempre me lembra o mingau de aveia que minha mãe fazia na minha infância.

mingau de aveia com quinoa

Este é o meu mingau quente preferido. É mais leve que o mingau de aveia tradicional e também mais rápido de preparar. Tanto a aveia quanto os flocos de quinoa tomam uma consistência lisa e delicada. A quinoa é considerada um supergrão porque contém um grupo equilibrado de aminoácidos essenciais, o que a torna uma fonte completa de proteína incomum entre os alimentos vegetais. Esta é a receita perfeita para fazer com leite de aveia, devido a seu sabor cremoso. Embora eu goste deste prato sem enfeites, quem morre por um paladar mais adoçado talvez goste de acrescentar um fio de xarope de bordo ou xarope de agave. Se desejar mais proteínas, acrescente nozes e castanhas torradas e picadas. **Rende 4 xícaras**

4 xícaras (chá) de leite de aveia ou leite vegano, e mais se necessário

2 xícaras (chá) de aveia em flocos

½ xícara (chá) de quinoa em flocos

½ colher (chá) de sal marinho

2 colheres (chá) de essência de baunilha

¼ de colher (chá) de canela em pó

xarope de agave ou de bordo

nozes torradas e picadas

uvas-passas claras ou escuras

Leve uma panela média, de fundo grosso, ao fogo alto com o leite de aveia, a aveia, a quinoa e o sal até quase levantar fervura. Abaixe o fogo, deixando entre médio e baixo, e mexa de vez em quando por uns 5 minutos, até que a aveia e a quinoa fiquem macias. Adicione a essência de baunilha e a canela, e deixe cozinhar por mais 1 minuto. Acrescente mais leite, se necessário, para obter uma consistência macia e cremosa.

Distribua o mingau em tigelas e regue com o xarope de agave. Polvilhe com nozes e uvas-passas e sirva imediatamente.

Fritada de shitake, tofu e gergelim

Este prato matutino me lembra a okonomiyaki, uma saborosa panqueca japonesa. Seu nome comprido significa algo como "cozinhe o que gostar", ou seja, a variação de legumes nesse prato é sempre bem-vinda. Quando experimentei essa panqueca deliciosa pela primeira vez, ela tinha sido feita com macarrão e legumes numa chapa, e eu a encharquei de molho de soja e não de xarope de bordo. Quando comecei a preparar essa panqueca em casa, achei a minha versão espessa, então a tratei como uma fritada – começando o preparo no fogão e terminando no forno. Você pode usar cogumelos shitake secos no lugar dos frescos: ponha 8 cogumelos secos em água fervente suficiente para cobri-los, e deixe-os de molho por 30 minutos, ou até ficarem macios. Escorra a água e continue o preparo como faria com os cogumelos frescos. **Rende 6 porções**

FRITADA
1 colher (sopa) de óleo de gergelim

5 cogumelos shitake frescos (140 g) fatiados fino sem os talos

2 cenouras cortadas em tirinhas

6 cebolinhas verdes fatiadas na diagonal

4 dentes de alho picadinhos

2 colheres (sopa) de gergelim

2 colheres (sopa) de tamari

400 g de tofu fresco escorrido

½ xícara (chá) de farinha de grão-de-bico ou farinha de trigo integral

2 colheres (sopa) de levedura nutritiva (página 19)

1 colher (sopa) de polvilho doce

1 colher (chá) de sal marinho

½ colher (chá) de cúrcuma em pó

¼ de colher (chá) de pimenta-do-reino moída na hora

1¼ xícara (chá) de leite de soja sem açúcar

2 colheres (sopa) de azeite de oliva, e mais um pouco para untar

ASPARGOS
370 g de aspargos frescos sem as pontas duras

1 colher (sopa) de azeite de oliva

sal marinho e pimenta-do-reino moída na hora

Fritada: Preaqueça o forno a 200 °C. Em uma frigideira grande, de fundo grosso, aqueça o óleo de gergelim em fogo médio/alto. Acrescente os cogumelos, as cenouras, as cebolinhas, metade do alho picado e o gergelim, salteando por cerca de 4 minutos até que os cogumelos fiquem tenros, e as cenouras, entre firmes e tenras. Junte o tamari. Reserve.

No processador, coloque o tofu, a farinha, a levedura, o polvilho doce, o sal, a cúrcuma, a pimenta e o restante do alho, e triture até obter uma mistura homogênea. Com o aparelho em funcionamento, acrescente aos poucos o leite de soja e o azeite. Processe até que a mistura fique homogênea e espessa como um iogurte.

café da manhã

Aqueça uma frigideira antiaderente (de 18-20 cm), de fundo grosso, em fogo médio. Unte com um pouco de azeite e por cima espalhe metade do refogado de cogumelos. Despeje a mistura de tofu sobre os cogumelos e em cima espalhe o restante do refogado de cogumelos. Tampe e deixe cozinhar até que a mistura de tofu comece a ferver no centro. Abaixe o fogo e continue cozinhando por cerca de 8 minutos, até a fritada atingir cerca de 1 cm de altura na beirada. Leve a frigideira ao forno, sem a tampa, por 45 minutos – até que, ao enfiar um palito no centro, ele saia com um pouco de tofu. Retire a fritada do forno e deixe esfriar por cerca de 10 minutos (mantenha o forno quente para assar os aspargos). Se desejar, você pode usar uma frigideira antiaderente maior (de cerca de 24 cm) e assar a fritada por cerca de 30 minutos, ou até que, ao enfiar um palito no centro, ele saia seco.

Aspargos: Arrume os aspargos numa assadeira e regue-os com o azeite de oliva. Tempere com sal e pimenta, sacudindo para untá-los bem. Leve ao forno e asse por 10 minutos, até os aspargos ficarem tenros e crocantes, virando-os uma vez. Disponha-os em cima da fritada e sirva.

levedura nutritiva

A levedura nutritiva (ou levedura de cerveja) é uma levedura inativa, semelhante ao fermento biológico, mas com mais sabor. Tem cor amarela, um aroma inconfundível e agradável e um gostinho delicioso de castanhas e queijo. Essa levedura é também um suplemento nutritivo valioso, pois contém altos teores de proteína, ácido fólico e vitaminas. O mais importante é que oferece aos veganos e vegetarianos uma fonte não animal de vitamina B_{12}. Uso a levedura nutritiva em pratos à base de tofu para o café da manhã, mas ela também pode ser acrescentada em saladas, molhos de saladas, massas (como Penne ao forno com couve-flor e molho de queijo, na página 152), sopas, molhos e temperos; há quem goste de salpicá-la na pipoca fresquinha. Procure pela levedura nutritiva nas lojas de produtos naturais.

omelete de tofu com abobrinha, alho-poró e tomate-cereja

Esta receita é para todos os veganos que adoravam omelete – como eu. Se você não tem farinha de grão-de-bico na despensa, uma boa farinha de trigo integral também serve. Gosto da farinha de grão-de-bico porque não contém glúten e porque dá um aroma saboroso ao omelete. A consistência do omelete é crocante por fora, e macia, quase como um ovo mole, por dentro. Esta receita também funciona como uma refeição noturna prazerosa: imagine qualquer combinação de hortaliças e queijos vegetais para o recheio. **Rende 5 omeletes**

COBERTURA DE ABOBRINHA

1 colher (sopa) de azeite de oliva

1 alho-poró em cubinhos (só a parte verde-clara e a branca)

2 dentes de alho picadinhos

1 abobrinha italiana fatiada em meia-lua

1 abobrinha brasileira fatiada em meia-lua

½ xícara (chá) de tomates--cerejas cortados ao meio

2 colheres (chá) de endro fresco picadinho

sal marinho e pimenta-do--reino moída na hora

OMELETE

200 g de tofu firme escorrido

¼ de xícara (chá) de farinha de grão-de-bico ou farinha de trigo integral

1 colher (sopa) de levedura nutritiva

1½ colher (chá) de polvilho doce

1 dente de alho picadinho

½ colher (chá) de sal marinho

¼ de colher (chá) de cúrcuma em pó

uma pitada de pimenta--do-reino moída na hora

⅔ de xícara (chá) de leite de soja sem açúcar

2 colheres (sopa) de azeite de oliva

⅔ de xícara (chá) de queijo vegano tipo mozarela ralado

café da manhã

Cobertura de abobrinha: Aqueça o azeite em uma frigideira grande, de fundo grosso, em fogo médio. Acrescente o alho-poró e o alho e salteie por 2 minutos, até o alho-poró começar a amaciar. Junte os dois tipos de abobrinha e deixe que cozinhem em fogo médio/alto por cerca de 6 minutos, até ficarem quase tenras. Retire a frigideira do fogo e misture os tomates-cerejas e o endro. Tempere a gosto com sal e pimenta. Reserve.

Omelete: No processador, bata o tofu, a farinha, a levedura, o polvilho doce, o alho, o sal, o cúrcuma e a pimenta até o tofu se fragmentar e a mistura ficar homogênea. Com o aparelho ligado, acrescente aos poucos o leite de soja e metade do azeite. Processe até obter uma mistura homogênea, cremosa e espessa como um iogurte.

Aqueça o azeite restante em uma frigideira antiaderente (de 16 cm) em fogo médio/baixo. Despeje ⅕ da massa de tofu (cerca de ½ xícara) no centro da frigideira quente, inclinando-a para os lados a fim de espalhar a massa, formando um círculo de 10-11 cm de diâmetro. Não se preocupe se o omelete não ficar bem redondo. Frite-o por 3 minutos, até que as bordas comecem a dourar e a se soltar da frigideira, e a parte de cima pareça seca. Com uma espátula de silicone, solte o omelete da frigideira e vire-o do outro lado. Por cima, espalhe ⅕ do queijo e ⅕ do refogado de abobrinha, e cozinhe por mais 2 minutos. Transfira o omelete para um prato e sirva-o aberto ou dobrado. Repita o mesmo procedimento com o restante da massa, do queijo e da cobertura, acrescentando mais azeite à frigideira, se necessário.

1.

2.

técnicas de corte

Os cortes em meia-lua ou em quartos são usados em legumes compridos, como cenoura, mandioquinha e abobrinha. Primeiramente, tire o cabo ou raiz. Em seguida, corte o legume ao meio no sentido do comprimento – para cortá-lo em quartos, corte as metades novamente ao meio no sentido do comprimento, obtendo quatro pedaços longos. Em seguida, com a parte do centro voltada para baixo, corte cada pedaço na transversal em fatias grossas, de 3-6 mm, obtendo pedaços com o formato de metade de uma meia-lua.

mexido de tofu com cebola caramelizada e tomate seco

A chave para este prato é usar um tofu fresco (eu prefiro o firme), que dá um resultado mais parecido com a textura de ovos mexidos. A levedura nutritiva (página 19) acrescenta um sabor meio de queijo e nozes e um reforço nutricional. Para esta receita, certifique-se de escolher um queijo vegano que derrete bem; se você ainda não tiver um preferido, veja recomendações na página 56. **Rende 4 porções**

400 g de tofu fresco escorrido

2 colheres (sopa) de azeite de oliva

1 colher (sopa) de água

1 colher (sopa) de levedura nutritiva

4 dentes de alho picadinhos

1 colher (chá) de sal marinho

½ colher (chá) de tomilho fresco picado

½ colher (chá) de cúrcuma em pó

uma pitada de pimenta-do-reino branca

½ cebola média em fatias finas

8 tomates secos hidratados em água quente por 30 minutos, escorridos e cortados em fatias finas

⅓ de xícara de queijo vegano tipo mozarela ralado

1 colher (sopa) de manjericão fresco picadinho

Enrole o tofu escorrido em toalha de papel por 10 minutos. Repita a operação e aperte-o com delicadeza para retirar qualquer excesso de líquido. Quebre o tofu grosseiramente em pedaços de cerca 2,5 cm, de modo que alguns pedaços fiquem mais desfeitos que outros. Reserve.

Em uma tigela grande, junte metade do azeite com a água, a levedura nutritiva, metade do alho picado, o sal, o tomilho, o cúrcuma e a pimenta. Acrescente o tofu e misture apenas o suficiente para que os pedaços absorvam o tempero (não mexa demais).

Aqueça uma frigideira de ferro em fogo médio. Acrescente o azeite restante e a cebola, e salteie por cerca de 8 minutos ou até que a cebola esteja quase caramelizada. Junte o tomate seco e o restante do alho, e refogue por mais 1 minuto. Então adicione o tofu temperado. Com uma espátula, mexa o tofu para que ele não grude no fundo da frigideira, quebrando os pedaços maiores, se desejar, por cerca de 5 minutos, até que ele fique cozido. Se a mistura parecer seca, acrescente 3 colheres (sopa) de água (ela vai evaporar). Retire a frigideira do fogo e acrescente o queijo ralado e o manjericão, mexendo com cuidado por mais 1 minuto, até o queijo derreter. Disponha o mexido nos pratos e sirva.

Batatas assadas

Esta guarnição vigorosa combina perfeitamente com o mexido de tofu no café da manhã, mas satisfaz em qualquer outra hora do dia, como no almoço ou no jantar. Embora eu goste do impacto visual dramático da casca das batatas vermelhas e roxas, fique à vontade para usar qualquer tipo de batata, ou a combinação de sua preferência. **Rende de 4 a 6 porções**

1 kg de batatas sortidas (umas 3 de cada variedade) cortadas em fatias grossas

2 colheres (sopa) de azeite de oliva

2 colheres (sopa) de alecrim fresco picado

1 colher (chá) de endro fresco picado

1 dente de alho picadinho

1 colher (chá) de sal marinho

½ colher (chá) de pimenta-do-reino moída na hora

Preaqueça o forno a 190 °C. Forre uma assadeira de fundo grosso com papel-manteiga.

Em uma tigela grande, coloque as batatas, o azeite, o alecrim, o endro, o alho, o sal e a pimenta, misturando bem para que as batatas fiquem cobertas de tempero. Espalhe as batatas temperadas na assadeira forrada, formando uma camada. Leve ao forno por 35-40 minutos, até que fiquem macias e douradas. Sirva imediatamente.

A nova culinária vegana

fôrmas e espátulas de silicone

Eu me aventurei no mundo dos utensílios de cozinha de silicone quando eles ainda soavam como coisas futuristas e artificiais, como copos de medida e um arco-íris de espátulas coloridas. As espátulas de silicone foram as primeiras a me conquistar: com sua resistência ao calor e durabilidade, elas substituíram as minhas espátulas de borracha, que precisavam ser trocadas de mês em mês depois de derreterem em alguma chama ou de ficarem com as beiradas estragadas, que não tinham mais conserto. Uma vez que as espátulas de silicone passaram no teste, foi a vez de utensílios de forno maiores, como as fôrmas de muffin, macias e coloridas, e depois as fôrmas de bolo e de pão feitas do mesmo material aprovado pelas agências de saúde. O maior benefício dos utensílios de silicone é que não precisam ser untados. Embora no início eu não acreditasse nisso, finalmente me arrisquei e descobri que funcionam muito bem sem óleo. Esquentam rapidamente e assam por igual, sem deixar beiradas nem fundos queimados ou escuros. Além disso, é superfácil retirar os bolinhos das fôrmas: basta puxar com cuidado a lateral para soltá-los.

Os utensílios de silicone vão com segurança ao freezer, à geladeira, ao micro-ondas, à lavadora de louça e ao forno. Não enferrujam, a limpeza é rápida e fácil, e não ocupam muito espaço. Tenho que admitir, também, que parte de sua atração está no colorido variado e alegre.

Bacon de tempeh e bordo

Esta receita é adaptada do meu primeiro livro de culinária. Não pude deixar de revisitá-la: há algo de muito sedutor neste bacon vegano. Além de consumi-lo no café da manhã, você pode usá-lo como ingrediente em muitos outros pratos. Aqui, simplifiquei as etapas a fim de encurtar o tempo de preparo e facilitar o processo. Mesmo assim, é preciso ter um defumador de fogão (disponível nas casas especializadas do ramo) – ele é a chave para um bacon vegano muito saboroso. Você também vai precisar de uma faca grande bem afiada. **Rende 48 tiras**

½ xícara (chá) de água quente

2 colheres (sopa) de sal marinho

230 g de tempeh de soja

2 colheres (sopa) de óleo de girassol ou óleo de açafrão

¼ de xícara (chá) de xarope de bordo

Em uma vasilha pequena, misture a água quente e o sal até o sal dissolver. Mergulhe o tempeh na água salgada por 10 minutos, virando-o depois de 5 minutos. Escorra bem.

Acione o defumador de acordo com as instruções do fabricante. Defume o tempeh em temperatura média por 40 minutos ou até que fique dourado. Deixe esfriar.

Preaqueça o forno a 150 °C. Forre duas assadeiras grandes, de fundo grosso, com papel-manteiga. Unte ligeiramente o papel com 2 colheres (chá) do óleo. Com uma faca grande bem afiada, corte o tempeh no sentido do comprimento em tiras de 3 mm de espessura. Pincele as tiras com 2 colheres (chá) do óleo e depois pincele com metade do xarope de bordo. Asse as tiras de tempeh por 20 minutos, virando-as depois de 10 minutos e pincelando-as com o óleo e o xarope de bordo que restaram, ou até que fiquem crocantes e douradas.

O bacon de tempeh dura 1 semana. Deixe-o esfriar em temperatura ambiente, depois guarde-o em um recipiente hermeticamente fechado fora da geladeira.

tofu benedict com molho holandês de milho assado

Uma versão vegana do molho holandês, à base de milho, traz para a ocasião especial de um café da manhã a sua deliciosa textura rica e cremosa. Nesse molho, o sabor adocicado do milho é equilibrado com o picante da pimenta-de-caiena. O molho completa o apetitoso tofu disposto sobre uma grossa fatia de pão caseiro, com tomate e espinafre por cima, tornando este prato perfeito para iniciar o dia. Os tomates do tipo heirloom são especialmente tenros e saborosos e apresentam uma variedade de cores atraentes, mas qualquer tomate suculento e maduro serve. **Rende 6 porções**

MOLHO

1¾ xícara (chá) de milho verde fresco ou congelado

¾ de colher (chá) de sal marinho

1¼ xícara (chá) de leite de soja sem açúcar

2 colheres (sopa) de suco de limão-siciliano

1 colher (sopa) de azeite de oliva

uma pitada de pimenta-de-caiena

TOFU

400 g de tofu fresco extrafirme

¼ de xícara (chá) de suco de limão-siciliano

2 colheres (sopa) de azeite de oliva

2 colheres (sopa) de água

1 colher (sopa) de vinagre de vinho tinto

1 colher (chá) de mostarda de Dijon

1 colher (chá) de cúrcuma em pó

½ colher (chá) de cominho em pó

½ colher (chá) de sal marinho

1 colher (sopa) de endro fresco picado

1½ colher (chá) de estragão fresco picado ou ½ colher (chá) de estragão seco

óleo de canola para untar

MONTAGEM

3 tomates médios (de preferência, de cores diferentes) grosseiramente picados

sal marinho

2 colheres (chá) mais 2 colheres (sopa) de azeite de oliva

2 dentes de alho picados

1 maço (170 g) de espinafre fresco sem os talos

pimenta-do-reino moída na hora

6 fatias grossas de pão caseiro ou pão de alecrim

2 cebolinhas picadas

café da manhã

Molho: Preaqueça o forno a 190 °C. Forre uma assadeira grande, de fundo grosso, com papel-manteiga. Espalhe o milho verde pela assadeira e tempere-o com o sal. Leve ao forno e asse por cerca de 30 minutos, ou até que o milho fique crocante e comece a dourar.

Transfira o milho assado para o processador. Com o aparelho em funcionamento, acrescente aos poucos o leite de soja, o suco de limão, o azeite e a pimenta. Continue processando até que a mistura tome a consistência espessa de um mingau (leva cerca de 3 minutos). Em uma tigela, passe a mistura de milho por uma peneira fina, pressionando bem para extrair o máximo de líquido. Você deve obter 1½ xícara (chá) de caldo. Dispense o resíduo sólido.

Pouco antes de servir, aqueça o molho em uma panelinha em fogo médio.

Tofu: Escorra o líquido do tofu e envolva-o em toalhas de papel, sobre um prato. Ponha um prato em cima, para fazer peso. Deixe assim enquanto prepara a marinada.

Coloque o suco de limão, o azeite, a água, o vinagre, a mostarda, o cúrcuma, o cominho e o sal em uma tigela média. Junte o endro e o estragão, e misture bem.

Corte duas vezes o bloco de tofu na horizontal, e em seguida corte-o transversalmente ao meio, para obter 6 fatias (de 9 cm x 5 cm x 3 cm). Disponha as fatias de tofu em uma fôrma de 20 cm x 20 cm e, por cima, despeje a marinada. Deixe marinar por pelo menos 1 hora em temperatura ambiente ou cubra e leve à geladeira por 1 dia.

Dica de preparo antecipado: Até este ponto, o molho e o tofu podem ser preparados com 1 dia de antecedência. Transfira o molho de milho para um recipiente fechado e leve-o à geladeira separadamente. Esquente o molho antes de servir.

Unte uma chapa de ferro frisada com óleo e leve-a ao fogo médio/alto. Grelhe as fatias de tofu por cerca de 2 minutos de cada lado, pincelando-as com o restante da marinada, até que apareçam as marcas dos frisos e o tofu todo fique quente.

Montagem: Enquanto isso, disponha os tomates em uma tigela média e tempere-os ligeiramente com sal. Deixe que descansem por cerca de 10 minutos, até que comecem a eliminar seu líquido. Escorra o líquido acumulado.

Em uma frigideira grande, de fundo grosso, aqueça as 2 colheres (chá) de azeite em fogo médio. Coloque o alho e deixe fritar por 30 segundos, até que ele exale seu perfume e fique macio. Acrescente o espinafre e mexa por 1-2 minutos, até que cozinhe e murche um pouco. Tempere com sal e pimenta a gosto.

Pincele ligeiramente os dois lados das fatias de pão com o azeite restante. Leve-as à grelha por cerca de 2 minutos de cada lado, até dourarem.

Disponha 1 torrada em cada um dos 6 pratos. Complete com o tofu, espalhando o molho em cima e em volta da torrada. Coloque as fatias de tomate e o espinafre. Decore com a cebolinha e sirva imediatamente.

despensa vegana

Leite e sorvete veganos

LEITE VEGANO

Encontrar um leite vegano gostoso é uma das chaves para seguir com mais facilidade uma alimentação à base de vegetais. Enquanto os veganos evitam os laticínios como parte de uma dieta estritamente vegetariana, um número crescente de pessoas também procura alternativas por outras razões: os laticínios lideram as causas de alergias alimentícias, e muita gente também descobre que tem intolerância à lactose.

Existem várias opções deliciosas, tanto comercializadas como caseiras. Atente para o fato de que muitos leites veganos comercializados são adoçados com açúcar de cana orgânico, portanto, leia as embalagens; você também vai encontrar opções que não têm açúcar ou que são adoçadas com xarope de arroz. Embora não haja nada de errado em um pouquinho de açúcar de vez em quando, não gosto de oferecer a meus filhos nenhum açúcar extra em leites veganos ou em pratos saborosos. (Quando usamos leites adoçados no preparo de sobremesas, podemos reduzir um pouco a medida de açúcar.)

Experimente qualquer um dos aqui apresentados: são indispensáveis para acrescentar frio ou quente no cereal, misturar no café ou chá e usar em receitas.

O **leite de amêndoas** é maravilhoso na cozinha ou na confeitaria, bem como no cereal ou no seu café ou chá. É rico em fibras, proteína, vitamina E e em gorduras monoinsaturadas. As pessoas alérgicas a soja precisam saber que o leite de amêndoas não está livre de soja, já que quase sempre contém lecitina de soja. Você pode fazer um leite de amêndoas sem soja seguindo a minha receita de Leite vegano caseiro (página 30).

café da manhã

O **leite de coco** comumente encontrado no Brasil é muito concentrado, mas, se você acrescentar um pouco de água, ele pode dar uma bebida deliciosa. E fica maravilhoso no cereal. Gosto muito dele com a minha Granola super-hippie (página 5), no chá ou no café, ou puro. O coco é uma excelente fonte de vitaminas B_1, B_2, B_6, de vitamina C e de minerais — potássio, fósforo, magnésio, sódio, cálcio e ferro. Também riquíssima em minerais, sobretudo potássio, a água de coco é considerada um soro natural e altamente recomendada pelos benefícios à saúde. Além de consumida *in natura*, você pode utilizá-la em sucos e vitaminas no lugar da água. Se possível, dê preferência à água de coco natural, saída diretamente do coco verde, pois a industrializada sofre algumas alterações durante seu processamento, com o acréscimo inclusive de açúcares.

O **leite de cânhamo** é cremoso e perfeito para o café da manhã. É rico em proteína e uma fonte equilibrada de ácidos graxos ômega-3 e ômega-6. Embora possa ser excessivo em alguns pratos (não o usaria para fazer purê de batatas), pode substituir o leite de soja em muitas receitas. Gosto bastante de usá-lo para preparar a Granola com creme de açaí (página 7).

O **leite de aveia** é bem leve e tem um gosto suavemente adocicado. É uma boa alternativa para os leites de soja e arroz, quebrando a monotonia de sempre usar os mesmos produtos. Experimente o leite de aveia no cereal da manhã, como o meu Mingau de aveia com quinoa (página 16), pois ele exala um rico aroma de aveia.

O **leite de arroz** não é tão espesso quanto o leite de soja e tem uma aparência um tanto

translúcida. Como é ligeiramente doce e meio aguado, ele funciona bem em sobremesas, mas não é bom para os saborosos pratos salgados. Comparado ao leite de soja e ao caseiro, o leite de arroz tem menos proteína; algumas versões são enriquecidas, portanto, leia o rótulo das embalagens.

O **leite de soja** tem quase tanta proteína quanto o leite de origem animal, mas menos gorduras e nenhum colesterol. A maioria dos leites de soja é enriquecida, o que a torna também excelente fonte de cálcio. Cada marca de leite de soja é ligeiramente diferente, portanto, leia os rótulos das embalagens, experimente alguns e veja qual combina melhor com suas papilas gustativas e necessidades. Uso o leite de soja quando desejo uma consistência mais espessa e rica em meus pratos.

A nova culinária vegana

Leite vegano caseiro

O leite feito de amêndoas, castanhas-de-caju ou avelãs terá uma consistência cremosa semelhante à do leite de soja e um gostinho de frutas perfeito para fazer vitaminas ou outras bebidas cremosas e sobremesas.

3 xícaras (chá) de oleaginosas, como amêndoas, castanhas-de-caju, avelãs ou macadâmias

6 xícaras (chá) de água fria para hidratar

algumas colheres (chá) de xarope de agave ou essência de baunilha (opcional)

Cubra as castanhas com água e deixe-as de molho por pelo menos 8 horas ou até 24 horas. Escorra e enxágue.

Coloque as castanhas hidratadas e a água no processador e bata em alta velocidade até que fiquem cremosas e macias (pelo menos por 1 minuto).

Cubra uma peneira fina com uma camada dupla de gaze e coloque-a sobre uma tigela grande. Despeje a mistura do processador e deixe escorrer. Pegue as pontas da gaze, segure com firmeza e esprema até extrair todo o leite – isso leva algum tempo, mas o resultado vale a pena.

Descarte a polpa. Para armazenar o leite, coloque-o em recipiente fechado e guarde-o na geladeira por 3 dias, no máximo.

Quando for usá-lo, bata-o novamente no liquidificador ou processador com um tantinho de xarope de agave ou essência de baunilha.

Sorvete vegano

Para seguir uma dieta à base de vegetais, não é preciso abrir mão das sobremesas geladas e cremosas. Existem alguns excelentes e saborosos sorvetes veganos, e parece que sempre estão aparecendo novidades. Essas sobremesas geladas são feitas de leite vegano – várias marcas usam leite de soja, leite de arroz, leite de coco e até leite de cânhamo. De acordo com minha experiência, é melhor provar alguns e escolher o que mais lhe agrada: existem inúmeros sabores a escolher, do clássico de baunilha aos de chocolate com menta e um toque de manteiga de amendoim. Saboreie essas sobremesas geladas como faria com sorvetes: adoro colocar uma colherada em cima do Crumble de mirtilos (página 219). Os sorvetes veganos também ficam maravilhosos como base para as receitas de milk-shake (página 242).

mexido de tofu com abacate, bacon e queijo

Esta receita para o café da manhã dá uma mostra dos sabores fortes do Bacon de tempeh e bordo (página 25). Sua textura grudenta contrasta lindamente com a textura macia do mexido de tofu e do abacate. O bacon vegano vale o esforço, mas pode ser substituído por linguiça vegana. Este prato vai impressionar qualquer pessoa que esteja reticente em relação a abrir mão de comer ovos. **Rende 4 porções**

- **400 g de tofu fresco escorrido**
- **1 colher (sopa) de água**
- **2 colheres (sopa) de azeite de oliva**
- **1 colher (sopa) de levedura nutritiva**
- **2 dentes de alho picadinhos**
- **¾ de colher (chá) de sal marinho**
- **½ colher (chá) de tomilho fresco picado**
- **½ colher (chá) de cominho em pó**
- **½ colher (chá) de cúrcuma em pó**
- **¼ de colher (chá) de pimenta-branca moída**
- **⅓ de xícara de (chá) de bacon de tempeh e bordo grosseiramente esmigalhado**
- **½ abacate firme e maduro cortado em cubos**
- **⅓ de xícara (chá) rasa de queijo vegano tipo cheddar ralado**
- **pimenta-do-reino moída na hora**
- **1 cebolinha picada**

Embrulhe o tofu escorrido em toalha de papel e deixe-o num prato por 10 minutos. Escorra e embrulhe o tofu novamente em outra toalha de papel e esprema-o com cuidado para retirar o excesso de água. Quebre o tofu grosseiramente em pedaços de cerca de 2 cm, deixando que alguns fiquem mais esmigalhados que outros. Reserve. Em uma tigela grande, junte a água, metade do azeite, a levedura, o alho, o sal, o tomilho, o cominho, o cúrcuma e a pimenta-branca. Acrescente o tofu e misture apenas o suficiente para que os pedaços fiquem envolvidos pelo tempero (não mexa demais).

Aqueça uma frigideira de ferro em fogo médio. Coloque o azeite restante e depois o tofu temperado. Com uma colher de aço inoxidável, vire o tofu para que ele não grude na frigideira, quebrando os pedaços maiores, se desejar, até que ele fique cozido (cerca de 5 minutos). Se a mistura parecer seca, acrescente 3 colheres (sopa) de água (ela vai evaporar). Retire a frigideira do fogo e junte o bacon, o abacate e o queijo ralado. Mexa delicadamente por cerca de 2 minutos, até que o queijo derreta. Tempere com pimenta-do-reino a gosto. Decore com a cebolinha e sirva.

muffins de framboesas com nozes-pecãs

Nesta receita, a fruta fresca quase derrete na mistura, espalhando sua cor e seu aroma pelos bolinhos, enquanto a fruta congelada mantém mais a forma; se usar esta, descongele por alguns minutos antes. Em casa, preferimos a combinação de framboesas frescas com pecãs picadas; outra dupla deliciosa é banana com nozes (junte as bananas bem maduras ao tofu até obter uma mistura homogênea). Embora a receita solicite um tipo específico de fôrma e forminhas de papel próprias para bolinhos, também gosto de usar fôrmas de silicone, que não precisam ser untadas e dispensam as forminhas de papel. Receitas assim são ideais para experimentar farinhas diferentes: a farinha de espelta tem um gostinho frutado e adocicado ligeiramente mais acentuado que o da farinha de trigo integral. **Rende 12 muffins**

- 2 xícaras (chá) de farinha de espelta ou farinha de trigo integral
- 2 colheres (chá) de fermento em pó
- ¾ de colher (chá) de bicarbonato de sódio
- ¾ de colher (chá) de canela em pó
- ½ colher (chá) de sal marinho
- 1 xícara (chá) de nozes-pecãs picadas grosseiramente
- 230 g de tofu embalado a vácuo
- ⅔ de xícara (chá) de leite de soja sem açúcar
- ⅔ de xícara (chá) de xarope de bordo
- ⅓ de xícara (chá) de óleo de canola
- 2 colheres (chá) de vinagre de maçã
- 2 colheres (chá) de essência de baunilha
- 170 g de framboesas frescas ou descongeladas e escorridas

Preaqueça o forno a 175 °C. Forre uma fôrma própria para 12 muffins com forminhas de papel apropriadas.

Em uma tigela, misture a farinha, o fermento, o bicarbonato, a canela, o sal e as nozes-pecãs (reserve algumas).

Coloque o tofu, o leite de soja, o xarope de bordo, o óleo, o vinagre e a essência de baunilha no processador e bata até obter um creme homogêneo.

Adicione o creme de tofu à farinha e mexa até obter uma massa homogênea. Acrescente as framboesas, mas não misture demais. Divida a massa entre as forminhas. Cubra com as nozes-pecãs reservadas e leve ao forno por 25-30 minutos – ao enfiar um palito no centro de um dos bolinhos, ele deve sair seco.

Retire do forno e deixe esfriar por 10 minutos. Vire a fôrma sobre uma travessa para soltar os bolinhos, e depois vire-os para cima. Sirva-os ainda quentinhos ou deixe que esfriem completamente.

Dica de preparo antecipado: Os muffins podem ser preparados com 2 dias de antecedência. Guarde-os em um recipiente hermeticamente fechado em temperatura ambiente.

Variação de frutas: Todas as frutinhas vermelhas, como framboesas, morangos, amoras e mirtilos, vão bem nesta receita. Você também pode usar banana, pedaços de maçã ou pera, ou frutinhas vermelhas congeladas.

panquecas de milho e mirtilos

Nestas panquecas, a doçura do mirtilo, da farinha de milho, do xarope de bordo e da canela complementam o ligeiro amargor do trigo-sarraceno – assim como o xarope de bordo a mais que você servirá com elas. A massa deve ser molenga. Ao preparar as panquecas, talvez seja necessário acrescentar 1 colher (sopa) de água para deixar a massa mais fina, pois ela tende a engrossar. **Rende 10 panquecas**

½ xícara (chá) de aveia em flocos

½ xícara (chá) de fubá peneirado

½ xícara (chá) de trigo-sarraceno

½ colher (chá) de canela em pó

1 colher (chá) de fermento em pó

½ colher (chá) de sal marinho

¼ de colher (chá) de bicarbonato de sódio

1¼ xícara (chá) de leite de soja sem açúcar

1 colher (sopa) de vinagre de maçã

2 colheres (sopa) de óleo de girassol ou açafrão

2 colheres (sopa) de xarope de bordo, e mais para servir

1 colher (sopa) de essência de baunilha

1 xícara (chá) de mirtilos frescos ou descongelados e escorridos

óleo de canola para pincelar

No processador, moa a aveia até obter uma farinha. Em uma tigela média, misture a aveia, o fubá, o trigo-sarraceno, a canela, o fermento, o sal e o bicarbonato. Em uma tigela grande, misture o leite de soja e o vinagre e deixe descansar por 5 minutos, até o leite começar a coalhar. Acrescente o óleo, o xarope de bordo e a essência de baunilha. Adicione os ingredientes secos aos poucos, misturando até incorporá-los. Misture os mirtilos.

Pincele óleo numa frigideira de ferro grande ou numa chapa própria para grelhar e leve ao fogo médio. Coloque porções da massa na frigideira quente (¼ de xícara de massa para cada panqueca), formando círculos de cerca de 10 cm. Deixe por 3 minutos ou até que elas fiquem secas nas beiradas, com bolhas, e o sumo dos mirtilos comece a aflorar. Vire as panquecas e deixe por mais 3 minutos. Enquanto isso, ajuste o fogo para que elas cozinhem por igual.

Disponha as panquecas em pratos e sirva-as imediatamente com xarope de bordo.

waffles sem glúten e sem soja com compota de frutas vermelhas ou de maçã e pera

É surpreendente de tão delicioso dar uma mordida neste waffle crocante com uma delicada compota de frutas, creme e xarope de bordo. O sabor de amêndoas combina muito bem com damasco, portanto, outro jeito de saborear essa massinha crocante é com geleia de damasco. A goma xantana pode ser encontrada em lojas de produtos naturais. Esse é um dos ingredientes que pode substituir o ovo, ajudando a dar liga às farinhas. **Rende 5 waffles**

3 colheres (sopa) de água

1 colher (sopa) de banana amassada

2 xícaras de leite de amêndoas

3 colheres (sopa) de xarope de agave

1 colher (sopa) de óleo de girassol ou açafrão

2 colheres (chá) de essência de amêndoas

1½ xícara (chá) de farinha de arroz

¼ de xícara (chá) de farinha de amêndoas

¼ de xícara (chá) de farinha de tapioca

2 colheres (chá) de fermento em pó

1 colher (chá) de bicarbonato de sódio

1 colher (chá) de sal marinho

¼ de colher (chá) de goma xantana

óleo de canola para untar

Compota de frutas vermelhas (página 36) ou de maçã e pera (página 38)

Creme de tofu para servir (página 233)

xarope de bordo

amêndoas tostadas

Em uma tigela média, misture bem a água com a banana. Adicione o leite de amêndoas, o xarope de agave, o óleo e a essência de amêndoas, e misture bem.

À parte, em uma tigela grande, misture a farinha de arroz com a farinha de amêndoas e a de tapioca, o fermento, o bicarbonato, o sal e a goma xantana. Acrescente os ingredientes molhados aos secos, misturando até as farinhas ficarem umedecidas, tomando cuidado para não mexer demais. Deixe a massa descansar por 10 minutos para crescer.

Unte com o óleo uma fôrma própria para waffles e aqueça em fogo alto. Despeje cerca de ⅔ de xícara da massa na fôrma. Feche a tampa e deixe no fogo por 5 minutos, até o waffle ficar dourado e crocante. Com uma pinça, solte-o da fôrma com cuidado. Repita o procedimento com o restante da massa.

Coloque os waffles quentes em um prato e cubra-os imediatamente com a compota escolhida e o creme de tofu ou com xarope de bordo. Polvilhe com amêndoas tostadas e sirva.

compota de frutas vermelhas

A chave desta receita é deixar que o calor amoleça as frutas a ponto de elas começarem a desmanchar: quando a gente morde, parecem ainda mais doces. Esta compota de frutas vermelhas combina muito bem com waffles e dá também uma deliciosa cobertura para sorvetes ou mistura para a granola matinal. **Rende 3 xícaras**

- ½ xícara (chá) de suco de laranja fresco
- ½ xícara (chá) de xarope de bordo
- 1 colher (chá) de raspas de casca de laranja
- 1 colher (chá) de noz-moscada ralada na hora
- ½ colher (chá) de canela em pó
- 280 g de morangos frescos sem o cabinho, cortados em quartos
- 170 g de mirtilos frescos
- 1 colher (sopa) de polvilho doce
- 2 colheres (sopa) de água
- 170 g de framboesas frescas

Em uma panela grande, misture o suco de laranja, o xarope de bordo, as raspas de laranja, a noz-moscada e a canela. Leve ao fogo médio/alto até levantar fervura. Abaixe o fogo para médio/baixo e acrescente os morangos e os mirtilos. Deixe cozinhar por 8 minutos, até as frutinhas começarem a soltar o suco e a amolecer.

À parte, em uma tigela pequena, dissolva bem o polvilho doce na água. Acrescente-o à mistura de frutas, misture e aumente o fogo para médio. Deixe cozinhar por cerca de 2 minutos ou até engrossar. Retire a panela do fogo e adicione as framboesas. Deixe esfriar um pouco (o doce vai engrossar enquanto esfria).

Guarde a compota na geladeira em um recipiente hermeticamente fechado por até 5 dias.

A nova culinária vegana

COMPOTA DE MAÇÃ E PERA Este doce é excelente para servir com waffles e torradas, quando é época de maçãs e peras. A simplicidade dessas frutas cozidas é também imbatível quando a gente precisa inventar uma sobremesa de última hora. Já servi muitas vezes com um ou dois biscoitos, e sempre funciona. Você ainda pode espalhar um pouco de castanhas picadas para deixar tudo mais crocante. **Rende 3 xícaras**

¼ de xícara (chá) de xarope de bordo

3 colheres (sopa) de suco de limão

½ colher (chá) de canela em pó

¼ de colher (chá) de sal marinho

uma pitada de cravo-da-índia em pó

uma pitada de noz-moscada ralada na hora

½ fava de baunilha cortada ao meio longitudinalmente

3 maçãs grandes (500 g) sem casca e sementes cortadas em cubinhos

3 peras maduras (500 g) sem casca e sementes cortadas em cubinhos

1 colher (chá) de polvilho doce

2 colheres (chá) de água fria

Em uma panela grande, misture o xarope de bordo, o suco de limão, a canela, o sal, o cravo e a noz-moscada. Raspe as sementes da fava de baunilha, coloque-as na mistura, e depois a fava. Acrescente as maçãs e leve ao fogo médio/alto até levantar fervura. Abaixe o fogo para médio/baixo e deixe cozinhar por 3 minutos, mexendo de vez em quando. Acrescente as peras e deixe cozinhar por 15 minutos, até que as maçãs e as peras fiquem macias.

Em uma tigela pequena, dissolva o polvilho doce na água. Adicione-o às frutas, misture, e deixe cozinhar por 3 minutos, até engrossar.

Tire do fogo e retire a fava de baunilha. Deixe esfriar um pouco antes de servir.

Guarde na geladeira em um recipiente fechado por até 5 dias.

torradas com xarope de framboesa

Esta é uma das receitas em que é preferível o pão branco – a chave para uma torrada excepcional – ao pão integral. O pão deve ser suficientemente firme para conservar a textura, porém ficar macio ao ser torrado (a baguete fica muito empapada). Se puder, use um filão de pão branco caseiro de casca grossa. O xarope de framboesa é um acréscimo delicioso: se não tiver tempo de prepará-lo, simplesmente sirva essas torradas com xarope de bordo ou a geleia de sua preferência. **Rende 6 torradas**

1 xícara (chá) de tofu fresco escorrido e esmigalhado (200 g)

4 colheres (chá) de polvilho doce

2 colheres (chá) de fermento em pó

2 colheres (chá) de linhaça moída

½ colher (chá) de canela em pó

¼ de colher (chá) de noz-moscada ralada na hora

uma pitada de sal marinho

uma pitada de cúrcuma em pó

1 xícara (chá) de leite de soja sem açúcar

⅓ de xícara (chá) de óleo de girassol ou açafrão, mais um pouco para untar

⅓ de xícara (chá) de xarope de bordo

¼ de colher (chá) de essência de baunilha

12 fatias grossas de pão branco caseiro com casca grossa

xarope de framboesa (página 40)

Coloque o tofu, o polvilho doce, o fermento, a linhaça moída, a canela, a noz-moscada, o sal e o cúrcuma no processador. Bata até obter uma mistura homogênea, desligando o aparelho de vez em quando para raspar o fundo e as laterais da vasilha. À parte, misture o leite de soja, o óleo, o xarope de bordo e a essência de baunilha. Com o aparelho em funcionamento, adicione gradualmente a mistura de leite de soja ao tofu, batendo até obter uma massa homogênea, sempre parando para raspar as laterais da vasilha. Despeje a massa em uma assadeira grande. Disponha sobre ela as fatias de pão em uma camada única e vire-as para se cobrirem de massa. Deixe descansar por 30 minutos, virando as fatias de vez em quando, ou até que o pão tenha absorvido quase toda a massa de tofu.

Unte uma chapa grande, de fundo grosso, com um pouco de óleo e aqueça-a em fogo médio. Toste as fatias de pão por cerca de 3 minutos de cada lado, até que fiquem douradas por igual. Disponha as torradas em pratos, coloque sobre elas uma colherada de xarope de framboesa e sirva.

xarope de framboesa

As frutas frescas da estação são sempre melhores, mas framboesas, morangos ou mirtilos congelados também funcionam bem nesta receita. **Rende 2 xícaras**

170 g de framboesas frescas ou descongeladas e escorridas

½ xícara (chá) de xarope de bordo

1 colher (chá) de polvilho doce

1 colher (sopa) de água fria

Em uma panela média, de fundo grosso, coloque 2/3 das framboesas e o xarope de bordo. Leve ao fogo médio e deixe aquecer até que o xarope quase ferva (por cerca de 2 minutos). Enquanto isso, em uma tigela pequena, dissolva o polvilho doce na água fria e adicione-o às framboesas da panela. Deixe cozinhar por 3 minutos, sem parar de mexer, até que as framboesas fiquem bem moles e carnudas, e o xarope ferva e engrosse. Passe a mistura por uma peneira fina, descarte as sementes e coloque-a de volta na panela. Acrescente o restante das framboesas frescas ao xarope quente, misture para envolvê-las bem e leve ao fogo apenas até que as frutas aqueçam por dentro.

petiscos e sanduíches

Patê de edamame e espinafre com endívia 44
Guacamole de tomate-cereja 45
Molho de manga 46
Patê de legumes e tahine 48
Queijo quente 49
Bolinhos de arroz e umeboshi 50
Sementes de abóbora com tamari 54
Pistaches tostados 55
Amêndoas condimentadas 55
Chips de couve 59
Wrap de tofu com linhaça, legumes grelhados e maionese de pesto 61
Tofu com crosta de linhaça 63
Wrap cru e vivo 67
Salada de tofu ao curry no pão sírio 70
Tartine de cogumelo, espinafre e mozarela vegana 71
Tartine de bacon vegano 72
Pão de linhaça com tempeh de mostarda e chucrute 72

petiscos e sanduíches

Quando pensamos em beliscar alguma coisa, em geral pensamos em doce – pelo menos, eu era assim. Cresci bebendo refrigerante depois da escola e lambiscando alguma coisa feita com farinha e açúcar. Quando comecei a adotar uma dieta mais saudável, restringi os doces, mas ficava toda hora me regalando com coisinhas salgadas. Ficamos tentados a variar entre petiscos doces e salgados para refrear nossa ansiedade, até não percebermos mais onde termina o salgado e começa o doce. Esse ciclo não é saudável e tampouco nos deixa satisfeitos ou energizados.

Este capítulo vai mostrar como os petiscos podem ser substanciosos e energéticos. O meu Patê de legumes e tahine (página 48) reúne temperos e ervas para aguçar o paladar e tem ainda uma agradável textura cremosa. O Guacamole de tomate--cereja (página 45) é forte em sabor – e forte também em legumes crus e frescos. O que realmente distingue estes petiscos é que, em vez de apenas satisfazerem uma fome passageira, eles nos oferecem algo que nosso corpo de fato precisa: mais hortaliças, frutas e grãos integrais. Na verdade, algumas destas receitas talvez se pareçam mais com refeições leves do que com petiscos – e é esse o propósito delas. Alimentar-se com refeições leves e frequentes é considerado mais saudável do que o antigo modelo baseado em três grandes refeições por dia. As receitas deste capítulo são suficientemente flexíveis para se adequarem às nossas necessidades – seja um lanchinho no meio da manhã, uma entrada ou uma refeição leve. Por exemplo, prepare qualquer um dos patês deste livro, como o Patê de edamame e espinafre (página 44), o Patê de pimentão e sementes de girassol (página 67) ou o Pesto vegano (página 88), combinando-o com o seu pão preferido, e você terá um lanche atraente e natural. Acrescente uma tigela de sopa ou uma salada, e terá uma refeição. Molhos e patês ficam maravilhosos com alimentos crus – um sortimento colorido de hortaliças cruas ou escaldadas, como cenoura, aipo, pimentão verde e vermelho e yacon.

Além das nozes e castanhas, sanduíches e molhos, incluí aqui alguns petiscos incomuns, frequentes na cozinha da minha casa. Os Chips de couve (página 59) e os Bolinhos de arroz e umeboshi (página 50) são bastante tentadores e trazem à mesa mais vegetais e grãos. Podem ser apreciados na hora do lanche ou como acompanhamento de outras receitas, em uma refeição leve.

As receitas deste capítulo nos ajudam a redefinir o que são lanches, criando um padrão saudável de alimentos nutritivos que nos satisfazem e conservam a nossa energia ao longo do dia.

patê de edamame e espinafre com endívia

Esta receita reinventa o homus tradicional. Tem um pouco da cor e do sabor do espinafre, e o edamame (preparado de soja fresca) acrescenta um toque de proteína vegetal, além da textura. Em vez de servir com pão ou bolachas salgadas, gosto de usar folhas de endívia: seu tamanho e o formato funcionam como uma colher, perfeita para pegar esse patê cremoso. Ele também fica ótimo na divina Salada grega com tabule de quinoa e molho de limão (página 130). **Rende 4 xícaras**

8 dentes de alho sem casca

4 xícaras (chá) não muito cheias de folhas de espinafre

420 g de grão-de-bico em conserva escorrido e lavado

1 xícara (chá) de edamame sem casca descongelado

½ xícara (chá) de suco de limão

⅓ de xícara (chá) de tahine

½ xícara (chá) de azeite de oliva

1½ colher (chá) de sal marinho

¼ de colher (chá) de pimenta-do-reino moída na hora

uma pitada de pimenta-de-caiena

2 endívias (1 roxa e 1 verde)

Bata o alho no processador. Acrescente o espinafre, o grão-de-bico, o edamame, o suco de limão e o tahine. Use o pulsar e processe até obter uma mistura bem homogênea. Com o aparelho em funcionamento, despeje aos poucos o azeite até a mistura ficar cremosa e homogênea. Junte o sal, a pimenta-do-reino e a pimenta-de-caiena.

Coloque o patê em uma tigela e sirva com as folhas de endívia.

guacamole de tomate-cereja

Não existe nada melhor que tomates fresquinhos para realçar uma tigela de guacamole. Para sorte minha, meus cunhados cultivam sofisticados tomates-cerejas orgânicos. A cooperativa de pequenos agricultores que eles têm em Del Cabo, na Baixa Califórnia, México, produz uma das mais saborosas variedades de tomate-cereja do mundo. Certamente, eles adoçam a minha vida quando chegam sem avisar – trazendo sempre braçadas de produtos orgânicos frescos. Foi esse tomate-cereja que inspirou esta receita de guacamole, que se tornou um dos pratos favoritos da família. Qualquer cor ou tipo de tomatinho serve; tomates de cores variadas deixam este prato ainda mais festivo. É claro que tomates carnudos, maduros e suculentos funcionam também – basta cortá-los grosseiramente. **Rende 3 xícaras**

120 g de tomates-cerejas cortados ao meio ou em quartos, se forem grandes

½ cebola pequena cortada em fatias finas

¾ de xícara (chá) de coentro fresco picadinho

2 colheres (sopa) de suco de limão-taiti ou limão-siciliano

¾ de colher (chá) de sal marinho, e mais se necessário

¼ de colher (chá) de cominho em pó

2 dentes de alho picados

4 abacates (500 g) maduros e firmes cortados grosseiramente

Em uma tigela média, misture os tomates, a cebola, o coentro, o suco de limão, o sal marinho, o cominho e o alho. Deixe descansar por 20 minutos, para que os sabores e os aromas se misturem.

Amasse metade dos pedaços de abacate em uma tigela grande. Adicione a mistura de tomate ao abacate amassado, acrescente o abacate em pedaços e mexa delicadamente, deixando os pedaços intactos. Se necessário, tempere o guacamole com um pouco mais de sal, a seu gosto.

molho de manga

Este prato satisfaz aquela vontade vespertina de comer uma coisinha doce, mas, como o açúcar vem do suco natural da manga, ele é muito mais saudável que um petisco doce. Gosto do picante da pimenta jalapeña picada, mas quem gosta de um pouco mais de aroma pode dar um toque com a pimenta-de-caiena. Este molho fica ótimo com uma tortilha e é um acréscimo interessante em uma salada verde.

Rende 2 xícaras

- 1 manga grande e madura cortada em cubos
- ¼ de xícara (chá) de pepino sem casca cortado em rodelas finas
- 2 colheres (sopa) de cebola roxa cortada em cubinhos
- 2 colheres (sopa) de coentro fresco picado
- 1 pimenta jalapeña pequena picada ou 1 colher (chá) de pimenta-de-caiena
- 1 colher (sopa) de suco de limão-taiti
- 2 colheres (sopa) de suco de laranja fresco
- ½ colher (chá) de sal marinho

Em uma tigela pequena, misture delicadamente todos os ingredientes. Sirva imediatamente ou então cubra e leve à geladeira por pelo menos 1 hora ou por até 6 horas.

Da esquerda para a direita: **Pesto vegano** (página 88), **Molho de manga** (página 46) e **Patê de legumes e tahine** (página 48).

patê de legumes e tahine

Esta é uma receita versátil, que pode ser usada como molho ou patê. À medida que descansa, a mistura engrossa, portanto deixe-a descansar um pouco entre o momento em que foi preparada e a hora de servir. Fica ótima como patê, acompanhada de bolachas cream cracker de arroz (ou qualquer outra bolacha salgada da sua preferência) ou como molho, com cenoura e aipo. Também fica excelente em um wrap, já que os aromas combinam bem com legumes grelhados. Você pode usá-la no Wrap de tofu com linhaça, legumes grelhados e maionese de pesto (página 61). **Rende 1⅔ xícara**

½ xícara (chá) de tahine

⅓ de xícara (chá) de água

¼ de xícara (chá) de missô

¼ de xícara (chá) de suco de limão-siciliano

1 dente de alho pequeno picado

¾ de colher (chá) de cominho em pó

uma pitada de pimenta-de-caiena

1 cenoura média sem casca picada

1 talo de aipo (salsão) picado

2 colheres (sopa) de cebolinha picada

2 colheres (sopa) de coentro fresco picado

No processador, coloque o tahine, a água, o missô, o suco de limão, o alho, o cominho e a pimenta-de-caiena. Bata por 3 minutos, ou até ficar um creme homogêneo.

Transfira a mistura para uma tigela pequena e acrescente a cenoura, o aipo, a cebolinha e o coentro.

Este patê pode ser feito com três dias de antecedência, então cubra-o e mantenha na geladeira.

queijo quente

O preparo de um bom queijo quente com queijos veganos necessita de duas etapas, a fim de garantir que o queijo derreta e para que o pão fique dourado, com uma textura crocante. Siga as etapas abaixo, e você terá um sanduíche delicioso. Prefiro usar um queijo vegano que venha em peça, desse modo posso fatiá-lo em qualquer espessura. Também gosto de usar dois tipos diferentes de queijo em um sanduíche. Veja no final da receita diferentes maneiras de preparar um sanduíche sofisticado. **Rende 4 sanduíches**

8 fatias de pão de fôrma integral

½ xícara (chá) de maionese vegana

8 fatias (6 mm) de queijo vegano tipo cheddar

8 fatias (6 mm) de queijo vegano tipo suíço ou gouda

6 colheres (sopa) de manteiga vegana

Preaqueça uma grelha, e esquente uma chapa ou frigideira de ferro fundido em fogo médio/baixo – ela tem que estar quente quando colocar o pão.

Disponha as 8 fatias de pão na grelha. Espalhe sobre elas a maionese vegana. Depois cubra 4 fatias de pão com 2 fatias de queijo cheddar em cada uma, e as outras 4 fatias de pão com 2 fatias de queijo suíço cada uma. Grelhe com cuidado por 1-2 minutos, até o queijo derreter. Para fechar os sanduíches, junte as fatias de pão, misturando os queijos.

Derreta 3 colheres (sopa) de manteiga vegana na chapa. Disponha os sanduíches e grelhe, pressionando-os delicadamente, uma ou duas vezes, com uma espátula por 3 minutos, até que fiquem dourados. Vire os sanduíches e grelhe-os do outro lado por mais 3 minutos, ou até que fiquem dourados e o queijo tenha derretido por completo. Arrume os sanduíches em pratos e sirva imediatamente.

Variações:

- Pique um dente de alho pequeno e acrescente-o à manteiga que vai derreter na chapa.

- Adicione 1 fatia de tomate em 4 das fatias de pão com o queijo já derretido, depois feche os sanduíches e termine de dourá-los.

- Coloque tirinhas de Bacon de tempeh e bordo (página 25) sobre os queijos derretidos, antes de fechar os sanduíches.

- Para ficar mais picante, espalhe mostarda nas fatias de pão, em vez de maionese vegana. Ou espalhe maionese vegana em 4 das fatias de pão, e mostarda nas outras 4 fatias.

Bolinhos de arroz e umeboshi

Eu e meus filhos gostamos de fazer esta receita juntos. Embora as coisas fiquem um tanto bagunçadas e grudentas, é divertido. A ideia é esconder um presentinho dentro dos bolinhos e surpreender as pessoas – pelo menos, é isso o que digo a meus filhos. Estes bolinhos são ótimos como tira-gosto e são fáceis de carregar, o que os torna ideais para lancheiras. **Rende 20 bolinhos**

3¾ xícaras (chá) de Arroz de sushi (página 51)

10 colheres (chá) de pasta de umeboshi ou 5 ameixas umeboshi sem caroço cortadas em quartos

2 colheres (sopa) de gergelim torrado

4 folhas de alga marinha nori cortadas em tiras

Com as mãos molhadas em água, enrole 3 colheres (sopa) do arroz de sushi, formando um bolinho do tamanho de uma bolinha de pingue-pongue. Pressione o centro do bolinho com o polegar, formando uma cavidade. Com uma colherzinha ou palito, coloque ½ colher (chá) da pasta de umeboshi ou 1 pedaço da ameixa nessa cavidade. Molhe os dedos novamente na água, feche a cavidade e ajeite o bolinho. Repita esse procedimento nos demais bolinhos.

Passe os bolinhos pelo gergelim. Enrole uma tira de nori em volta, aparando o excesso e umedecendo as pontas da alga, para grudá-las. Sirva em seguida.

Variações: Você pode rechear os bolinhos com qualquer um dos seguintes ingredientes, antes de fechá-los e enrolá-los com a alga: 1-2 colheres (chá) de cebolinha picada; 1-2 colheres (chá) de nozes e castanhas picadas; 1-2 colheres (chá) de Couve em pó (página 60); ou 1-2 colheres (chá) de manteiga de oleaginosas, como de amêndoas, castanhas-de-caju ou de amendoim.

Nori tostada

Nori é uma alga marinha seca, de folhas fininhas, mais comumente empregada para fazer sushi. Eu a uso nestes Bolinhos de arroz e umeboshi e também em outras receitas. Você pode encontrá-la facilmente nas casas de produtos naturais e asiáticos, em pacotinhos de 10 a 50 folhas, em geral, já torradas. Quando conheci essa alga, não vinha assim – era preciso tostar as folhas antes de usá-las. Descobri recentemente que é possível comprá-la em folhas menores, já untadas e salgadas, inclusive com gergelim. Mas por que pagar mais caro se você pode prepará-las facilmente por muito menos, e ainda controlar a quantidade de sal?

Para tostar a nori, aqueça o forno a 150 °C. Em uma assadeira de fundo grosso, disponha lado a lado quantas folhas de alga couberem. Pincele ligeiramente cada lado da alga com óleo de gergelim ou azeite de oliva – o óleo de gergelim vai dar aroma e paladar mais definidos, enquanto o azeite é mais sutil. Polvilhe os dois lados com um pouquinho de sal marinho. Leve ao forno por 5 minutos. Retire do forno e deixe esfriar. Deixe as folhas inteiras ou corte-as em quadrados menores.

petiscos e sanduíches

Arroz de sushi

Rende 6 xícaras

3½ xícaras (chá) de água

1 xícara (chá) de arroz cateto integral bem lavado

1 xícara (chá) de arroz moti bem lavado

¼ de colher (chá) de sal marinho

2 colheres (sopa) de vinagre de arroz

1 colher (sopa) de mirin

Coloque a água e os dois tipos de arroz na panela de pressão. Tampe e leve ao fogo alto até ferver e formar pressão. Diminua o fogo para médio/baixo e deixe cozinhar por 30 minutos. Retire a panela do fogo e deixe descansar por cerca de 10 minutos, até a pressão sair. Com cuidado, abra a panela.

Coloque o arroz em uma tigela grande. Regue com o vinagre e o mirin. Com o auxílio de palitos, revire delicadamente o arroz para misturar o vinagre e o mirin. Deixe o arroz esfriar completamente em temperatura ambiente.

Variação: Se você não tiver panela de pressão, cozinhe os dois tipos de arroz em uma caçarola grande, de fundo grosso ou triplo. Assim que levantar fervura, abaixe o fogo. Tampe a panela e deixe cozinhar lentamente, sem mexer, por 35 minutos, ou até que o arroz esteja macio e o líquido tenha sido absorvido. Retire a panela do fogo. Deixe o arroz descansar, tampado, por 5 minutos. Prossiga a receita, revirando o arroz com os palitos, para misturar o vinagre e o mirin, como explicado.

A nova culinária vegana

quem está à mesa?

Hoje em dia, os tipos de comida são tão variados que alimentar a família e os amigos pode ser um grande desafio, seja em casa, pilotando o fogão, ou quando vai comer fora. Eis aqui um pequeno guia sobre quem está se alimentando do que atualmente, com as categorias que frequentemente se superpõem – e frequentemente se equivocam. (Para se informar mais a respeito de uma dieta sem glúten, veja a página 161; para saber mais sobre macrobiótica, veja a página 202.)

Quem segue a **alimentação viva e crua** faz uso de alimentos cujo aquecimento não passou dos 56 °C aproximadamente (este número varia, já ouvi falar de 48 °C). Em geral, essa dieta é vegana, mas nem sempre – já vi oferecerem leite cru na feira da minha região, por exemplo. A teoria por trás da alimentação crua é que o cozimento destrói as enzimas e a força vital dos alimentos. Os ensinamentos da macrobiótica consideram a energia dos alimentos, e eu acredito nessa ideia. Incluí neste livro algumas receitas que têm origem na minha experimentação com a alimentação crua. São receitas incrivelmente leves e refrescantes no verão, mas ainda não consegui encontrar nada mais energético do que uma tigela de sopa fumegante num dia frio de inverno.

Locavores são aqueles que escolhem alimentos de acordo com uma região geográfica que definiram como "local". Além de dar apoio à agricultura local, eles se preocupam com produtos mais nutritivos e de melhor sabor. Eu adoto os seguintes princípios do movimento: quanto menor o tempo de estrada de frutas e verduras, melhor o seu sabor e mais nutrientes oferecem. Ser locavore não significa necessariamente alimentar-se de modo vegano ou vegetariano. Os locavores são grandes conhecedores de carnes, aves, peixes e laticínios, e procuram fazendas e produtores locais desses alimentos de origem animal. Os mais comprometidos com o movimento abatem o animal no próprio quintal. Sem exageros. Francamente, acho o abate de animais repulsivo e nada apetitoso, seja ele feito em casa

ou em um abatedouro. Rotular um animal de "local" não justifica a prática destrutiva e desumana de escravizar e abater animais.

Quem segue uma **alimentação orgânica** procura evitar os pesticidas, herbicidas e fertilizantes petroquímicos que modificaram a agricultura nos anos que se seguiram à Segunda Guerra Mundial – e consome alimentos orgânicos por motivos de saúde e por preocupações ambientais. À medida que o movimento floresceu entre o final dos anos 1980 e os anos 1990, as pessoas descobriram que os produtos orgânicos tinham um sabor muito melhor, e alguns estudos demonstram que esses alimentos são mais nutritivos que sua contraparte cultivada com agrotóxicos. Muitos chefs sofisticados começaram a procurar pelos produtos orgânicos regionais a fim de realçar o aroma e o paladar de seus pratos. Embora os veganos e vegetarianos em geral apreciem alimentos orgânicos, quem segue a alimentação orgânica não é necessariamente vegano nem vegetariano.

Os **veganos** são os mais rígidos dos vegetarianos. Não comem carne, ave, peixe, laticínios, ovos ou qualquer coisa de origem animal, inclusive mel. Alguns têm apenas o alimento como compromisso. Mas outros veganos se envolvem politicamente como ativistas: estendem a posição de não consumir produtos de origem animal a cosméticos e outros produtos, evitando materiais como couro, pele e seda, a fim de garantir que sua aquisição não sustente testes ou crueldade com animais.

Os **vegetarianos** baseiam sua dieta sobretudo em vegetais, mas existem vários tipos de vegetarianos: alguns consomem laticínios (lactovegetarianos), enquanto outros consomem ovos (ovovegetarianos) e muitos, ambos os produtos (ovolactovegetarianos). Algumas pessoas que se identificam como vegetarianas consomem peixe (piscovegetarianos). Resumindo, se uma pessoa diz que é vegetariana ou vegana, e você for cozinhar para ela, é melhor que ela esclareça a qual categoria pertence.

castanhas e sementes tostadas

Tostar castanhas e sementes no forno ou no fogão realça-lhes o aroma e facilita a digestão. Estas três receitas de castanhas e sementes tostadas são deliciosas para comer como aperitivo ou como acompanhamento de qualquer salada verde. Também são sugeridas em saladas específicas: experimente as sementes de abóbora na Salada de trigo-sarraceno com molho de gergelim (página 184), os pistaches na Salada de agrião e alface (página 128), e as amêndoas na Salada de couve com tempeh de mostarda ao molho de tahine com laranja (página 115).

sementes de abóbora com tamari

Rende 3 xícaras

3 xícaras (chá) de sementes de abóbora frescas com casca e sem sal

3 colheres (sopa) de tamari

Coloque as sementes de abóbora frescas em uma peneira. Lave-as em água corrente e depois sacuda-as para retirar bem o excesso de água.

Leve ao fogo médio/baixo uma frigideira de ferro (de 22-25 cm de diâmetro) e deixe-a aquecer por 2 minutos (não deixe fumegar).

Coloque as sementes de abóbora na frigideira e mexa constantemente com uma espátula de madeira. Depois de alguns minutos, as sementes vão começar a inchar e a ficar marrons, e algumas vão estourar (tudo bem). Continue mexendo delicadamente, para garantir que elas não queimem ao ficar em contato com o fundo da frigideira. Isso leva cerca de 8 minutos.

Nesse ponto, acrescente o tamari e continue a mexer as sementes. O molho vai cobrir o fundo da frigideira, por isso use a pá ou espátula para evitar que ele grude. O tamari deve aderir apenas às sementes, e não ao fundo da frigideira. Deixe cozinhar, mexendo sempre, por cerca de 10 minutos, ou até que as sementes estejam com um lindo tom marrom-esverdeado e muitas tenham inchado.

Sirva-as enquanto estiverem quentes, ou deixe que esfriem por completo e coloque-as em um pote de vidro hermeticamente fechado, onde se manterão frescas por até 1 semana. Guarde o pote em local fresco, protegido da luz do sol.

petiscos e sanduíches

PISTACHES TOSTADOS
Rende 1 xícara

1 xícara (chá) de pistaches crus com casca e sem sal

2 colheres (sopa) de xarope de agave

1 colher (sopa) de óleo de canola

uma pitada de sal marinho

uma pitada de pimenta-de-caiena

Preaqueça o forno a 175 °C. Forre uma assadeira de fundo grosso com papel-manteiga.

Em uma tigela grande, misture bem os pistaches com o xarope de agave e o óleo, depois polvilhe-os com sal marinho e pimenta-de-caiena. Espalhe a mistura de pistache na assadeira forrada, formando uma camada. Leve ao forno por 8-10 minutos, mexendo com frequência, ou até que os pistaches estejam dourados. Deixe esfriar.

AMÊNDOAS CONDIMENTADAS
Rende 1 xícara

1 xícara (chá) de amêndoas cruas inteiras

2 colheres (sopa) de xarope de bordo

1 colher (sopa) de óleo de canola

¼ de colher (chá) de páprica doce

uma pitada de pimenta-de-caiena em pó

uma pitada de sal marinho

Preaqueça o forno a 175 °C. Forre uma assadeira de fundo grosso com papel-manteiga.

Em uma tigela grande, misture as amêndoas com o xarope de bordo e o óleo, então polvilhe com a páprica doce, pimenta-de-caiena e sal. Espalhe a mistura na assadeira forrada, formando uma camada. Leve ao forno por 15 minutos, mexendo a cada 5 minutos, ou até que o xarope engrosse e envolva bem as amêndoas, deixando-as douradas. Deixe esfriar, para que as amêndoas e a cobertura fiquem crocantes.

despensa vegana

queijos veganos

Os queijos alternativos podem satisfazer aquela vontade de comer um queijinho, sem comprometer uma dieta à base de vegetais. Use-os para acompanhar nachos, fazer sanduíches ou coloque-os em saladas e massas. Como queijo caseiro, experimente o Queijo vegano de castanhas-de-caju (página 57); é fácil de preparar e muito versátil, mas precisa ser feito com antecedência para que descanse, caso queira fatiar ou ralar. Existe também a Ricota de tofu (página 169), que utilizo nos Rolinhos de lasanha (página 166), e o Creme de castanhas-de-caju (página 83), que adoro usar em sopas e no Penne ao forno (página 152).

Atualmente, já existem bons queijos veganos à disposição em alguns mercados e também em feiras de produtos orgânicos. Até há pouco tempo, era difícil encontrar queijos veganos que derretessem bem. Felizmente, algumas empresas vêm dominando essa característica. Sugiro que você experimente todos para saber qual lhe agrada mais. Tenho sempre algumas marcas à mão e escolho qual se adapta melhor a cada receita. Como acontece com todo produto, é importante ler a embalagem ao escolhê-los. Alguns contêm caseína, a proteína do leite.

O **queijo à base de amêndoas** em geral não contém soja, nem glúten nem colesterol, mas contém caseína. Esse queijo de amêndoas é apresentado nos sabores cheddar, mozarela, apimentado e com alho; pode ser fatiado e derretido.

O **queijo à base de arroz** é ótimo para quem tem alergia a soja. É um dos melhores para derreter, embora seu sabor não seja tão assertivo quanto o do queijo de soja. Existem queijos de arroz veganos nos sabores cheddar, pimenta e no sabor de queijo americano. Eles são uma boa fonte de cálcio e não contêm glúten, soja, conservantes ou qualquer ingrediente de origem animal (inclusive a caseína).

petiscos e sanduíches

queijos à base de soja são os mais comuns entre os queijos veganos (portanto, mais fáceis de encontrar). Os queijos de soja estão disponíveis em pedaços e fatias, e muitas vezes derretem como os derivados de leite tradicionais. Normalmente, eles não são encontrados nos supermercados comuns, mas estão disponíveis na maior parte das casas de produtos naturais e também nas de produtos asiáticos. Ficam ótimos em sanduíches, como no meu Queijo quente (página 49).

O queijo à base de tapioca é a mais recente inovação no ramo dos queijos alternativos. Não contém laticínio, nozes e castanhas, soja nem glúten. É o que tem gosto mais parecido com o do queijo derivado de leite, e também o que derrete melhor. Você pode comprá-lo em fatias nos sabores cheddar e mozarela. Uso esse tipo de queijo para preparar Penne ao forno (página 152), Mexido de tofu (página 31) e, claro, Queijo quente (página 49).

queijo vegano de castanhas-de-caju

Há mais de dez anos uso esta receita de queijo no meu restaurante e publiquei-a no meu primeiro livro de culinária. Trata-se de um ótimo queijo vegano, pois derrete, pode ser fatiado e cortado em pedaços. **Rende 4 xícaras**

- 1¼ xícara (chá) de castanhas-de--caju cruas
- ½ xícara (chá) de levedura nutritiva
- 2 colheres (chá) de cebola em pó
- 2 colheres (chá) de sal marinho
- 1 colher (chá) de alho em pó
- uma pitada de pimenta-do-reino branca em pó
- 3½ xícaras (chá) de leite de soja sem açúcar
- 1 xícara (chá) de ágar (42,5 g)
- ½ xícara (chá) de óleo de canola
- ¼ de xícara (chá) de missô
- 2 colheres (sopa) de suco de limão-siciliano

No processador, usando a tecla pulsar, bata as castanhas-de-caju (não deixe que virem uma pasta). Acrescente a levedura, a cebola em pó, o sal marinho, o alho em pó e a pimenta-do-reino. Aperte a tecla pulsar mais três vezes para misturar os temperos.

Em uma panela média de fundo grosso, ponha o leite de soja, o ágar e o óleo. Leve ao fogo alto até levantar fervura. Diminua o fogo para médio/baixo e tampe a panela. Deixe cozinhar, mexendo de vez em quando, por cerca de 10 minutos ou até que o ágar se dissolva. Com o processador ligado, despeje aos poucos este leite de soja quente sobre a mistura de castanhas, processando por 2 minutos ou até que fique bem homogêneo e cremoso. Adicione o missô e o suco de limão e torne a misturar.

Para poder ralar ou fatiar este queijo, transfira-o para um recipiente, cubra e leve à geladeira por 4 horas, ou até que esteja firme. Então, rale ou fatie como desejar.

Para obter queijo derretido, use-o imediatamente. Se quiser prepará-lo com antecedência, cubra-o e leve à geladeira. Quando estiver pronto para usar, derreta-o em uma panela em fogo médio até que fique cremoso e macio, mexendo sempre e acrescentando mais leite de soja se necessário.

Este queijo dura 4 dias coberto na geladeira.

chips de couve

A couve é versátil, não há dúvida, mas quem poderia imaginá-la em lasquinhas crocantes? Os chips de couve se tornaram conhecidos, mas seu preço é proibitivo. Os comercializados são desidratados, um método bastante usado na cozinha viva e crua. Descobri que assar a couve dá resultados excelentes. O principal é espalhar a couve na assadeira, deixando espaço entre cada folha, caso contrário ela encharca. Ao sair do forno, talvez a couve ainda tenha um aspecto meio mole, mas dê um tempo para ela esfriar, e você vai ter uma fornada de chips de couve – e tudo isso por uns poucos trocados.

Rende de 2 a 4 porções

1 maço grande de couve-crespa

1 colher (sopa) de azeite de oliva

uma pitada de sal marinho

Preaqueça o forno a 150 °C. Forre 2 assadeiras de fundo grosso, grandes e largas, com papel-manteiga.

Coloque as folhas de couve na centrífuga de verduras para retirar a água ou seque-as delicadamente com papel-toalha. É importante que elas fiquem bem secas, uma vez que o azeite não se mistura com água.

Retire o talo central de cada folha. Ao remover o talo, continue cortando até dividir a folha em duas partes. Deixe-as assim, ou corte cada metade novamente ao meio – eu as corto ou rasgo de modo a obter 4 pedaços de cada folha, deixando-as o mais inteira possível, já que ao assar, a couve encolhe e se reduz à metade.

Coloque o azeite e o sal em uma vasilha grande e, com as mãos, esfregue o azeite nos pedaços de couve inteiros, untando-os bem dos dois lados. Prepare-se para ficar com as mãos meladas!

Disponha uma camada de folhas de couve na assadeira forrada e leve-as ao forno por 25 minutos, até que fiquem crocantes. Verifique a cada 10 minutos, e se algumas folhas parecerem muito tostadas, vire-as do outro lado.

Guardados em recipientes fechados ou em saquinhos, estes chips se mantêm frescos e crocantes por 1 semana.

a nova culinária vegana

Variações: Lave as folhas de couve, corte-as e asse de acordo com as orientações da página anterior. Mas, em vez de temperá-las apenas com azeite e sal, experimente as variações a seguir. Como algumas dessas variações incluem xarope de bordo, que faz a couve ficar marrom mais rapidamente, o tempo de forno pode variar entre 15 e 25 minutos. Portanto, verifique com frequência para ver se os chips estão prontos.

Vinagre e sal marinho: Misture 1 colher (sopa) de vinagre balsâmico, de maçã ou de arroz, 1 colher (sopa) de azeite de oliva ou de óleo de canola e uma pitada de sal marinho.

Xarope de bordo e coco: Misture 2 colheres (sopa) de xarope de bordo, 2 colheres (sopa) de coco seco ralado fino sem açúcar, 1 colher (sopa) de óleo de girassol ou óleo de canola e uma pitada de sal marinho.

Alho e gergelim: Misture 1 dente de alho picado, 2 colheres (sopa) de gergelim ou linhaça, 1 colher (sopa) de azeite de oliva ou óleo de canola e 1 colher (sopa) de tamari.

Picante e condimentado: Misture uma pitada de pimenta-de-caiena, uma pitada de páprica picante, uma pitada de sal marinho, 1 colher (sopa) de azeite de oliva ou óleo de canola e 1 colher (sopa) de xarope de bordo.

Pipoca com couve em pó: Esmigalhe os chips de couve entre os dedos até que virem um pó fino ou moa-os em um pilão. Polvilhe esse pó de couve por cima da pipoca. É colorido e nutritivo. Os meus filhos adoram!

O papel-manteiga é um artigo profissional de culinária que você encontra em qualquer papelaria ou supermercado, junto do filme de PVC e do papel-alumínio. Trata-se de um parente do papel encerado, mas muito mais versátil e ecológico. Como não tem uma camada de cera derivada de petróleo, isso significa que você pode cozinhar com ele, o que não é possível com outros papéis encerados.

papel-manteiga

O papel-manteiga foi uma aquisição relativamente recente entre os meus utensílios de cozinha, e sinceramente não sei como passei tanto tempo sem ele. Agora é um item imprescindível na minha cozinha, e o utilizo para forrar assadeiras, eliminando assim a necessidade de untar, e isso também facilita demais a limpeza.

wrap de tofu com linhaça, legumes grelhados e maionese de pesto

Um pouco de maionese no Pesto vegano e o benefício dos ácidos graxos ômega da linhaça fazem maravilhas nestes wraps. Fique à vontade para usar seus legumes preferidos ou os que estiverem disponíveis na época. **Rende 6 wraps**

MAIONESE DE PESTO
1 xícara (chá) de Pesto vegano (página 88)
¼ de xícara (chá) de maionese vegana

WRAPS
2 cebolas roxas cortadas em quartos e depois em fatias finas
2 abobrinhas cortadas na diagonal em rodelas finas
1 pimentão vermelho cortado em tiras
2 colheres (sopa) de azeite de oliva
sal marinho e pimenta-do-reino moída na hora
6 tortilhas de cerca de 20 cm de diâmetro (de preferência feitas de espinafre ou de tomate seco)
12 pedaços de Tofu com crosta de linhaça (página 63)
3 xícaras (chá) de minialface variada, picada

Maionese de pesto: Misture o pesto e a maionese vegana em uma tigela pequena, até ficar uma mistura homogênea. Reserve.

Wraps: Aqueça uma panela grande, de fundo grosso, em fogo médio, ou uma grelha, em fogo médio/alto. Pincele os legumes com o azeite e tempere com sal e pimenta. Grelhe as fatias de cebola na panela quente por cerca de 10 minutos, virando-as uma vez, até que fiquem macias e comecem a dourar. Retire-as e reserve. Acrescente a abobrinha e o pimentão, grelhando-os até que fiquem macios, mas não muito moles – são 8 minutos para a abobrinha e 12 minutos para o pimentão. Prepare os legumes um de cada vez, e reserve. Não os misture.

Coloque uma tortilha por vez em uma chapa ou grelha. Leve ao fogo médio/baixo e deixe aquecer durante 15 segundos de cada lado. Ponha a tortilha sobre um pano de prato limpo e cubra-a para conservar o calor, enquanto aquece as outras.

Acomode as tortilhas em uma superfície de trabalho. Espalhe 2 colheres (sopa) da maionese de pesto em cada uma, deixando uma beirada de 1 cm sem recheio. É a maionese que deixa o wrap úmido e saboroso. Disponha os legumes grelhados, o tofu e a alface em quantidades iguais, na seguinte ordem, de baixo para cima: cebola roxa, alface, pedaços de tofu, pimentão vermelho e abobrinha.

Enrole as tortilhas apertando bem o recheio e firmando as pontas. Com uma faca larga e afiada, corte cada wrap em dois na diagonal.

petiscos e sanduíches

TOFU COM CROSTA DE LINHAÇA
Embora esta receita tenha sido desenvolvida para o wrap anterior, ela é um bom exemplo de como os elementos de muitas das minhas receitas são flexíveis. Este tofu com casquinha de linhaça é a melhor proteína para se servir com uma tigela de arroz e um prato de legumes em uma refeição simples e substanciosa. Um pouquinho da linhaça vai se desprender durante o preparo, mas isso não é problema. **Rende 4 porções**

400 g de tofu fresco e firme escorrido

2 colheres (sopa) de azeite de oliva

¾ de xícara (chá) de linhaça

1½ colher (chá) de sal marinho

óleo de canola para untar

Seque bem o tofu com papel-toalha. Corte-o em 2 blocos. Forre uma assadeira grande, de fundo grosso, com mais papel-toalha. Disponha o tofu na assadeira forrada e deixe escorrer por 2 horas, trocando o papel-toalha após 1 hora.

Corte cada bloco de tofu duas vezes na horizontal, obtendo assim 6 pedaços. Depois, corte-os ao meio verticalmente, para obter 12 pedaços.

Pincele o tofu com o azeite de oliva. Misture a linhaça e o sal, e espalhe em um prato. Coloque por cima os pedaços de tofu e, com cuidado, pressione-os contra a mistura de linhaça e sal, cobrindo-os generosamente.

Preaqueça uma chapa de ferro em fogo médio/baixo. Unte-a com o óleo e disponha nela os pedaços de tofu. Grelhe por cerca de 3 minutos de cada lado, ou até que o tofu esteja todo quente por dentro, e a linhaça, dourada.

Uma alternativa é fazer esse tofu assado. Para isso, preaqueça o forno a 200 °C. Disponha os pedaços de tofu em uma assadeira e leve ao forno por cerca de 10 minutos de cada lado, ou até que eles estejam quentes por dentro, e a crosta de linhaça, dourada.

a nova culinária vegana

uma cozinha mais verde

Se você está pensando em se tornar mais "verde" na cozinha, meus parabéns! Você já deu um grande passo ao comprar este livro. Ingerir uma alimentação à base de vegetais é uma das formas mais poderosas de causar impacto positivo no planeta. No entanto, existem outros modos simples, de baixo custo, que podem fazer grande diferença.

seja consciente. Assuma o desafio de ser mais consciente em todas as tarefas cotidianas. Feche a torneira quando ela não estiver em uso; só ponha a máquina de lavar louça para funcionar quando ela estiver cheia; apague as luzes e desligue os aparelhos que não estão sendo usados. Outro jeito simples de ser mais consciente no dia a dia é refletir sobre o seu consumo, tentando limitar ao máximo os desperdícios. Uma das melhores formas de fazer isso é reciclando, e não apenas as muitas garrafas e latas. Por exemplo, tente reutilizar os copos de geleia. Se você for mais ousado, comece a fazer compostagem com os restos de alimentos no fundo do quintal.

seu dinheiro, sua opinião. Cada compra que realizamos é uma oportunidade de fazer os homens de negócios saberem que os consumidores querem produtos mais ecológicos. Comece esforçando-se para comprar os produtos que você já consome em versões orgânicas e naturais — a maioria dos produtores está consciente de que há um aumento na demanda desses itens. Outro jeito de ser inteligente nas compras é adquirir artigos reutilizáveis, em vez de descartáveis, tais como sacolas recicláveis e garrafas. Incentivei os meus filhos a prepararem o lanche escolar com zero de desperdício. Por fim, uma das melhores maneiras de usar bem o seu dinheiro é dar apoio aos produtores da sua região — seja comprando os produtos dos agricultores locais ou as ferramentas na lojinha da esquina. Esses pequenos negociantes formam a urdidura do tecido da comunidade, e muitas vezes têm a preocupação de tornar a sua região um lugar melhor.

petiscos e sanduíches

ECOLÓGICO E LIMPO. Se você está gostando das receitas deste livro, provavelmente gasta um bom tempo na cozinha. E, ao se esforçar para conservá-la o mais limpa e brilhante possível, estará tornando o tempo que passa lá mais agradável. Felizmente, hoje em dia existem inúmeras marcas de produtos de limpeza ecológicos — verifique na embalagem se os produtos são biodegradáveis e procure se informar se a empresa tem preocupações ambientais. Alguns rótulos dão essa informação, mas procure também consultar sites ou publicações de órgãos de defesa do consumidor, por exemplo. Além de adquirir produtos de limpeza ecologicamente corretos, algumas atitudes simples, como abrir as janelas e deixar o sol bater na cozinha, podem fazer grande diferença, pois abrem espaço para a energia positiva. E embora nem sempre sejam práticos, jardineiras e vasos de plantas ajudam a embelezar e a purificar o ambiente, além de serem muito úteis quando a receita requer ervas frescas.

wrap cru e vivo

Os ingredientes desta receita são absolutamente crus. E mesmo que você não seja fã desses alimentos, ainda assim pode se deliciar: no lugar do shoyu nama, experimente empregar tamari, que é um molho de soja orgânica crua, não pasteurizado. E, em vez do xarope de agave cru, você pode usar a versão normal. As verduras precisam ser misturadas ao molho antes de preparar os wraps, caso contrário, ficarão muito secos. Esse molho de salada pode ser facilmente duplicado e empregado em outra salada. Para se informar mais a respeito da culinária viva e crua, consulte a página 52. **Rende 16 wraps**

PATÊ DE PIMENTÃO E SEMENTES DE GIRASSOL

1 xícara (chá) de pimentão vermelho picado

1 xícara (chá) de sementes de girassol cruas sem casca

½ xícara (chá) bem cheia de folhas de manjericão fresco

1 colher (sopa) de suco de limão-siciliano

1 colher (sopa) de shoyu nama

1 colher (chá) de sal marinho

2 dentes de alho picados

MOLHO CÍTRICO

1 colher (sopa) de vinagre de maçã

1 colher (sopa) de suco de laranja fresco

1 colher (chá) de xarope de agave

1 colher (chá) de endro fresco picado

1 dente de alho pequeno picado

1½ colher (sopa) de azeite de oliva

sal marinho e pimenta-do-reino moída na hora a gosto

WRAPS

4 folhas grandes de couve-manteiga (pelo menos 27 x 27 cm)

2 pepinos sem casca e sem sementes cortados em palitos

2 abacates grandes maduros cortados em fatias finas

2 tomates maduros cortados ao meio e depois em meias-luas finas

6 xícaras (chá) de folhas verdes variadas rasgadas

Patê de pimentão e sementes de girassol: Coloque os ingredientes no processador. Moa até obter um patê homogêneo e fácil de espalhar, mas ainda com pedaços.

Molho cítrico: Junte o vinagre, o suco de laranja, o xarope de agave, o endro e o alho em uma tigela média, misturando bem com um batedor. Aos poucos, adicione o azeite, incorporando-o com o auxílio de um batedor. Tempere com sal e pimenta.

Wraps: Com uma faca afiada, retire a nervura central de cada folha de couve. Isso irá dividi-las ao meio, que é o que se deseja. Então, corte novamente cada metade ao meio, para obter 16 pedaços iguais.

Disponha os pedaços de couve numa superfície de trabalho. Espalhe 1½ colher (sopa) do patê de pimentão no centro de cada um deles. Por cima, disponha 2 palitos de pepino, 2 fatias de abacate e 1 fatia de tomate. Misture um pouco de molho cítrico nas folhas verdes variadas, apenas o suficiente para que elas fiquem ligeiramente temperadas, e coloque algumas folhas sobre os tomates. Enrole os pedaços de couve apertando bem o recheio e feche uma das pontas.

Espete os wraps com palitos, para que eles não desenrolem. Sirva-os com o restante da salada de folhas variadas.

despensa vegana

condimentos asiáticos

O que eu fiz de melhor como chef foi criar uma culinária vegana com influência de sabores do mundo. O segredo do meu estilo pode ser encontrado nesta lista de condimentos e temperos asiáticos. Eles acrescentam aromas naturais, puros e ricos a meus pratos — e uma intensidade que em geral acho que falta à culinária vegana. Um jeito fácil de incrementar sua culinária do dia a dia é estocar em sua despensa os seguintes ingredientes:

mirin, uma bebida ligeiramente adocicada, feita de arroz integral. Seu sabor lembra ingredientes ácidos e combina bem com tamari e óleo de gergelim. Gosto de usar o mirin para saltear. Você vai ver como ele realça o sabor da Abóbora recheada com cozido sul-americano à moda vegana (página 148) e oferece um aroma incomum aos Pêssegos e nectarinas com creme de amêndoas e castanha-de-caju (página 241).

missô, uma rica pasta fermentada feita de ingredientes como soja, cevada e arroz integral. Pode ser vista como uma versão de origem vegetal do caldo de galinha. Quando ingerido com regularidade, o missô ajuda a circulação e a digestão. Além de empregá-lo como ingrediente principal na sopa de missô, gosto de acrescentá-lo em outras sopas — como fiz com a Sopa de alho assado e erva-doce com pesto (página 87). O missô também fica ótimo em molhos, temperos e patês: o Patê de legumes e tahine (página 48) é um exemplo delicioso.

vinagre de arroz, que já foi considerado a versão oriental do vinagre de maçã. Mas seu sabor tem quase a metade da acidez do vinagre de maçã e um toque adocicado sutil. Gosto mais do vinagre de arroz integral, mas um vinagre de arroz que não foi alterado com a adição de açúcar também serve.

petiscos e sanduíches

COGUMELOS SHITAKE, secos ou frescos, podem ser usados para temperar caldos ou pratos de legumes. Os cogumelos shitake secos também são muito usados em preparos medicinais, e são imprescindíveis em qualquer sopa de missô. Você vai encontrar o shitake seco na Sopa de missô com gengibre (página 98), e o fresco no Caldeirão de legumes com tofu (página 145).

TAMARI é um molho de soja tradicional produzido naturalmente. A grande diferença entre o tamari e o molho de soja comum é que ele é fermentado e envelhecido por mais tempo, o que lhe confere um sabor rico, suave e complexo, que o distingue do molho de soja quimicamente processado. No tamari há uma pequena quantidade de trigo, enquanto o molho de soja pode ter de 40 a 60 por cento de trigo. Atualmente, é possível encontrar o tamari sem glúten. Utilizo muito o tamari em meus pratos mais saborosos, de legumes a molhos.

UMEBOSHI é uma linda ameixa roxa, sem pele. Tecnicamente, é uma variedade japonesa de ameixas em conserva. Não vivo sem umeboshi, pois ela ajuda na digestão e aumenta a minha energia quando estou me sentindo lenta. Trata-se de um alimento medicinal poderoso, portanto, um pouquinho é suficiente. É um produto medicinal. Pode ser consumida inteira – nunca mais de uma por vez. Essa ameixa costuma ser usada na forma de pasta e de vinagre, ambos ótimos na culinária. Você vai ver como eu uso a pasta na Salada de legumes cozidos com molho de umeboshi e cebolinha (página 204).

salada de tofu ao curry no pão sírio

Quando morava em Nova York, trabalhei durante um tempo em um bistrô do SoHo muito conhecido, onde costumava me regalar com uma salada de atum ao curry. O que a tornava bem diferente da salada de atum clássica que eu conhecera na infância era o curry – e a groselha. Anos depois, como eu não consumia mais atum, inventei esta receita para apreciar novamente esses dois sabores juntos. Deste livro, talvez ela seja a minha receita preferida, e também a da minha filha – para ela, sempre é um prazer especial quando coloco este exótico sanduíche no lanche. Se você não encontrar groselhas secas, use cranberries. **Rende 4 porções**

400 g de tofu firme escorrido

4 pães sírios com a borda aparada em 2 cm

6 colheres (sopa) de maionese vegana

3 colheres (sopa) de coentro fresco picadinho

2 colheres (sopa) de suco de limão-siciliano

5 colheres (chá) de curry em pó

1 colher (chá) de pasta de umeboshi

½ colher (chá) de sal marinho

¼ de colher (chá) de pimenta-do-reino moída na hora

⅓ de xícara (chá) de cebola roxa picada

1 talo de salsão picado

¼ de xícara (chá) de groselhas secas hidratadas em água quente por 10 minutos e escorridas

4 folhas de alface-romana

1 tomate cortado em rodelas finas

Seque bem o tofu com papel-toalha. Forre uma assadeira grande, de fundo grosso, com mais papel-toalha. Disponha o tofu na assadeira forrada e deixe escorrer por 2 horas, trocando o papel-toalha após 1 hora.

Preaqueça o forno a 175 °C. Embrulhe o pão sírio em papel-alumínio e leve-o ao forno para aquecer por cerca de 10 minutos.

Com um garfo, amasse o tofu em uma tigela média, sem deixar pedaços grandes, mas tomando cuidado para não fazer uma pasta. Lembre-se de que ele vai ficar mais macio quando você acrescentar a maionese. Em uma tigela grande, misture a maionese vegana com o coentro, o suco de limão, o curry, a pasta de umeboshi, o sal e a pimenta. Adicione o tofu amassado, a cebola, o salsão, a groselha escorrida e misture bem.

Recheie o pão sírio com a salada de tofu, as folhas de alface e fatias de tomate. Sirva imediatamente.

sanduíches abertos

Os franceses os denominam tartines; na Itália, são apreciados como crostini; nos Estados Unidos, nós os chamamos de "sanduíches abertos". Podem ser lanches maravilhosos servidos numa festa como um petisco saboroso, ou ainda, combinados com uma tigela de sopa ou uma simples salada, compor uma refeição completa. Invente. Tudo vai depender da escolha do pão, do patê, da proteína vegetal e dos legumes selecionados como complemento. As receitas de tartine a seguir são as minhas preferidas:

tartine de cogumelo, espinafre e mozarela vegana

Como chef executiva da revista *Vegetarian Times*, preparei esta tartine no programa *The Today Show*. Mas aqui dei a esta receita uma característica vegana; entre outras alterações, utilizei mozarela vegana em vez de queijo parmesão. **Rende 4 tartines**

- 170 g de tofu macio embalado a vácuo
- 6 dentes de alho assados
- sal marinho e pimenta-do-reino moída na hora a gosto
- 1 colher (sopa) de azeite de oliva

- 2 cogumelos portobello grandes cortados em fatias grossas
- 2 cebolas roxas grandes cortadas em rodelas finas
- 220 g de folhas de espinafre fresco

- 6 colheres (sopa) de mozarela vegana ralada
- ½ baguete cortada ao meio no sentido do comprimento e novamente ao meio na transversal

Preaqueça uma grelha em fogo baixo. No processador, triture o tofu e o alho assado até obter uma mistura homogênea. Tempere com sal e pimenta e reserve.

Em uma frigideira de ferro, leve o azeite ao fogo médio. Acrescente os cogumelos e as rodelas de cebola, e refogue por cerca de 5 minutos, até que fiquem macios. Adicione o espinafre e refogue por mais 2 minutos, até que ele murche. Misture 2 colheres (sopa) da mozarela vegana ralada e retire a frigideira do fogo. Tempere com sal e pimenta.

Acomode os pedaços de baguete na grelha aquecida e, em cada um, espalhe 1 colher (sopa) da mistura de tofu e alho. Por cima, distribua o refogado de cogumelo e espinafre e a seguir, polvilhe o restante da mozarela ralada. Deixe grelhar por cerca de 3 minutos, ou até que o queijo comece a dourar.

A nova culinária vegana

Tartine de bacon vegano
Atenção: esta versão vegana do clássico BLT (bacon-alface-tomate) é viciante! **Rende 4 tartines**

4 fatias de baguete caseira cortadas em diagonal

¼ de xícara (chá) de maionese vegana

4 folhas de alface

12 fatias de bacon de tempeh e bordo (página 25)

1 tomate grande maduro cortado em 8 rodelas ou 8 tomates-cerejas cortados ao meio

1 abacate maduro cortado em fatias no sentido do comprimento

Preaqueça o forno a 200 °C. Disponha as fatias de pão em uma assadeira e leve-as ao forno por cerca de 2 minutos de cada lado, ou até que o pão esteja dourado. Uma alternativa é tostar o pão em uma torradeira.

Espalhe uma camada generosa de maionese vegana em cada fatia de pão torrado. Por cima, distribua a alface, depois o bacon, o tomate e o abacate.

Pão de linhaça com tempeh de mostarda e chucrute
Esta é uma alternativa para o tempeh de mostarda da Salada de couve (página 115). Em vez de cortar o tempeh em nacos, para esta receita simplesmente o corto horizontalmente ao meio, e depois na vertical, para obter 4 pedaços grandes, perfeitos para este sanduíche. **Rende 4 tartines**

4 fatias finas de um bom pão integral

2 colheres (sopa) de mostarda em grãos

4 fatias de tempeh de mostarda (página 116) preparado em fatias, e não em cubos

1 xícara (chá) de chucrute escorrido

Toste as fatias de pão em uma torradeira, ou grelhe-as por 2-3 minutos de cada lado até que dourem. Em cada uma das torradas, espalhe 1½ colher (chá) de mostarda. Por cima, disponha 1 fatia de tempeh de mostarda. E para finalizar as tartines, cubra cada uma com um pouco de chucrute.

Variação: Para preparar uma versão de tartine com tempeh quente e derretido, espalhe 1 colher (sopa) de molho rosé, em vez da mostarda, em cima de cada fatia de pão; depois, disponha 1 fatia de tempeh de mostarda sobre cada uma; e a seguir, 1 fatia de queijo vegano suíço. Leve ao forno preaquecido a 200 °C por cerca de 4 minutos ou até que o queijo esteja derretido. Complete as tartines com o chucrute e sirva.

A nova culinária vegana

técnicas de corte

CORTAR LEGUMES EM CUBOS significa picá-los em quadradinhos regulares, com uma variação de 0,5 a 1,5 cm. Para picar o salsão em cubinhos de 1,5 cm, primeiro retire a raiz, depois corte cada um dos talos em tiras de 1,5 cm no sentido do comprimento. Por fim, corte-as transversalmente em pedaços de 1,5 cm.

sopas

Sopa cremosa de abobrinha e ervas **78**

Sopa de tomates assados **80**

Sopa de cebolas caramelizadas com creme de castanhas-de--caju e croûtons com ervas **82**

Sopa de lentilhas com legumes **84**

Sopa de alho assado e erva-doce com pesto **87**

Sopa de lentilhas vermelhas com curry **89**

Sopa de feijão-azuqui **90**

Sopa de arroz com tomate e limão **93**

Sopa picante de inhame **94**

Gaspacho à moda da Califórnia **97**

Sopa de missô com gengibre **98**

Kombu dashi **99**

Sopa de feijão-fradinho com pimentão vermelho **101**

Borscht com creme azedo de tofu **103**

sopas

Uma sopa caseira é uma das refeições mais prazerosas que conheço. Fumegando no fogão, seu aroma atrai a família até a cozinha ou à mesa, ansiosa pelo jantar e pela conversa que ele propicia. Uma tigela quente e reconfortante de sopa caseira é do que seus filhos irão sentir falta quando saírem de casa, e é o que desejarão quando estiverem adoentados. Ao fazer uma sopa em casa, escolhemos cuidadosamente os legumes, grãos e temperos, e o resultado é sempre melhor do que as sopas comercializadas – e muito menos salgada também. Sendo prato único, isso significa que elas não dão trabalho de fazer, e a maioria é pobre em gorduras e rica em fibras, o que as torna um item saudável no cardápio de uma família ocupada. A sopa sustenta bem, seja quem trabalha, seja quem estuda até tarde, e muitas delas também são boas para congelar.

O pequeno esforço e gasto despendido no preparo de sopas dá um resultado que ultrapassa uma única refeição. Servida sozinha, ela pode ser tanto um almoço como um jantar nutritivo – basta servir acompanhada por uma fatia de pão crocante ou uma salada. Sempre aguardo com ansiedade o dia em que o meu almoço inclui uma tigela de sopa. Seu efeito é calmante e confortante e, de uma perspectiva mais prática, começar uma refeição com uma sopa ajuda a preparar a digestão para os pratos seguintes.

Além disso, elas não exigem muitos utensílios: basta um caldeirão, um liquidificador, uma tábua, uma faca com bom corte, uma concha; e, é claro, ingredientes básicos, como legumes, vagens, alguns grãos, um pouco de tofu, ervas e uma prateleira bem sortida de condimentos. Na verdade, nas sopas faço um bom uso dos principais ingredientes da minha despensa vegana: gosto de buscar inspiração em ingredientes do mundo todo, uso ervas e condimentos com liberdade, e isso sempre funciona. Também gosto de usar a imaginação e jogar na panela sobras de grãos, vagens e legumes e pronto: tenho uma sopa substanciosa para me deliciar.

As receitas a seguir são as minhas prediletas, eu as preparo regularmente para minha família e amigos. Embora alguns ingredientes sejam sazonais – as melhores abobrinhas aparecem no verão (ver Sopa cremosa de abobrinha e ervas, página 78) e o inhame, no outono e no inverno (Sopa picante de inhame, página 94) –, há sopas de sobra neste capítulo para satisfazer você e sua família durante o ano todo. Por exemplo, a Sopa de feijão-azuqui (página 90) vai bem no inverno. Já o Gaspacho à moda da Califórnia (página 97) é ideal para o verão. Neste capítulo, há sopas para todos os gostos e estações.

sopa cremosa de abobrinha e ervas

Esta sopa é ótima para aproveitar a safra das abobrinhas, quando elas estão mais bonitas nas feiras e supermercados. Costumo usar aveia em flocos e uma batata para engrossá-la, sem batê-la demais no liquidificador, pois a batata pode ficar grudenta. Se não tiver ervas frescas à sua disposição, use a metade da quantidade pedida de ervas secas – o sabor vai ficar agradável do mesmo jeito. Embora um batedor de mão funcione, prefiro usar o liquidificador para conseguir uma consistência homogênea e acetinada, além de um sofisticado e divino tom de verde. **Rende de 6 a 8 porções**

- 1½ colher (chá) de azeite de oliva
- 1 cebola grande picada
- 2 dentes de alho picados
- 1½ colher (chá) de sal marinho
- 450 g de abobrinha picada
- 2 talos de salsão picados
- 1 batata pequena cortada em pedaços
- ¼ de repolho médio picado
- uma pitada de pimenta-do-reino branca moída na hora
- 4 xícaras (chá) de água
- 3 colheres (sopa) de aveia em flocos
- 1 colher (sopa) de manjericão fresco
- 1 colher (sopa) de estragão fresco
- ¼ de colher (chá) de orégano fresco
- 2 colheres (sopa) de cebolinha picada para decorar

Em uma caçarola de fundo grosso, aqueça o azeite em fogo médio a alto. Acrescente a cebola, o alho e o sal. Refogue por 5 minutos, até a cebola ficar translúcida. Junte a abobrinha, o salsão, a batata, o repolho e a pimenta. Cozinhe por 10 minutos, mexendo sempre, ou até os legumes amolecerem.

Acrescente a água e a aveia, tampe a panela e cozinhe em fogo alto. Quando levantar fervura, abaixe o fogo para médio a baixo. Com a panela tampada, cozinhe por 30 minutos, mexendo de vez em quando, até os legumes ficarem macios. Junte o manjericão, o estragão e o orégano. Experimente e acerte o sal, se necessário.

Bata a sopa no liquidificador até obter um creme espesso.

Despeje a sopa em tigelas. Salpique a cebolinha e sirva.

Esta sopa dura 2 dias na geladeira ou 1 mês no congelador, em recipiente bem tampado. Antes de servir, leve a sopa ao fogo médio e deixe ferver, mexendo de vez em quando. Se necessário, acrescente um pouco de água, até obter a consistência desejada.

sopas

Engrossar uma sopa dá a ela mais corpo, realça sua textura, qualidades e encanto. Há diferentes maneiras de engrossar uma sopa. Os cozinheiros tradicionais recomendam farinhas e farelos de pão, o bom e velho roux, leite e cremes de leite, ovos e até banha (de verdade!). Outros simplesmente usam polvilho doce ou amido de milho. Há ainda os que usam alimentos integrais, como feijão, nozes e castanhas, purê de legumes, batatas e grãos. Quando empregamos alimentos integrais para engrossar sopas, acrescentamos nutrientes à receita. Isso é importante sobretudo quando ela é o prato principal.

para engrossar as sopas

Para obter sopas cremosas, acho que as batatas e a aveia em flocos se saem muito bem, pois ambas se misturam aos legumes e seu sabor não se sobressai. O Creme de castanhas-de-caju (página 83) é ótimo porque, além de engrossar, encorpar e acrescentar um leve sabor frutado e mais proteínas à sopa, ele pode entrar tanto em caldos quanto em cremes. Também gosto de usar grãos e vagens para engrossar caldos; quando misturados, eles contribuem com nutrientes robustos.

sopa de tomates assados

Qualquer tipo de tomate pode ser usado nesta sopa; você pode ousar e combinar variedades de tomates, como carmen, holandês, italiano e os pequeninos sweet grape e cereja. Se não encontrar tomates maduros e bonitos, apele para tomates industrializados sem tempero. O manjericão e a salsinha são indispensáveis, mas acrescente também a sálvia, que dá um sabor ainda mais marcante ao preparo. Esta sopa é revigorante e saudável, é uma refeição maravilhosa que pode ser servida com qualquer um dos meus sanduíches abertos ou tartines (página 71). **Rende de 6 a 8 porções**

1,8 kg de tomates maduros cortados em quartos

¼ de xícara (chá) mais 2 colheres (sopa) de azeite de oliva

¼ de xícara (chá) de vinagre balsâmico

12 dentes de alho grandes picados

3 colheres (chá) de sal marinho

1 colher (chá) de pimenta-do-reino moída na hora

2 cebolas roxas médias picadas

¼ de xícara (chá) de manjericão fresco (ao medir, não aperte as folhas)

2 colheres (sopa) de salsinha picada

1½ colher (sopa) de sálvia picadinha

5 xícaras (chá) de água

2 xícaras (chá) de Croûtons com ervas (página 83)

Preaqueça o forno a 260 °C. Em uma tigela grande, coloque ¼ de xícara (chá) de azeite, o vinagre, o alho, 2 colheres (chá) de sal, a pimenta, os tomates e misture para temperar por igual. Arrume os tomates em uma assadeira grande, em uma única camada e com o lado da pele virado para baixo, e jogue todo o líquido da tigela sobre eles. Asse por 40 minutos ou até que fiquem tostados nas bordas. Deixe esfriar um pouco e tire a pele dos tomates.

Em uma panela de fundo grosso, aqueça o restante do azeite em fogo médio. Ponha as cebolas e o restante do sal. Refogue, mexendo sempre, por 10 minutos ou até as cebolas ficarem translúcidas. Junte o manjericão, a salsinha e a sálvia e refogue por 1 minuto. Misture o tomate assado e todo o líquido acumulado na assadeira e deixe ferver. Acrescente a água e cozinhe por 8 minutos, para que os sabores se misturem.

Distribua a sopa entre as tigelinhas, decore com os croûtons e sirva.

Esta sopa pode ser mantida na geladeira por 1 dia, em recipiente bem tampado, mas é melhor consumi-la no dia após o preparo. Antes de servir, leve a sopa ao fogo médio e deixe ferver, mexendo de vez em quando. Se necessário, acrescente um pouco de água, até obter a consistência desejada.

Sopa de tomates assados servida com Tartine de cogumelo, espinafre e mozarela vegana (página 71)

sopa de cebolas caramelizadas com creme de castanhas-de-caju e croûtons com ervas

As cebolas lentamente caramelizadas desta sopa resultam em um caldo perfumado que por si só já é apetitoso. Porém, o que todo mundo aprecia é um gostinho de pão e queijo em cima da sopa. Tentei acrescentar algum queijo de vegetal ralado, mas nunca consegui a consistência adequada, pois esse queijo tende a se separar e ficar grudento na sopa quente. Felizmente, o Creme de castanhas-de-caju (página 83) ficou perfeito, deixou a sopa rica e cremosa. Embora esta receita possa ser feita com vinho branco seco, eu prefiro o tinto, que confere um sabor mais substancioso e um aroma mais atrevido. **Rende de 8 a 10 porções**

2 colheres (sopa) de azeite de oliva

2 kg de cebola roxa cortada em fatias finas

1,3 kg de cebola branca cortada em fatias finas

3 dentes de alho picados

¼ de xícara (chá) de salsinha picada

1 colher (sopa) de tomilho fresco

1 colher (chá) de sal marinho

2 colheres (chá) de pimenta-do-reino moída

2 folhas pequenas de louro

1¼ xícara (chá) de vinho tinto seco

2 colheres (sopa) de tamari

8 xícaras (chá) de caldo de legumes com baixo teor de sódio

2 xícaras (chá) de água

3 xícaras (chá) de Croûtons com ervas (página 83)

1 xícara (chá) de Creme de castanhas-de-caju (página 83)

Em uma panela grande de fundo grosso, aqueça o azeite em fogo médio. Ponha as cebolas roxas e refogue, mexendo sempre, até que encolham em ⅓ (cerca de 30 minutos). Junte as cebolas brancas e continue refogando por 1h45, mexendo de vez em quando, ou até as cebolas soltarem água e começarem a escurecer. Depois de 1h30, mexa com mais frequência e raspe o fundo da panela para que a mistura não queime. As cebolas vão diminuir, chegando a menos de ¼ do volume inicial.

Acrescente o alho, a salsinha (reserve um pouco para decorar), o tomilho, o sal, a pimenta e as folhas de louro; cozinhe por 5 minutos. Adicione o vinho e o tamari. Abaixe o fogo para médio a brando e cozinhe por 15 minutos ou até a mistura engrossar ligeiramente.

Acrescente o caldo e a água e aumente o fogo para alto. Quando ferver, abaixe o fogo para médio a brando, tampe a panela e cozinhe por cerca de 20 minutos, para apurar o sabor. Retire as folhas de louro. Tempere a gosto com mais tamari e pimenta.

Distribua a sopa entre as tigelas, coloque os croûtons por cima e uma colherada de creme de castanhas-de-caju. Decore com a salsinha restante e sirva em seguida.

Esta sopa pode ser mantida por 2 dias na geladeira, ou 1 mês no freezer, em recipiente bem tampado. Antes de servir, deixe a sopa ferver em fogo médio, mexendo de vez em quando. Se achar necessário, acrescente um pouco de água.

sopas

croûtons com ervas

Estes croûtons crocantes também ficam deliciosos com saladas. Que tal espalhá-los sobre um leito de suas folhas verdes preferidas? **Rende 3½ xícaras**

- ½ baguete sem casca cortada em cubinhos
- ½ colher (chá) de manjericão seco
- ½ colher (chá) de endro seco
- ½ colher (chá) de alecrim seco
- ¼ de colher (chá) de pimenta-do-reino moída na hora
- uma pitada de sal marinho
- 2 colheres (sopa) de azeite de oliva

Preaqueça o forno a 190 °C. Em uma tigela média, coloque os cubinhos de pão, o manjericão, o endro, o alecrim, a pimenta e o sal. Regue com o azeite, revirando para temperar os cubinhos por igual.

Arrume uma camada dos cubinhos de pão em uma assadeira.

Leve ao forno por 15 minutos ou até os croûtons dourarem; revire de vez em quando para os croûtons dourarem por igual. Deixe esfriar completamente.

creme de castanhas-de-caju

Esta receita é bastante versátil. Normalmente a uso para engrossar sopas e molhos. Se você deixar esse creme descansando da noite para o dia, ele vai engrossar, ficando com a consistência de queijo cremoso – perfeito para passar em sanduíches e bolachas salgadas. **Rende 1¼ xícara**

- 1½ xícara (chá) de castanhas-de-caju cruas
- ⅓ de xícara (chá) de água
- 2 colheres (chá) de suco de limão-siciliano espremido na hora
- 2 dentes de alho
- ½ colher (chá) de sal marinho

Coloque as castanhas-de-caju em uma tigela média. Acrescente água fria até ultrapassar 3 dedos acima delas. Deixe de molho por 2 horas. Escorra.

Em um processador ou liquidificador potente, bata as castanhas, a água, o suco de limão, o alho e o sal, por 5 minutos ou até a mistura ficar bem homogênea. Raspe a lateral da tigela ou copo de vez em quando. Para guardar, transfira a mistura para uma tigelinha, cubra e deixe em temperatura ambiente por 24 horas para que o creme engrosse. Pode ser mantido na geladeira por 5 dias, no máximo.

sopa de lentilhas com legumes

Acrescentei, à receita tradicional, tubérculos robustos como cenouras e batatas-doces. Também gosto de usar abóbora-de-pescoço ou moranga – tanto uma como a outra vão bem neste preparo. Não há necessidade de bater esta sopa no liquidificador; as lentilhas cozinham até amolecer, ficam com uma consistência muito agradável. **Rende de 8 a 10 porções**

- **8 xícaras (chá) de água**
- **2 xícaras (chá) de lentilhas escolhidas e lavadas**
- **2 folhas de louro**
- **3 dentes de alho picadinhos**
- **1 cebola grande picadinha**
- **2 talos de salsão picadinhos**
- **1 cenoura grande picadinha**
- **1 mandioquinha grande sem casca e picadinha**
- **1 batata-doce grande sem casca e picadinha**
- **1 xícara (chá) de abóbora--japonesa sem casca cortada em cubinhos**
- **2 colheres (chá) de sal marinho**
- **1 colher (chá) de páprica doce**
- **2 colheres (sopa) de tomilho fresco**

Em uma caçarola de fundo grosso, ponha a água, as lentilhas e as folhas de louro. Leve ao fogo alto, e vá retirando a espuma que se formar na superfície. Assim que a água ferver abaixe o fogo para médio a brando, tampe a panela e deixe cozinhar por 45 minutos ou até a lentilha amolecer. Mexa de vez em quando.

Junte o alho, a cebola, o salsão, a cenoura, a mandioquinha, a batata-doce, a abóbora, o sal e a páprica. Cozinhe em fogo alto. Assim que ferver, abaixe o fogo para médio a brando, e cozinhe por mais 40 minutos ou até que os legumes fiquem macios. Mexa de quando em quando. Não é preciso tampar a panela. Quando a sopa engrossar, retire as folhas de louro e acrescente o tomilho fresco. Acerte o sal.

Coloque a sopa em tigelas e sirva.

Esta sopa dura 2 dias na geladeira ou 1 mês no freezer, em recipiente bem tampado. Antes de servir, leve a sopa ao fogo médio e deixe ferver, mexendo de vez em quando. Se desejar, acrescente um pouco de água, até obter a consistência desejada.

sopas

técnicas de corte

PICAR significa cortar em pedaços muito pequenos. O alho e as ervas frescas são geralmente picados antes de serem usados. Para picar o alho, corte primeiro a ponta da raiz e retire a casquinha. Aperte o dente de alho com a lâmina de uma faca de chef (com 20 a 30 cm) sobre a superfície de trabalho – isso, além facilitar o corte, faz com que o aroma do alho se desprenda. Fatie o alho no sentido longitudinal e depois no sentido transversal, picando-o miudinho.

sopa de alho assado e erva-doce com pesto

Ao dar uma olhada nesta sopa cremosa magnífica, você não vai acreditar que ela não contenha laticínios. Em geral, usa-se o iogurte para dar uma textura cremosa a esse tipo de sopa, mas nas minhas receitas conto com o maravilhoso e versátil Creme de castanhas-de-caju (página 83). O pesto empresta um sabor vibrante e rico a uma sopa que, do contrário, seria suave, e a deixa mais bonita. Recomendo o preparo do Pesto vegano (página 88), mas um pesto vegano pronto pode quebrar o galho. Fique à vontade para usar o que preferir. **Rende de 6 a 8 porções**

2 cabeças de alho com casca

1 colher (chá) mais 2 colheres (sopa) de azeite de oliva

2 alhos-porós (só as partes branca e verde-clara) picados

½ colher (chá) de sal marinho

2 bulbos de erva-doce picados

4 talos de salsão picados

7 xícaras (chá) de água

1 batata-doce média picada

2 folhas de louro

½ xícara (chá) de Creme de castanhas-de-caju (página 83)

3 colheres (sopa) de missô

1 colher (sopa) de tomilho fresco

½ xícara (chá) de Pesto vegano (página 88)

Preaqueça o forno a 190 °C. Corte uma tampa das cabeças de alho, regue com 1 colher (chá) de azeite e embrulhe as duas juntas em papel-alumínio. Leve ao forno por 50 minutos ou até o alho ficar tenro. Deixe esfriar. Para tirar da casca, aperte o alho dentro de uma tigelinha e reserve.

Em uma panela de fundo grosso, aqueça o azeite restante em fogo médio a alto. Coloque o alho-poró e o sal e refogue por 2 minutos, até o alho-poró ficar translúcido. Ponha a erva-doce e o salsão, mexendo sempre, e refogue por mais 4 minutos, até ficarem macios.

Junte o alho assado, a água, a batata-doce e o louro. Cozinhe por 20 minutos ou até a batata ficar bem macia. Misture o creme de castanhas-de-caju e o missô. Retire as folhas de louro.

Em um liquidificador, bata a sopa aos poucos até obter um creme homogêneo. Devolva a sopa à panela. Quando levantar fervura, coloque o tomilho e acerte o sal.

Sirva em tigelas decoradas com uma colherada do pesto.

Esta sopa dura 2 dias na geladeira ou 1 mês no freezer, em recipiente bem tampado. Antes de servir, leve a sopa ao fogo médio e deixe ferver, mexendo de vez em quando. Se desejar, acrescente um pouco de água, até obter a consistência desejada.

Pesto vegano

Rende 1 xícara

2 xícaras (chá) bem cheias de manjericão fresco

½ xícara (chá) de nozes tostadas

¼ de xícara (chá) de azeite de oliva

8 dentes de alho

3 colheres (sopa) de missô

1 colher (chá) de pimenta-do-reino moída na hora

Bata todos os ingredientes no liquidificador ou no processador até obter um creme homogêneo.

Este pesto dura 2 dias na geladeira, em recipiente bem tampado.

A vantagem do mixer

Apesar de o liquidificador ser ótimo para fazer sopas pedaçudas virarem cremes – em receitas como Sopa cremosa de abobrinha e ervas (página 78) e Sopa de alho assado e erva-doce com pesto (página 87), entre outras –, um mixer é um utensílio fantástico na cozinha. Não sei por que demorei tanto para adquirir um. Depois de décadas de culinária, finalmente me rendi e nem foi tão caro! Hoje não sei o que faria sem ele.

O mixer é ótimo para deixar uma sopa cremosa, com a vantagem de se poder fazer isso diretamente na panela, o que significa menos louça para lavar.

O mixer é ótimo para preparar molhos e qualquer tipo de creme, mesmo que ainda estejam quentes. Embora não se consiga a mesma consistência de quando se usa um liquidificador, o resultado é bastante bom.

sopa de lentilhas vermelhas com curry

As lentilhas vermelhas são ricas em proteína e ferro. Deixe que cozinhem bastante: elas vão amolecer, adquirindo uma consistência substanciosa e encorpada. O curry e o gengibre dão aos legumes adocicados um sabor picante na medida, e algumas gotas de limão bem no momento de servir completam a sopa com uma nota vibrante. Como muitos pratos, este fica ainda mais gostoso no dia seguinte, pois os condimentos terão mais tempo de mesclar-se. Se, então, a sopa ficar grossa demais, acrescente um pouquinho de água para que volte à consistência original. **Rende de 8 a 10 porções**

8 xícaras (chá) de água

2 xícaras (chá) de lentilhas vermelhas

1 cebola grande picadinha

4 talos de salsão picadinhos

2 cenouras grandes picadas

3 dentes de alho picadinhos

1 colher (sopa) de gengibre fresco picadinho

1 colher (sopa) de azeite de oliva

2 colheres (chá) de sal marinho

¼ de xícara (chá) de coentro fresco picado

1 colher (sopa) de curry

1 colher (chá) de cominho em pó

1 limão-siciliano cortado ao meio

Em uma panela, coloque as lentilhas e a água e leve ao fogo alto, e vá retirando a espuma que se formar na superfície. Assim que ferver, abaixe o fogo para médio a brando, tampe a panela e cozinhe por mais 5 minutos, mexendo de vez em quando, ou até as lentilhas começarem a ficar macias.

Ponha a cebola, o salsão, a cenoura, o alho, o gengibre, o azeite e o sal. Cozinhe por 20 minutos, mexendo de vez em quando, ou até que as lentilhas amoleçam. Junte o coentro, o curry e o cominho. Tampe a panela e cozinhe, mexendo de vez em quando, durante 20 minutos, até os legumes ficarem macios e a sopa engrossar.

Distribua a sopa entre as tigelas, esprema algumas gotas de limão-siciliano e sirva a seguir.

Esta sopa dura 2 dias na geladeira ou 1 mês no freezer, em recipiente bem tampado. Antes de servir, leve a sopa ao fogo médio e deixe ferver, mexendo de vez em quando. Se desejar, acrescente um pouco de água, até obter a consistência desejada.

sopa de feijão-azuqui

Esta sopa combina a simplicidade nutritiva do feijão-azuqui com o sabor inconfundível do gengibre. O azuqui, um feijão pequeno que lembra uma pérola avermelhada, é riquíssimo em proteína e fibras. A kombu é uma alga marinha popular nas culinárias japonesa e macrobiótica; quando preparada com feijão, ela facilita a digestão. **Rende de 8 a 10 porções**

7 xícaras (chá) de água

2 xícaras (chá) de feijão-azuqui lavado

1 pedaço de kombu seca (15 cm x 3 cm)

2 colheres (chá) de sal marinho

2 cebolas grandes picadinhas

3 cenouras grandes cortadas em cubinhos

4 talos de salsão cortados em cubinhos

2 nabos médios cortados em cubinhos

2 colheres (sopa) de tamari

1 pedaço de 5 cm de gengibre picadinho

2 colheres (chá) de alho picadinho

1 colher (chá) de tomilho seco

1 colher (chá) de pimenta-do-reino moída na hora

Em uma panela de fundo grosso, coloque a água, o feijão-azuqui e a kombu e leve ao fogo alto. Assim que levantar fervura, abaixe o fogo para brando, tampe e cozinhe por 25 minutos ou até o feijão amaciar. Enquanto o feijão ferve, vá retirando a espuma que se forma na superfície. Coloque o sal e deixe cozinhar por 5 minutos sem a tampa (assim, o feijão libera os gases). Como o feijão vai terminar de cozinhar com os legumes, não deixe que amoleça demais.

Aumente o fogo para médio a alto e acrescente a cebola. Espere ferver, abaixe novamente o fogo, tampe a panela e cozinhe por 15 minutos ou até a cebola ficar translúcida. Junte a cenoura, o salsão, o nabo, o tamari, o gengibre, o alho, o tomilho e a pimenta. Tampe a panela e cozinhe por 25 minutos ou até a sopa engrossar um pouco – ela deve ficar com um pouco de caldo e o feijão, molinho.

Sirva em tigelas.

Esta sopa dura 2 dias na geladeira ou 1 mês no freezer, em recipiente bem tampado. Antes de servir, leve a sopa ao fogo médio e deixe ferver, mexendo de vez em quando. Se desejar, acrescente mais água para obter a consistência desejada.

A nova culinária vegana

preparar caldo em casa: sim ou não?

Se os seus desafios são parecidos com os meus (aposto que sim), conseguir cozinhar para toda a família é gratificante, mas nem sempre fácil. Levando em conta a falta de tempo da vida moderna, a ideia de preparar e armazenar caldos caseiros à lista de tarefas pode ser impensável. Eu costumava preparar os caldos de minhas sopas: como chef, achava que uma sopa não seria boa a menos que o caldo tivesse sido feito por mim. Porém, uma vez que começaram a aparecer no mercado caldos de melhor qualidade – alguns com menos sódio e outros completamente sem sódio –, comecei a usá-los no lugar dos caseiros. Depois de algum tempo, percebi que, em vez de realçarem as sopas, eles interfeririam no sabor. Alguns até acrescentavam um desagradável tom alaranjado.

Foi assim que parei de confiar em caldos e comecei a usar água – isso mesmo, simplesmente água. Descobri que, uma vez que as minhas sopas levam montes de legumes, grãos, ervas e condimentos, elas ficam deliciosas e nutritivas mesmo sem caldo como base. E, como são ricas em aromas, ninguém percebe que não uso caldos – nem eu mesma.

Neste capítulo, com a exceção de duas sopas (a Sopa de cebolas caramelizadas e a Sopa de missô com gengibre), preparei as demais com água em vez de caldo. Se preferir incluir um caldo de sobras ou usar um pronto, fique à vontade. Para mim, eliminar o caldo significou uma coisa a menos com que me preocupar.

sopa de arroz com tomate e limão

Esta é uma excelente forma de consumir fibras. Gosto do aroma e do sabor do arroz basmati, mas você pode tentar qualquer outra variedade – arroz integral ou selvagem – que deixe esta sopa ainda mais saudável. Sempre que possível, uso tomates frescos em vez de enlatados. Ao comprar tomates em lata, prefira-os sem adição de sódio. Se usar tomates em lata já salgados, diminua pela metade a quantidade de sal sugerida nesta receita. **Rende de 6 a 8 porções**

2 colheres (sopa) de azeite de oliva

2 cebolas médias picadas

2 dentes de alho picadinhos

1 lata de tomates pelados (380-400 g) cortados em cubinhos

3 talos de salsão cortados em cubinhos

¼ de xícara (chá) de salsinha picada

2 colheres (sopa) de orégano fresco picado

1 colher (sopa) de sal marinho

1 colher (chá) de pimenta-do-reino moída na hora

⅓ de xícara (chá) de concentrado de tomate

8 xícaras (chá) de água

2 xícaras (chá) de arroz basmati simples (página 182)

2 xícaras (chá) de espinafre fresco (não aperte as folhas ao medir)

¼ de xícara (chá) de suco de limão-siciliano espremido na hora

Em uma panela de fundo grosso, aqueça o azeite em fogo médio. Ponha a cebola e o alho, e refogue por 5 minutos ou até as cebolas ficarem translúcidas. Junte os tomates e todo o sumo, o salsão, a salsinha, o orégano, o sal e a pimenta. Cozinhe por 10 minutos, mexendo sempre, ou até o salsão amolecer.

Junte o concentrado de tomate e depois a água. Assim que a sopa ferver, abaixe o fogo para médio a brando e cozinhe por 30 minutos, até os sabores se mesclarem.

Acrescente o arroz cozido, o espinafre e o suco de limão. Cozinhe por mais 5 minutos ou até o espinafre amolecer. Acerte o sal e a pimenta.

Coloque a sopa em tigelas e sirva imediatamente.

Esta sopa dura 2 dias na geladeira ou 1 mês no freezer, em recipiente bem tampado. Antes de servir, leve a sopa ao fogo médio e deixe ferver, mexendo de vez em quando. Se desejar, acrescente mais água para obter a consistência desejada.

sopa picante de inhame

Gosto de fazer esta sopa com inhame, mas você pode usar batatas-doces — lembrando que estas vão deixar a sopa mais clara e farinhenta. A cremosidade do leite de coco contrabalança a intensidade dos temperos. A pimenta-calabresa empresta a esta sopa um agradável ardor: é experimentar e sentir, afinal ela tem que fazer jus ao nome, mas evite excessos. Esta sopa é uma entrada perfeita para uma reunião festiva. Sirva em pequenas xícaras ou copos. **Rende de 10 a 12 porções**

- 2 colheres (sopa) de azeite de oliva
- 1 cebola grande picada grosseiramente
- 3 dentes de alho picados
- 2 colheres (chá) de coentro moído
- 1 colher (chá) de cominho moído
- 1 colher (chá) de pimenta-calabresa em flocos
- 3 talos de salsão picados
- 2 pimentões vermelhos picados
- 2 colheres (chá) de sal marinho
- 900 g de inhame ou batatas-doces sem casca
- 8 xícaras (chá) de água
- 400 ml de leite de coco
- 2 colheres (chá) de manjericão seco
- ¼ de xícara (chá) de coentro fresco picadinho

Em uma panela grande de fundo grosso, aqueça o azeite em fogo médio. Ponha a cebola e refogue por 7 minutos ou até ficar translúcida. Junte o alho, o coentro, o cominho e a pimenta-calabresa e refogue por uns 2 minutos, até os aromas começarem a se desprender. Acrescente o salsão, o pimentão e o sal. Refogue por 12 minutos ou até os legumes começarem a amolecer. Separe cerca de 200 g de inhame ou batata-doce, pique grosseiramente o restante e coloque na panela, junto com os demais ingredientes.

Acrescente a água, o leite de coco e o manjericão e cozinhe em fogo alto. Assim que levantar fervura, abaixe o fogo para médio e cozinhe por 30 minutos ou até o inhame ou a batata-doce amolecer.

Bata a sopa no liquidificador aos poucos, até obter um creme homogêneo. Devolva a sopa à panela e deixe ferver.

Enquanto isso, corte em cubinhos o inhame (ou a batata-doce) que foi separado e ponha na sopa. Cozinhe por 15 minutos ou até ficar macio. Ao desligar o fogo, coloque o coentro picadinho.

Distribua a sopa entre as tigelinhas e sirva.

Esta sopa dura 2 dias na geladeira ou 1 mês no freezer, em recipiente bem tampado. Antes de servir, leve a sopa ao fogo médio e deixe ferver, mexendo de vez em quando. Se desejar, acrescente água até obter a consistência desejada.

Gaspacho à moda da Califórnia

Quando era criança, adorava suco de tomate comprado pronto. Achava deliciosa a acidez combinada com uma nota cítrica. Naturalmente, ao crescer e aprender mais sobre levar uma vida saudável, abandonei esse tipo de bebida, pois se tornou salgada demais para meu novo paladar. Hoje em dia, é possível encontrar versões prontas de suco de tomate com baixos teores de sódio. Fiquei encantada ao encontrar um lugar para esse tipo de bebida no meu repertório. Ela deu um toque incrível às porções de legumes desta sopa refrescante de verão. **Rende de 6 a 8 porções**

- 6 tomates maduros
- 2 pepinos sem casca e sem sementes picados
- 1 cebola roxa picada
- 1 pimentão vermelho picado
- ½ xícara (chá) de grãos de milho verde fresco
- 3 colheres (sopa) de alho picadinho
- 2 colheres (chá) de sal marinho
- ¾ de colher (chá) de pimenta-do-reino moída na hora
- 3 xícaras (chá) de suco de tomate com baixo teor de sódio
- 3 colheres (sopa) de azeite de oliva
- 3 colheres (sopa) de suco de limão-siciliano espremido na hora
- 3 colheres (sopa) de vinagre de vinho tinto
- ¼ de xícara (chá) de manjericão picadinho
- ¼ de xícara (chá) de coentro fresco picadinho
- ¼ de xícara (chá) de salsinha picadinha
- 1 abacate maduro grande cortado em cubos
- ¼ de xícara (chá) de pinoli tostados

Coloque água para ferver em uma panela. Faça cortes em cruz na base de cada tomate. Coloque os tomates na água fervente por 1 minuto, até que a pele em volta da cruz comece a se desprender. Com uma escumadeira, retire os tomates da água quente e mergulhe em uma tigela com água gelada, para interromper o cozimento. Quando esfriarem, tire a pele dos tomates cuidadosamente com uma faca de legumes, corte-os ao meio, retire as sementes e pique grosseiramente.

Em uma tigela grande, junte os tomates, os pepinos, a cebola, o pimentão, os grãos de milho, o alho, o sal e a pimenta. Misture o suco de tomate, o azeite, o suco de limão e o vinagre. Aos poucos, bata essa mistura no processador até obter um líquido grosso com pedaços de legumes.

Despeje o gaspacho em uma jarra ou tigela de vidro. Misture o manjericão, o coentro e a salsinha. Se desejar, acrescente mais suco de tomate; acerte o sal e a pimenta.

Tampe a jarra ou tigela e leve o gaspacho à geladeira por 2 horas para apurar os sabores.

O gaspacho deve ser servido bem gelado. Ao colocar nas tigelinhas, decore com o abacate picadinho e os pinoli tostados.

Esta sopa deve ser consumida no mesmo dia do preparo.

sopa de missô com gengibre

Gosto muito de sopa de missô, uma das primeiras que aprendi a fazer. Básica na dieta macrobiótica, a sopa de missô costuma ser consumida por causa de suas propriedades medicinais, mas é possível sofisticá-la acrescentando cogumelos shitake secos, também conhecidos pelos benefícios que trazem à saúde. Preparo minha sopa de missô com um kombu dashi (página 99), um caldo de algas típico da culinária japonesa, pois os pedaços de kombu a deixam substanciosa. Embora o kombu dashi já leve gengibre fresco, sempre acrescento suco de gengibre fresco à sopa para dar um toque bem picante, que é sempre muito bem-vindo. **Rende de 4 a 6 porções**

1 xícara (chá) de água quente

3 cogumelos shitake secos

4 xícaras (chá) de kombu dashi (você pode usar o kombu dashi que sobrar da receita da página 99)

1 pedaço de 7 cm de nabo japonês (daikon) sem casca cortado em palitos

1 cenoura grande cortada em palitos

½ cebola pequena picadinha

85 g de tofu firme escorrido e cortado em cubinhos

1 pedaço de 5 cm de gengibre sem casca

⅓ de xícara (chá) de missô

2 cebolinhas fatiadas na diagonal

Hidrate os cogumelos na água quente por 30 minutos ou até ficarem macios.

Retire os cogumelos com uma escumadeira, e enxágue em água corrente fria, limpando bem a parte interna do chapéu. Corte os cogumelos em lâminas. Coe a água da demolha dos cogumelos diretamente em uma panela grande de fundo grosso. Ponha os cogumelos, o kombu dashi, as tirinhas de kombu, o nabo, a cenoura e a cebola. Leve ao fogo alto. Assim que levantar fervura, abaixe o fogo para médio a brando. Tampe a panela e cozinhe por 20 minutos, mexendo de vez em quando, ou até que os legumes fiquem bem macios. Retire a panela do fogo e junte o tofu.

Rale o gengibre em uma tigela forrada com um pedaço de pano limpo. Junte as pontas do pano e esprema o gengibre sobre a sopa. Dispense os resíduos do gengibre.

Pouco antes de servir, dissolva o missô em um pouco de sopa quente, em uma pequena tigela. Coe com uma peneira bem fina sobre a panela com a sopa.

Sirva a sopa em tigelas decoradas com a cebolinha.

Esta sopa dura 1 dia na geladeira em recipiente bem tampado. Antes de servir, deixe a sopa aquecer (sem ferver) em fogo médio, mexendo de vez em quando. Se desejar, acrescente água até obter a consistência desejada.

Dica: Depois de acrescentar o missô, não ferva a sopa pois isso prejudica a qualidade dos nutrientes.

kombu dashi

Este caldo típico da culinária japonesa preparado com algas deve ser leve e ter pouco sal. O sabor é delicado, mas deixa ressaltar o gostinho do tamari, do mirin e, claro, do gengibre. Normalmente, a kombu é descartada depois do preparo, mas eu gosto de cortá-la à juliana e devolvê-la ao caldo, principalmente na minha Sopa de missô com gengibre. **Rende 7 xícaras**

2 pedaços de 10 cm x 2,5 cm de kombu seca

8 xícaras (chá) de água

¼ de xícara (chá) de tamari com baixo teor de sódio

1 pedaço de 10 cm de gengibre cortado em fatias finas

¼ de xícara (chá) de mirin

Em uma panela, junte a kombu e a água e deixe descansar por 1 hora ou até ficar macia e flexível.

Leve essa panela ao fogo médio a alto por cerca de 12 minutos. Abaixe o fogo para médio a baixo, acrescente o tamari, o gengibre e cozinhe lentamente por uns 10 minutos, para que os sabores fiquem mesclados. Junte o mirin. Peneire o caldo em outra panela ou tigela. Retire a kombu e descarte metade. Corte o restante à juliana e ponha na Sopa de missô com gengibre. O caldo deve ser consumido imediatamente.

sopa de feijão-fradinho com pimentão vermelho

Muito popular na culinária sulista dos Estados Unidos, o feijão-fradinho, com sua cor creme e hilo (marquinha) preto, é inconfundível. Sempre gostei dele. Na minha infância no Tennessee, o feijão-fradinho era servido com muito ketchup. Como esse feijão tem um sabor único, prefiro, atualmente, não encobri-lo com condimentos fortes, típicos de fast-food. Sua simplicidade combina bem com tomates e hortaliças verdes. A páprica dá um toque picante a esta sopa substanciosa e densa. **Rende de 6 a 8 porções**

1 xícara (chá) de feijão-fradinho

2 folhas de louro pequenas

2 dentes de alho picadinhos

6 xícaras (chá) de água

1 colher (chá) de sal marinho

2 colheres (chá) de azeite de oliva

1 cebola grande picada

2 talos de salsão picados

1 pimentão vermelho cortado em cubos

1 lata (380-400 g) de tomates pelados inteiros

1 xícara (chá) de couve-manteiga sem os talos cortada em quadradinhos

½ xícara (chá) de grãos de milho verde fresco ou em lata

2 colheres (chá) de tomilho seco

½ colher (chá) de pimenta-do-reino moída na hora

uma pitada de páprica picante

2 colheres (sopa) de coentro fresco picado

Em uma panela de fundo grosso, ponha o feijão, o louro e o alho. Junte metade da água (o suficiente para ficar uns 3 dedos acima do feijão) e leve ao fogo alto. Assim que levantar fervura, abaixe o fogo para médio a brando e cozinhe com a panela destampada por 25 minutos, até o feijão ficar parcialmente cozido (os grãos devem ficar macios mas inteiros). Tempere com o sal e cozinhe por mais 5 minutos.

Em uma panela grande de fundo grosso, aqueça o azeite em fogo alto. Coloque a cebola e refogue por uns 7 minutos, até ficar translúcida. Junte o salsão e o pimentão; tampe a panela e cozinhe por 4 minutos ou até o pimentão começar a amolecer. Acrescente os tomates inteiros e esmague-os diretamente na panela, e junte, a seguir, o molho da lata. Misture bem e acrescente a couve e os grãos de milho. Cozinhe por 2 minutos. Tempere com o tomilho, a pimenta e a páprica e cozinhe por 3 minutos, mexendo sempre.

Junte o feijão com o caldo e adicione a água restante. Aumente o fogo. Assim que a sopa começar a ferver, abaixe o fogo para médio a brando e cozinhe devagar por 30 minutos ou até o feijão ficar macio, lembrando que os grãos devem permanecer inteiros. Antes de servir, retire as folhas de louro e acerte o sal.

Se quiser uma sopa mais rala, coloque mais água. Assim que tirar do fogo, coloque o coentro picado.

Sirva bem quente.

Esta sopa dura 2 dias na geladeira ou 1 mês no congelador, em recipiente bem tampado. Antes de servir, leve a sopa ao fogo médio e deixe ferver, mexendo de vez em quando. Se desejar, acrescente um pouco de água, até obter a consistência desejada.

despensa vegana

ervas e especiarias

As ervas enchem os pratos de sabores, aromas e cores vibrantes. As especiarias também oferecem aromas e sabores únicos a uma variedade de pratos, salgados e doces. Além de melhorar o sabor dos pratos, elas trazem benefícios à saúde e ajudam a digestão. Elas são usadas com fins medicinais há milênios; muitas aparecem em minha lista de superalimentos.

Uso ervas e especiarias em tudo. Embora costumem ser empregadas secas, neste livro incluí muitas receitas que pedem ervas frescas, mas, claro, você pode usar das duas maneiras, obedecendo à seguinte proporção: a cada três partes de ervas frescas, use uma de ervas secas.

As minhas ervas preferidas são manjericão, coentro, endro, salsinha, sálvia e estragão — elas estão espalhadas em todas as minhas apetitosas receitas. Entre as especiarias de minha despensa — canela, noz-moscada, cardamomo, gengibre, cravo —, a canela é a que mais uso. Seu aroma acolhedor me faz lembrar da adolescência, quando eu fazia torradas com manteiga e canela, não só no café da manhã, mas também quando queria lambiscar uma coisa gostosa.

Se você tiver sorte de ter ervas frescas à mão, garanta que durem o máximo possível, conservando-as úmidas. Coloque-as em um vidro com água, como se fossem flores, e mantenha-as na geladeira até o momento de usar. Outra opção é enrolar os talos em um papel-toalha úmido antes de colocá-las na geladeira dentro de um saco plástico.

Ervas e condimentos secos devem ser guardados em potes de vidro bem fechados, em local fresco e seco e longe da luz solar. Se conservadas de forma adequada, elas podem durar até 6 meses — até um ano, segundo alguns cozinheiros. Basta sentir o aroma: se elas ainda tiverem um aroma agradável e os tons vivos e frescos, vão oferecer a energia esperada.

Borscht com creme azedo de tofu

Existem dois tipos de borscht. Em um deles, os legumes ficam em pedaços; no outro, a consistência é cremosa. Prefiro esse último. A exuberante cor roxo-avermelhada das beterrabas, sinal de que são naturalmente ricas em nutrientes, garantem antioxidantes, vitaminas e minerais. Também gosto de usá-las verdes; cozidas ou refogadas são muito nutritivas. Para realçar o sabor naturalmente adocicado das beterrabas, uso xarope de agave nesta sopa. Ele oferece um suave adocicado que ajuda a contrabalançar o vinagre. Esta sopa pode ser consumida quente ou fria. Se quiser servi-la fria, prepare-a na véspera e coloque-a na geladeira. **Rende de 6 a 8 porções**

- 2 colheres (chá) de azeite de oliva
- 1 cebola grande picada
- 3 beterrabas médias cortadas em cubinhos e mais as folhas sem talos picadas
- 1 batata pequena picada
- 1 cenoura grande picada
- 2 talos de salsão picados
- 2 dentes de alho picados
- 1 folha de louro
- 1½ colher (chá) de sal marinho
- 3 xícaras (chá) de água
- ¼ de repolho branco picado
- ½ lata de tomates pelados picados com o caldo
- 1½ colher (sopa) de suco de limão-siciliano espremido na hora
- 1 colher (sopa) de endro fresco picado
- 1½ colher (chá) de xarope de agave
- 1½ colher (chá) de vinagre de vinho tinto
- ¾ de xícara (chá) de creme azedo de tofu (página 104)
- raminhos de erva-doce para decorar

Em uma panela de fundo grosso, aqueça o azeite em fogo médio. Acrescente a cebola e refogue por 5 minutos ou até ficar translúcida. Junte os cubos de beterraba, as folhas de beterraba picadas, a batata, a cenoura, o salsão, o alho e o louro. Tempere com o sal e refogue por uns 8 minutos ou até as beterrabas soltarem seu sumo.

Acrescente a água e deixe ferver em fogo alto. Assim que levantar fervura, abaixe o fogo para médio a brando; cozinhe por 30 minutos ou até os legumes ficarem macios. Junte o repolho e os tomates com o caldo e cozinhe em fogo médio a alto por 10 minutos, mexendo de vez em quando, ou até que o repolho amoleça. Retire o louro.

Bata a sopa no liquidificador aos poucos até obter um creme homogêneo. Despeje a sopa em uma tigela, misture o suco de limão, o endro, o xarope de agave e o vinagre. Acerte o sal.

Ao servir a sopa, coloque uma colherada de creme azedo de tofu e um raminho de erva-doce. Sirva quente ou bem fria.

Esta sopa dura 2 dias na geladeira ou 1 mês no freezer, em recipiente bem tampado. Antes de servir, leve a sopa ao fogo médio e deixe ferver, mexendo de vez em quando. Se desejar, acrescente um pouco de água, até obter a consistência desejada.

creme azedo de tofu

Este é meu creme azedo de todas as horas. Fácil de preparar, eu o uso desde que comecei a cozinhar. O vinagre empresta um sabor surpreendente. Quanto às ervas, sempre estou fazendo experiências: às vezes substituo o endro por manjericão, outras vezes as combino. A dupla manjericão e orégano fica fantástica. **Rende 1½ xícara**

350 g de tofu firme embalado a vácuo

2 colheres (sopa) de vinagre de arroz

1 colher (sopa) de azeite de oliva

1 colher (chá) de mostarda em pó

¼ de colher (chá) de alho picado

1 colher (chá) de endro

No processador, misture o tofu, o vinagre, o azeite, a mostarda em pó e o alho e bata até obter um creme homogêneo. Despeje o creme em um recipiente que tenha tampa e misture a erva-doce. Feche o recipiente e deixe pelo menos 2 horas na geladeira, antes de usar. Dura no máximo 2 dias sob refrigeração.

por que usar sal marinho?

Sempre recomendo o uso de sal marinho refinado para cozinhar e assar, e sal marinho refinado ou grosso (ou até sua prima chique, a flor de sal) para finalizar pratos. Menos processado do que o sal de mesa comum, o sal marinho é resultado da evaporação da água do mar, por isso seus traços minerais permanecem intactos. O sal de mesa é retirado de depósitos subterrâneos de sal, mas como é processado, seus minerais são eliminados (o iodo, um mineral necessário na dieta, é reposto depois). O sal comum também recebe aditivos para não empedrar.

Além do fato de acreditar que alimentos menos processados sejam mais saudáveis, do ponto de vista gastronômico, o sal marinho é superior ao sal de mesa porque tem um sabor muito melhor. Enquanto o sal de mesa tem uma nota ácida e áspera, o sal marinho tem um sabor mais delicado, talvez porque seja menos denso. Ao longo dos anos, percebi que ao finalizar pratos com sal grosso causo menos impacto à natureza, e que os cristais maiores agradam mais qualquer paladar. Há algumas marcas de sal marinho e misturas variadas de sal maravilhosas para usar na cozinha; talvez seja difícil encontrá-las, mas vale experimentar!

saladas

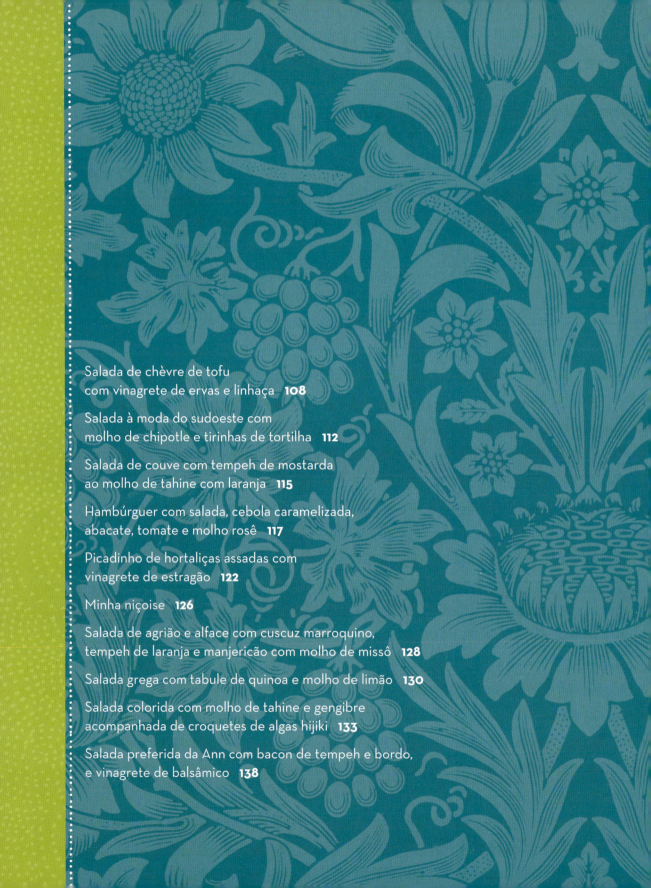

Salada de chèvre de tofu
com vinagrete de ervas e linhaça **108**

Salada à moda do sudoeste com
molho de chipotle e tirinhas de tortilha **112**

Salada de couve com tempeh de mostarda
ao molho de tahine com laranja **115**

Hambúrguer com salada, cebola caramelizada,
abacate, tomate e molho rosê **117**

Picadinho de hortaliças assadas com
vinagrete de estragão **122**

Minha niçoise **126**

Salada de agrião e alface com cuscuz marroquino,
tempeh de laranja e manjericão com molho de missô **128**

Salada grega com tabule de quinoa e molho de limão **130**

Salada colorida com molho de tahine e gengibre
acompanhada de croquetes de algas hijiki **133**

Salada preferida da Ann com bacon de tempeh e bordo,
e vinagrete de balsâmico **138**

saladas

Com ingredientes certos, você consegue fazer de uma salada uma refeição completa e suficientemente nutritiva. É interessante lembrar que a salada como refeição completa desafia o padrão convencional de "carne e três acompanhamentos": proteína animal, dois amidos e um vegetal. Até mesmo os veganos e vegetarianos costumam achar que seu prato principal precisa ser uma porção relativamente grande de proteína vegetal, mas, nas saladas que sugiro como prato principal, a proteína vegetal deixa de ser o foco do prato e assume o papel de coadjuvante.

As melhores saladas apresentam uma grande variedade de cores, texturas e sabores. Quando as sirvo como prato principal, procuro sempre acrescentar proteínas vegetais, como tofu, tempeh ou feijão; um conjunto de legumes coloridos, como beterraba, cenoura e pimentão; e gorduras saudáveis, como azeite, abacates, nozes e castanhas. Tudo de que você e sua família necessitam em um prato cheio de frescor.

Embora uma salada possa se sair muito bem como refeição completa, para apetites vorazes pode-se servir com uma sopa (dou algumas sugestões neste capítulo). Agora, se você prefere servir salada como entrada ou acompanhamento, basta tirar alguns ingredientes, para adaptar o tamanho e a quantidade de nutrientes de acordo com sua necessidade.

As saladas oferecidas como pratos principais são boas para o orçamento doméstico e uma ótima maneira de usar sobras. Em minhas receitas de salada, costumo sugerir substituições, para que se possa usar ingredientes que já estejam à mão: sobras de legumes cozidos, batatas e brócolis podem ser tranquilamente acrescentados; isto sem falar nos grãos cozidos, como arroz integral e quinoa. Essa versatilidade também se aplica às folhas: adoro combinar verdes novos e exóticos! Fique à vontade para usar e misturar tudo que você encontrar na sua região.

Todas as saladas deste capítulo rendem quatro porções e foram planejadas para uma refeição informal em família. No entanto, se você for preparar uma refeição para uma ou duas pessoas, será fácil dividir a receita pela metade. Do Picadinho de hortaliças assadas com vinagrete de estragão (página 122) à Salada à moda do sudoeste com molho de chipotle e tirinhas de tortilha (página 112), você vai encontrar novidades para preparar esse delicioso prato como prato principal no seu cardápio diário.

salada de chèvre de tofu com vinagrete de ervas e linhaça

Esta salada combina muito bem com a Sopa cremosa de abobrinha e ervas (página 78), já que ambas as receitas nos fazem lembrar dos prazeres simples. Para o Chèvre de tofu (página 109), escolha a variação que melhor combine com o paladar de sua família. Faça uma mistura de ervas frescas que acrescente cores, sabores e texturas interessantes ao prato. Deixei o óleo de linhaça como opcional porque sei que nem todo mundo conhece, mas recomendo insistentemente que você se aventure a procurar esse óleo singular. O óleo de linhaça é uma fonte importante de ácidos graxos ômega na dieta vegana e, ao usá-lo, é uma maneira excelente de incorporar esse superalimento no dia a dia. Como é muito delicado, recomendo que seja refrigerado para não ficar rançoso. **Rende 4 porções**

4 beterrabas médias com casca

VINAGRETE

¼ de xícara (chá) de vinagre de arroz

2 colheres (sopa) de vinagre de maçã

2 colheres (sopa) de salsinha picada

1 colher (sopa) de manjericão fresco picadinho

2 colheres (chá) de endro picadinho

2 colheres (chá) de xarope de agave

½ colher (chá) de sal marinho

½ colher (chá) de pimenta-do-reino moída na hora

½ xícara (chá) de azeite de oliva

3 colheres (sopa) de óleo de linhaça (opcional)

SALADA

1 cenoura média

10 xícaras (chá) rasas de minialface

1 pepino sem casca e sem as sementes cortado em meia-lua

6 rabanetes cortados em rodelas finas

3 talos de salsão cortados em cubinhos

sal marinho e pimenta-do-reino moída na hora a gosto

½ Chèvre de tofu (página 109)

saladas

Em uma panela de fundo grosso, coloque as beterrabas com casca e água fria suficiente. Cozinhe por 30 minutos ou até que fiquem macias. Escorra e deixe esfriar até poder segurar com as mãos. Descasque e corte as beterrabas em rodelas.

Vinagrete: Enquanto as beterrabas esfriam, bata no liquidificador os vinagres de arroz e de maçã, a salsinha, o manjericão, o endro, o xarope de agave, o sal e a pimenta. Na velocidade máxima, despeje aos poucos o azeite e o óleo de linhaça e bata até mesclar bem. Acerte o sal e a pimenta, se necessário.

Salada: Corte a cenoura em fitas longas, usando um descascador de legumes adequado. Em uma tigela grande, misture as fitas de cenoura, as folhas de minialface, o pepino, o rabanete e o salsão. Tempere a gosto com o vinagrete. Acerte o sal e a pimenta e divida a salada entre 4 pratos.

Montagem: Em uma tigela à parte, tempere a beterraba com o restante do vinagrete e espalhe sobre a salada de folhas. Complete com pedaços de chèvre de tofu. Sirva imediatamente.

CHÈVRE DE TOFU

Chamo este queijo vegano suave de "chèvre" por causa do sabor intenso, da textura cremosa e do formato. A partir da receita básica, é fácil acrescentar uma casca, ou seja, dar textura e sabor ao chèvre de tofu simplesmente envolvendo-o com ingredientes variados: pimentas moídas, ervas frescas ou nozes e castanhas picadas. Não há nada mais simples do que essa técnica, nem resultados mais sofisticados e agradáveis. Planeje com antecedência, pois é preciso algumas horas para que o tofu escorra por completo e outras tantas para que ele esfrie. **Rende 1 queijo de 400 g**

340 g de tofu firme escorrido cortado ao meio

1 dente de alho grande

2 colheres (sopa) de missô

3 colheres (chá) de azeite de oliva

¾ de colher (chá) de sal marinho

Seque o tofu com papel-toalha. Ponha-o em uma peneira apoiada em uma tigela para escorrer. Cubra o tofu com filme de PVC e coloque sobre ele três latas pesadas; isso vai ajudar a pressionar e a tirar todo o excesso de líquido. Leve o tofu à geladeira por pelo menos 4 horas ou por uma noite.

Pique o alho no processador. Seque as metades de tofu com papel-toalha, absorvendo o excesso de umidade e coloque no processador. Junte o missô, 2 colheres (chá) de azeite e o sal. Bata até obter uma mistura homogênea. Pare a máquina de vez em quando para desgrudar, com uma espátula, o que fica no fundo e nas laterais do recipiente do processador.

Coloque uma folha de filme de PVC sobre uma superfície de trabalho, espalhe o tofu no centro e enrole, para formar um cilindro. Leve à geladeira por 1 hora.

Preaqueça o forno a 190 °C. Desenrole o queijo, ponha em uma assadeira e pincele com o azeite restante. Asse por 25 minutos, até que o queijo fique aquecido por igual, mas com o miolo cremoso. Sirva quente ou frio.

Variações:

casca de pimenta:
Moa pimenta-do-reino ou pimentas sortidas. Polvilhe o queijo, apertando delicadamente para que grude.

casca de ervas:
Pique ervas frescas, como salsinha, cebolinha, endro, estragão, manjericão ou alecrim. Passe o queijo na erva, apertando delicadamente para que grude.

casca de nozes e castanhas:
Triture um punhado de nozes e castanhas torradas e pressione o queijo nelas, para que grudem. Castanhas-do-pará, gergelim e sementes de abóbora também são ótimas opções.

Todas as receitas de salada devem levar um molhinho especial. Assim que começar a preparar seus próprios molhos, você nunca mais vai usar os comercializados. (Devo confessar, no entanto, que sempre tenho um vidrinho na geladeira para alguma emergência.) Minha avó sempre fez seus molhos de salada, mas a base deles costumava ser maionese caseira. Como ela, gosto de preparar os meus, mas em vez de maionese prefiro vinagretes e molhos à base de azeite. Há duas exceções: o Molho de chipotle (página 112) e minha versão de Molho rosê (página 117) levam maionese vegana, mas no ponto exato.

molho de salada feito em casa

Quando você pegar o jeito de fazer molhos de salada, vai gostar de apresentar saladas realmente criativas, com resultados mais refrescantes e atraentes do que os conseguidos com molhos prontos.

saladas

técnicas de corte

PALITOS de legumes costumam ser pedidos em receitas de saladas. Esse corte elegante é ideal para ressaltar as cores e a textura bonita de ingredientes como o pimentão vermelho. (As tiras não devem ser confundidas com o corte à juliana, que também resulta em palitos, porém mais curtos, precisos e fininhos.) Para fatiar o pimentão em palitos, primeiramente corte-o em três ou na metade no sentido longitudinal, retire as sementes, a parte branca e o cabo. Coloque o pimentão virado para baixo e corte-o em palitos de 6 mm de espessura no sentido longitudinal.

salada à moda do sudoeste com molho de chipotle e tirinhas de tortilha

Esta salada tem grãos integrais e proteína vegetal em abundância, por isso compõe uma refeição. A variedade de legumes frescos combina seu colorido com a quantidade certa de ingredientes crocantes. Quando tenho guacamole pronto, uso uma colherada dele em vez do abacate fresco. O molho à moda do sudoeste americano é realçado por pimenta chipotle, cebolinha, alho e pela acidez do limão. A pimenta chipotle esquenta a salada e lhe empresta um sabor defumado inigualável. Embora seja comercializada em muitos supermercados, às vezes é difícil encontrá-la. Neste caso, é só substituí-la por um molho de pimenta bem forte: acrescente as gotas aos poucos para obter a medida certa de ardência. **Rende de 4 a 6 porções**

MOLHO

¾ de xícara (chá) de maionese vegana

110 g de tofu firme

¼ de xícara (chá) de cebola picadinha

¼ de xícara (chá) de bebida de soja para uso culinário

2 colheres (sopa) de suco de limão-siciliano espremido na hora

2 colheres (chá) de mostarda de Dijon

3 colheres (chá) de molho de pimenta chipotle

1 colher (chá) de alho picadinho

1 colher (chá) de molho inglês

½ colher (chá) de sementes de aipo

½ colher (chá) de sal marinho

¼ de colher (chá) de pimenta-do-reino moída na hora

3 colheres (sopa) de cebolinha picada

SALADA

1 alface-romana cortada em tiras

1 lata (cerca de 420 g) de feijão-preto cozido e escorrido

½ yacon cozido cortado em cubinhos (opcional)

½ xícara (chá) de milho verde fresco ou em lata escorrido

1 pimentão vermelho grande cortado em cubos

1 xícara (chá) de tomates-cerejas cortados ao meio ou em quartos, se forem grandes

2 abacates pequenos maduros sem casca cortados em cubos

3 cebolinhas picadas

¼ de queijo vegano tipo cheddar ralado (opcional)

3 colheres (sopa) de coentro fresco picadinho

sal marinho e pimenta-do-reino moída na hora

¼ de xícara (chá) de Tirinhas de tortilha de agave e páprica doce (opcional; página 113)

saladas

Molho: Coloque todos os ingredientes, menos a cebolinha, no liquidificador e bata até obter uma mistura homogênea. Despeje o molho em uma tigela e ponha a cebolinha. Acerte o sal e a pimenta. Tampe e leve à geladeira por 2 horas, no mínimo, antes de usar, para que os sabores se mesclem. Pode ser conservado por até 2 dias na geladeira.

Salada: Em uma tigela grande, misture todos os ingredientes, menos as tirinhas de tortilha. Tempere a gosto com o molho. Acerte o sal e a pimenta. Distribua a salada entre 4 pratos e decore com as tirinhas de tortilha. Sirva a seguir.

Tirinhas de tortilha de agave e páprica doce

Rende 3 xícaras

1 colher (sopa) de óleo de canola

2 colheres (chá) de xarope de agave

1½ colher (chá) de páprica doce

½ colher (chá) de sal marinho

6 tortilhas de milho (com 12 cm de diâmetro)

Preaqueça o forno a 175 °C. Em uma tigela, misture o óleo, o xarope de agave, a páprica e o sal. Pincele essa mistura nos dois lados das tortilhas e vá colocando uma sobre a outra. Corte as tortilhas ao meio, a seguir corte cada metade em tirinhas de 1 cm.

Arrume as tirinhas de tortilha em uma assadeira. Leve ao forno por 28 minutos, virando de vez em quando, ou até que fiquem crocantes. Retire do forno e deixe esfriar. Elas vão se manter crocantes.

As tirinhas de tortilha duram 2 dias em recipiente bem tampado, em temperatura ambiente.

salada de couve com tempeh de mostarda ao molho de tahine com laranja

Quando exposta ao frio, a couve fica bem adocicada e deliciosa, portanto, é ideal para ser usada crua em uma salada. Não deixe de cortar os talos da folha, pois são muito difíceis de mastigar. Beterrabas e batatas-doces ficam ótimas assadas no forno, no entanto, esta salada oferece uma oportunidade incrível de você assar qualquer legume que tenha à mão – batatas, abóboras e até cenouras, que ficam igualmente ótimas. O Tempeh de mostarda é adocicado e tem um sabor maravilhoso, em parte por causa da marinada, que deve ser preparada com antecedência. Com uma proteína vegetal como o tempeh, esta salada é uma refeição completa e muito saudável. **Rende 4 porções**

LEGUMES ASSADOS

2 inhames médios (450 g) cortados em cubinhos

4 beterrabas médias (400 g) sem casca cortadas em cubinhos

1½ colher (sopa) de azeite de oliva

1 dente de alho picadinho

¼ de colher (chá) de sal marinho

¼ de colher (chá) de pimenta-do-reino moída na hora

MOLHO

½ xícara (chá) de suco de laranja espremida na hora

⅓ de xícara (chá) de tahine

2 colheres (sopa) de vinagre de arroz

1 dente de alho picadinho

½ colher (chá) de sal marinho

¼ de colher (chá) de açafrão (opcional)

2 colheres (sopa) de azeite de oliva

pimenta-do-reino moída na hora

MONTAGEM

1 couve-manteiga sem os talos fatiada em tiras

3 xícaras (chá) rasas de miniespinafre

1 pepino sem casca e sem sementes cortado em rodelas

Tempeh de mostarda (página 116) morno ou em temperatura ambiente

Amêndoas condimentadas (página 55)

Legumes assados: Preaqueça o forno a 200 ºC. Forre uma assadeira grande com papel-manteiga. Em uma tigela, coloque o inhame e a beterraba; junte o azeite, o alho, o sal e a pimenta e misture para temperar por igual. Espalhe essa mistura na assadeira e leve ao forno por 40 minutos, mexendo de vez em quando, ou até que os cubinhos de inhame fiquem macios e dourados. Tire do forno e deixe esfriar completamente.

Molho: Em uma tigela média, misture o suco de laranja, o tahine, o vinagre, o alho, o sal e o açafrão. Despeje o azeite aos poucos e bata para emulsionar a mistura.

Acerte o sal e a pimenta.

Montagem: Em uma tigela grande, misture a couve, o espinafre, o pepino e o pimentão e tempere com molho suficiente. Acrescente o tempeh, o inhame e a beterraba assados, e mexa de novo. Acrescente mais molho, se necessário. Sirva a salada em uma travessa, decorada com as amêndoas condimentadas.

tempeh de mostarda

É necessário deixar o tempeh marinando por 1 hora. Por isso, aconselho a fazê-lo na véspera ou algumas horas antes de dar início ao preparo da refeição.

Rende 4 porções

3 colheres (sopa) de tamari

2 colheres (sopa) de mostarda de Dijon

2 colheres (sopa) de xarope de bordo

2 colheres (sopa) de água

1 colher (sopa) de alho picadinho

2 colheres (chá) de óleo de canola

250 g de tempeh cortado em cubos

Em uma panela de 18 a 20 cm, misture o tamari, a mostarda, o xarope de bordo, a água, o alho e o óleo. Mergulhe o tempeh, virando para temperar por igual. Arrume uma camada de tempeh na panela de modo que ele fique de molho na marinada. Deixe marinando por 1 hora no mínimo ou cubra e leve à geladeira até o dia seguinte.

Leve a panela ao fogo médio a brando, tampada. Cozinhe por 15 minutos, até aquecer o tempeh e reduzir a marinada. Sirva quente ou em temperatura ambiente.

Hambúrguer com salada, cebola caramelizada, abacate, tomate e molho rosê

Costumo servir este hambúrguer vegano, feito com feijão-preto, com salada verde e os seguintes acompanhamentos: cebolas caramelizadas, pimentas vermelhas assadas, abacate, tomate e, às vezes, com bacon de tempeh. Experimente essa excelente maneira de apreciar um hambúrguer sem pão, mas com alguns legumes deliciosos. Quem precisa evitar o consumo de trigo vai gostar de saber que esta receita não contém glúten. **Rende 4 porções**

CEBOLA CARAMELIZADA
- 2 colheres (sopa) de azeite de oliva
- 2 colheres (sopa) de manteiga vegana
- 1,3 kg de cebolas cortadas em fatias
- 1 colher (chá) de sal marinho
- 1 colher (sopa) de mirin

MOLHO
- ½ xícara (chá) de maionese vegana
- ⅓ de xícara (chá) de ketchup
- 3 colheres (sopa) de pepino condimentado ou picles picado
- 2 colheres (sopa) de vinagre de vinho tinto
- 1 dente de alho picadinho
- 1 colher (chá) de mostarda de Dijon
- ¾ de colher (chá) de sal marinho
- ½ colher (chá) de páprica doce
- ¼ de colher (chá) de pimenta-do-reino moída na hora

SALADA
- 1 cenoura grande
- 1 beterraba média
- 6 a 8 xícaras (chá) de folhas de minialface
- sal marinho e pimenta-do-reino moída na hora

MONTAGEM
- ½ xícara (chá) de pimenta-malagueta seca
- 4 unidades de Hambúrguer vegano de feijão-preto (página 118)
- 1 abacate cortado em cubos
- 2 tomates maduros cortados em fatias (opcional)
- Bacon de tempeh e bordo (página 25) esmigalhado (opcional)

A nova culinária vegana

Cebola caramelizada: Em uma frigideira média, aqueça o azeite e a manteiga vegana em fogo médio. Acrescente as cebolas e o sal. Refogue por 1 hora, mexendo sempre, ou até dourar. Coloque o mirin e cozinhe por 15 minutos ou até as cebolas ficarem mais escuras.

Molho: Em uma tigela média, misture todos os ingredientes.

Salada: Com um cortador adequado, corte a cenoura em tiras finas; se preferir, corte em fitas. Em uma tigela grande, misture a cenoura, a beterraba e as folhas de minialface. Tempere com molho suficiente. Acerte o sal e a pimenta.

Montagem: Arrume a salada no centro dos quatro pratos. Sobre cada hambúrguer, ponha uma colherada da cebola caramelizada (reserve o restante para outros pratos) e a pimenta. Coloque o hambúrguer em cima ou ao lado da salada. Espalhe o abacate, os tomates e o bacon de tempeh. Sirva em seguida.

Hambúrguer vegano de feijão-preto

Embora eu costume servir este hambúrguer vegano com salada, ele também fica delicioso em um robusto pão integral, com todos os acompanhamentos a que tem direito. Em casa, cada um monta o hambúrguer à sua maneira; eu apenas providencio uma variedade de acompanhamentos e deixo ao alcance de todos. Cebola roxa e tomates cortados em fatias fininhas, abacate amassado, fatias de queijo vegano, mostarda e maionese vegana não podem faltar. Lembre-se de preparar esta receita com certa antecedência; os hambúrgueres precisam ser refrigerados por pelo menos 2 horas antes de serem cozidos. **Rende 12 hambúrgueres**

- 3½ colheres (sopa) de óleo de canola
- 1 xícara (chá) de cebola cortada em fatias finas
- 4 colheres (chá) de alho picadinho
- 2 xícaras (chá) de inhame cortado em cubinhos
- ⅔ de xícara (chá) de cenoura cortada em cubinhos
- ½ xícara (chá) de salsão cortado em cubinhos
- 2½ colheres (chá) de sal marinho
- 2 colheres (chá) de pimenta-malagueta picadinha
- 2½ colheres (chá) de cominho moído
- 1 colher (chá) de pimenta-do-reino moída na hora
- 1 colher (chá) de páprica doce
- ⅔ de xícara (chá) de milho verde fresco ou em conserva escorrido
- ½ xícara (chá) de pimentão vermelho cortado em cubinhos
- ½ xícara (chá) de amido de milho
- 4 xícaras (chá) de arroz cateto integral cozido (página 180)
- 2 xícaras (chá) de feijão-preto cozido escorrido
- ¼ de xícara (chá) de salsinha picada
- 3 colheres (sopa) de bebida de soja para uso culinário

saladas

Forre uma assadeira com papel-manteiga.

Em uma panela grande de fundo grosso, aqueça 1½ colher (sopa) de óleo em fogo médio. Ponha a cebola e refogue por uns 5 minutos ou até que fique translúcida. Junte o alho e refogue mais uns 30 segundos ou até começar a desprender seu aroma. Acrescente o inhame, a cenoura e o salsão. Coloque 1 colher (chá) de sal e refogue por 10 minutos ou até os legumes ficarem macios. Acrescente a pimenta, o restante do sal, o cominho, a pimenta e a páprica; cozinhe por 1 minuto. Junte o milho verde e o pimentão e refogue por 2 minutos, até que fiquem ligeiramente macios.

Despeje a mistura em uma tigela grande e junte o amido de milho. Acrescente o arroz, o feijão e a salsinha picada. Com as mãos, misture muito bem para incorporar os ingredientes.

Coloque metade da mistura para hambúrguer em um processador. Usando o botão pulsar, bata até deixar a massa bem lisa e ligeiramente mole. Retire do processador e junte à outra metade da mistura. Despeje a bebida de soja aos poucos e, com as mãos, misture tudo muito bem, até obter uma massa homogênea.

Molde 12 hambúrgueres com 6 cm de diâmetro e 1 cm de espessura. Arrume os hambúrgueres na assadeira forrada, cubra e leve à geladeira por 2 horas no mínimo ou até o dia seguinte. Se desejar, conserve no freezer em um recipiente bem tampado; antes de servir, é só descongelar e completar o preparo.

Em uma chapa, aqueça o óleo restante em fogo médio. Grelhe os hambúrgueres por 3 minutos de cada lado ou até que fiquem dourados e bem cozidos por dentro. Grelhe poucos hambúrgueres por vez; use mais óleo, se necessário.

despensa vegana

folhas verdes, claras e escuras

As **folhas verde-escuras** fornecem mais vitaminas por grama do que a carne vermelha. As variedades incluem couve, mostarda, almeirão, espinafre, acelga, repolho, folhas de nabo. Essas hortaliças distinguem-se das demais porque tendem a ser mais vigorosas e robustas, e em geral são consumidas cozidas e não cruas. As folhas verde-escuras são ricas em nutrientes, repletas de ferro, cálcio, vitamina C, vitamina K e ácido fólico; são pobres em gorduras e calorias, ricas em fibras e em fitoquímicos, o que significa que muitas delas são consideradas superalimentos. Você vai encontrar três verduras refogadas — couve-manteiga, couve crespa e couve chinesa (bok choy) — no Trio de folhas verdes refogadas (página 206). A couve é especialmente versátil e é deliciosa crua ou cozida: veja o Wrap cru e vivo (página 67) e a Salada de couve (página 115).

As **folhas verde-claras,** em geral tenras, são consumidas cruas. Às vezes, elas podem ser trocadas pelas escuras — espinafre, agrião e rúcula são três exemplos. Adoro o agrião cru em uma salada, mas também gosto dele quente, como você vai ver no Caldeirão de legumes (página 145). Entre as folhas que são consumidas apenas cruas, cito a alface americana, que tem folhas firmes, crocantes, e continua firme com qualquer molho grosso de salada, como o da Salada à moda do sudoeste (página 112). A alface lisa tem folhas tenras e elegantes que combinam perfeitamente na Minha niçoise (página 126). Encontramos também embalagens com folhas verdes já higienizadas em todo canto. Tendo sempre à mão essas embalagens, você poderá montar uma salada a qualquer momento.

picadinho de hortaliças assadas com vinagrete de estragão

As hortaliças assadas desta salada também compõem um ótimo acompanhamento se servidas separadas, seja quente ou em temperatura ambiente. Fique à vontade para escolher que hortaliças assar, o importante é fazer desta salada uma maneira deliciosa de usar as que tiver à mão ou estiverem no auge da safra. Na minha receita, incluí sementes de girassol para acrescentar um pouco de proteína e dar um toque crocante à salada, mas você pode substituí-las por nozes e castanhas, se desejar. Esta salada combina muito bem com sopas – principalmente com a Sopa de arroz com tomate e limão (página 93) e o Gaspacho à moda da Califórnia (página 97). **Rende 4 porções**

HORTALIÇAS ASSADAS

2 colheres (sopa) de azeite de oliva

½ colher (chá) de sal marinho

¼ de colher (chá) de pimenta-do-reino moída na hora

1 couve-flor pequena separada em floretes

1 pimentão vermelho cortado em tiras

1 cenoura média cortada em palitos

1 maço de aspargos sem a parte fibrosa do caule

2 abobrinhas cortadas em meia-lua

½ colher (chá) de endro fresco picado

VINAGRETE

1 cebola roxa grande picada

¼ de xícara (chá) de vinagre de vinho tinto

1 colher (sopa) de mostarda de Dijon

1 colher (chá) de sal marinho

¼ de colher (chá) de pimenta-do-reino moída na hora

¼ de xícara (chá) mais 2 colheres (sopa) de azeite de oliva

2 colheres (sopa) de estragão fresco

MONTAGEM

6 xícaras (chá) rasas de folhas variadas

1 alface roxa rasgada em pedaços grandes

sal marinho e pimenta-do-reino moída na hora

sementes de girassol para decorar

saladas

Hortaliças assadas: Preaqueça o forno a 245 °C. Em uma tigela grande, misture o azeite, o sal e a pimenta. Coloque a couve-flor, o pimentão e a cenoura e mexa para temperar por igual. Espalhe as hortaliças em uma assadeira grande de fundo grosso. Na mesma tigela, coloque os aspargos e as fatias de abobrinha e mexa para temperar por igual. Reserve. Asse as hortaliças que estão na assadeira por 10 minutos. Tire do forno, misture as hortaliças; abra espaço no centro da assadeira e coloque os aspargos e a abobrinha, formando um ninho. Reserve a tigela para usar de novo. Asse as hortaliças por mais 10 minutos ou até que fiquem macias, mas firmes.

Coloque as hortaliças assadas de volta na tigela juntamente com o endro. Tempere com sal e pimenta a gosto e mexa para temperar por igual.

Vinagrete: Em um liquidificador, junte a cebola roxa, o vinagre, a mostarda, o sal e a pimenta. Bata até obter um molho homogêneo. Com o liquidificador na velocidade máxima, vá acrescentando o azeite devagar e continuamente, para emulsionar a mistura. Ponha as folhas de estragão e bata até aparecerem apenas pequenos pontos verdes.

Montagem: Coloque todas as folhas em uma tigela grande e tempere com vinagrete suficiente. Acerte o sal e a pimenta. Em uma travessa, forme um leito com as folhas temperadas. Tempere as hortaliças assadas com o vinagrete restante. Espalhe essas hortaliças sobre o leito de folhas. Salpique as sementes de girassol e sirva imediatamente.

a nova culinária vegana

Optar por frutas e hortaliças de cultivos orgânicos, de solos livres de pesticidas, é a melhor coisa a se fazer, por nós e pela família. Imagine segurar uma maçã e pulverizá-la com pesticidas – quem vai querer comer essa maçã? Nós não enxergamos os pesticidas, mas isso não significa que eles não existam.

Tenho sorte de morar em uma região onde encontro produtos orgânicos com facilidade. Faço compras diretamente dos produtores e, além disso, moro perto de algumas das melhores lojas de produtos naturais dos Estados Unidos. Acredito veementemente no poder da compra de produtos cultivados organicamente. Gasto meu dinheiro dando apoio ao pequeno produtor familiar e deixando produtos químicos bem longe do meu prato, do meu corpo e do meio ambiente. A crença generalizada de que os produtos orgânicos são muito caros é uma coisa que vale a pena questionar. Se você compra a granel, se compra direto do produtor e em lojas independentes e se escolhe produtos da safra, com certeza o custo dos produtos orgânicos vai caber dentro do orçamento. Quando comparamos produtos cultivados da maneira convencional com os orgânicos, também é possível

produtos orgânicos *versus* resíduos de agrotóxicos

perceber os custos escusos da agricultura convencional: é difícil disfarçar o impacto de produtos químicos tóxicos sobre a saúde humana e sobre a saúde do planeta no longo prazo.

Se não for possível adquirir somente produtos orgânicos, vale a pena prestar atenção nas pesquisas sobre resíduos de agrotóxicos nos alimentos. No Brasil, de acordo com a Agência Nacional de Vigilância Sanitária (Anvisa), que criou um Programa de Análise de Resíduos de Agrotóxicos em Alimentos, o pimentão, o morango e o pepino lideram o ranking dos hortifrutícolas mais contaminados com agrotóxicos (esse estudo foi realizado em amostras colhidas entre 2010 e 2011). Por outro lado, desde que o programa teve início, em 2002, a batata vem se mantendo como um dos alimentos com menos resíduos de agrotóxicos. Ao fazer compras, tenha a seguinte lista na cabeça.

produtos mais contaminados

Pimentão	Pepino	Cenoura
Morango	Alface	

saladas

produtos menos contaminados

Batata	Feijão	Tomate
Cebola	Arroz	Mamão
Manga	Maçã	Couve
Repolho	Laranja	Abacaxi

Não deixe que a falta de opções orgânicas seja motivo para não comer hortaliças. Se não há oferta de produtos orgânicos ou se eles não cabem no seu orçamento, adquira apenas aqueles com menos resíduos. Conhecer os métodos de plantio usados na sua região, fazer compras diretamente de agricultores da região ou em feiras também ajuda.

Em relação aos produtos cultivados de modo convencional, a Anvisa ainda orienta o seguinte:

• Procure comprar produtos com origem identificada, isso garante que você está adquirindo de produtores que têm boas práticas agrícolas.

• Escolha alimentos da época ou produzidos por métodos de produção integrada, pois, a princípio, eles recebem uma carga menor de agrotóxicos.

• Lave e retire a casca e folhas externas: isso ajuda a reduzir a quantidade de resíduos de agrotóxicos que poderiam ser ingeridos.

minha niçoise

Se você tiver a mente aberta, uma salada pode ser chamada de niçoise mesmo que não leve atum. Essa tradicional salada francesa tem como base hortaliças, favas, azeitonas e tomates (e, claro, atum e anchovas), mas na minha versão, misturo folhas e hortaliças em uma tigela, combinando aromas e texturas, em vez de arrumá-las separadamente em uma travessa, como costuma ser feito. E em vez de atum uso o Chèvre de tofu com casca de pimenta (página 110). **Rende 4 porções**

230 g de vagens holandesas aparadas

4 batatas médias (450 g) para cozinhar, cortadas em quartos

VINAGRETE
¼ de xícara (chá) de suco de limão-siciliano espremido na hora

1 cebola roxa pequena picadinha

2 colheres (chá) de mostarda de Dijon

2 colheres (chá) de tomilho fresco

¾ de colher (chá) de sal marinho

¼ de colher (chá) de pimenta-do-reino moída na hora

½ xícara (chá) de azeite de oliva

SALADA
1 alface (deixe as folhas menores inteiras e rasgue as maiores ao meio)

3 tomates maduros cortados em rodelas ou 10-12 tomates-cerejas vermelhos e amarelos cortados ao meio

sal marinho e pimenta-do-reino moída na hora

1 Chèvre de tofu com casca de pimenta (página 110) cortado em fatias

⅓ de xícara (chá) de azeitonas portuguesas ou kalamata

2 colheres (sopa) de alcaparras escorridas

1½ colher (sopa) de salsinha picada

Cozinhe as vagens por uns 4 minutos ou até ficarem tenras, mas crocantes. Escorra a água e, logo a seguir, coloque as vagens em uma tigela com água gelada para interromper o cozimento. Quando esfriarem, escorra novamente e seque. Reserve.

Cozinhe as batatas no vapor sobre uma panela com 2 cm de água fervente. Tampe e deixe no vapor por 8 minutos ou até ficarem macias, mas firmes.

Vinagrete: Em uma tigela média, misture o suco de limão, a cebola roxa, a mostarda, o tomilho, o sal e a pimenta. Acrescente aos poucos o azeite e misture bem para emulsionar.

Salada: Em uma travessa, arrume um leito de alface. Em uma tigela grande, coloque as vagens, as batatas e os tomates; tempere com vinagrete suficiente. Acerte o sal e a pimenta. Espalhe os legumes harmoniosamente sobre o leito de alface. Decore com as fatias de chèvre de tofu, azeitonas, alcaparras e salsinha picada. Despeje mais um pouco do vinagrete e sirva imediatamente.

salada de agrião e alface com cuscuz marroquino, tempeh de laranja e manjericão com molho de missô

Esta receita é um bom exemplo de como enriquecer uma salada verde com proteínas vegetais e grãos saudáveis para transformá-la em prato principal. O Tempeh de laranja e manjericão (página 129) pode muito bem ser servido sozinho, fazendo as vezes de um prato mais tradicional. Quando encontro, uso o cuscuz israelense — ele é semelhante ao marroquino, mas tem grãos do tamanho de pérolas. Qualquer um deles pode ser usado nesta salada, mas o cuscuz israelense (às vezes chamado de "mediterrâneo") cria uma textura diferente e dá um peso maravilhoso ao prato. **Rende 4 porções**

CUSCUZ

1 xícara (chá) de cuscuz marroquino

1 colher (chá) de óleo de canola

MOLHO

¼ de xícara (chá) de vinagre de arroz

3 colheres (sopa) de missô

2 colheres (sopa) de suco de limão-siciliano espremido na hora

1 colher (sopa) de xarope de agave

1 colher (sopa) de endro fresco picado

2 dentes de alho picadinhos

½ colher (chá) de sal marinho

¼ de colher (chá) de pimenta-do-reino moída na hora

½ xícara (chá) de azeite de oliva

SALADA

2 tomates sem sementes cortados em cubinhos

2 talos de salsão cortados em cubinhos

½ pimentão amarelo cortado em cubinhos

⅓ de xícara (chá) de salsinha picada

⅓ de xícara (chá) de cebola roxa cortada em cubinhos

2 cebolinhas picadas

sal marinho e pimenta-do-reino moída na hora a gosto

1 alface roxa rasgada em pedaços grandes

1 maço de agrião, só as folhas

Tempeh de laranja e manjericão (página 129) em temperatura ambiente

½ xícara (chá) de pistaches tostados (página 55)

saladas

Cuscuz marroquino: Prepare o cuscuz seguindo as instruções da embalagem. Espalhe o cuscuz em uma assadeira grande e misture com 1 colher (chá) de óleo (isso vai impedir que ele grude). Deixe esfriar.

Molho: Em um liquidificador, coloque o vinagre, o missô, o suco de limão, o xarope de agave, o endro, o alho, o sal e a pimenta; bata até obter um molho homogêneo. Com o liquidificador na velocidade máxima, despeje o azeite aos poucos, em um fio contínuo, e bata até emulsionar a mistura. Tempere com sal e pimenta a gosto.

Salada: Em uma tigela grande, misture o cuscuz, o tomate, o salsão, o pimentão, a salsinha, a cebola e a cebolinha. Tempere com molho suficiente. Acerte o sal e a pimenta.

Em uma tigela grande, ponha as folhas de alface, o agrião e molho suficiente. Mexa para temperar a salada por igual. Acerte o sal e a pimenta. Arrume as folhas em uma saladeira e espalhe o cuscuz por cima. Decore com tempeh e pistaches tostados.

Tempeh de laranja e manjericão

Deixe o tempeh marinando por pelo menos 1 hora ou por uma noite. Isso deve ser feito com antecedência, pois, quanto mais tempo o tempeh ficar marinando, mais sabor ele terá. **Rende 4 porções**

- ¼ de xícara (chá) de suco de laranja espremida na hora
- 3 colheres (sopa) de manjericão fresco picadinho
- 2 colheres (sopa) de xarope de agave
- 2 colheres (sopa) de tamari
- 1 colher (sopa) de alho picadinho
- 1 colher (sopa) de azeite de oliva
- 2 colheres de chá de raspas de laranja
- 230 g de tempeh à base de grãos cortado em cubinhos

Em uma frigideira (de 18 a 20 cm), misture o suco de laranja, o manjericão, o xarope de agave, o tamari, o alho, o azeite e as raspas de laranja. Ponha o tempeh e vire para envolvê-lo; ele deve ficar inteiramente coberto pela mistura. Tampe e deixe marinando por 1 hora ou leve à geladeira e deixe por uma noite.

Leve a frigideira ao fogo médio a brando. Tampe e cozinhe por 15 minutos, ou até aquecer o tempeh e reduzir a marinada. Sirva quente ou em temperatura ambiente.

salada grega com tabule de quinoa e molho de limão

O tabule é um prato do Oriente Médio a base de grãos, feito tradicionalmente com trigo para quibe, ervas frescas e limão. Peguei a receita básica e a aprimorei com quinoa, um superalimento rico em proteína (tem mais proteína que qualquer outro grão), fibras e grãos integrais. Na verdade, a quinoa é uma semente originalmente cultivada nos Andes, que foi ficando mais conhecida em outros lugares à medida que se soube de seu valor nutricional. Esta salada é viva e verde, e é o acompanhamento perfeito para o Patê de edamame e espinafre com endívia (página 44). Gosto de endívias, pois essas folhas têm o tamanho ideal para se levar à boca, como se fosse uma deliciosa colherada de salada e patê.

Rende 4 porções

MOLHO DE LIMÃO

¼ de xícara (chá) de suco de limão-siciliano espremido na hora

2 colheres (sopa) de azeite de oliva

1 colher (sopa) de óleo de nozes ou de abacate

1 dente de alho picadinho

¼ de colher (chá) de sal marinho

uma pitada de pimenta-do-reino branca moída na hora

SALADA

8 xícaras (chá) rasas de folhas variadas

2 pepinos sem casca e sem sementes cortados em meias-luas finas

1 pimentão vermelho cortado em cubinhos

sal marinho e pimenta-do-reino moída na hora

4 xícaras (chá) de tabule de quinoa (página 131)

½ xícara (chá) de brotos de girassol

Patê de edamame e espinafre com endívia (página 44)

Molho: Em uma tigela média, misture todos os ingredientes e bata com um garfo ou um batedor, até emulsionar bem. Rende cerca de ½ xícara (chá).

Salada: Misture as alfaces, o pepino e o pimentão. Despeje molho suficiente e mexa para temperar a salada por igual. Acerte o sal e a pimenta. Arrume a salada em uma travessa grande, espalhe o tabule por cima e decore com brotos de girassol. Sirva com patê e endívias.

saladas

TABULE DE QUINOA
Rende 4 porções

1 xícara (chá) de quinoa

1⅔ xícara (chá) de água

1¼ colher (chá) de sal marinho

1½ xícara (chá) de salsinha crespa picada

3 tomates para molho sem sementes cortados em cubos

4 cebolinhas picadas

½ xícara (chá) de hortelã picadinha

¼ de xícara (chá) de azeite de oliva

2 colheres (sopa) de suco de limão-siciliano espremido na hora

2 colheres (chá) de endro picadinho

1 colher (chá) de alho picadinho

½ colher (chá) de pimenta-do-reino moída na hora

2 endívias com as folhas separadas

Lave bem a quinoa em uma peneira em água corrente e a seguir deixe escorrer. Em uma panela de fundo grosso, leve a água ao fogo. Assim que levantar fervura, acrescente ½ colher (chá) de sal e a quinoa escorrida. Quando a água ferver de novo, abaixe o fogo para médio a brando. Tampe e cozinhe por 20 minutos ou até a quinoa absorver a água e ficar macia. Solte a quinoa com um garfo e coloque em uma tigela grande para esfriar em temperatura ambiente. Quando esfriar, misture a salsinha, os tomates, a cebolinha e a hortelã.

Em uma tigelinha, ponha o azeite, o suco de limão, o endro, o alho, a pimenta e o restante do sal e bata com um garfo ou batedor de mão para emulsionar a mistura. Despeje o molho sobre o tabule de quinoa e mexa para temperar por igual.

Sirva com folhas de endívia.

salada colorida com molho de tahine e gengibre acompanhada de croquetes de algas hijiki

Os croquetes de algas hijiki são deliciosos, assim como a salada, que, sozinha, é um excelente acompanhamento ou entrada para muitas dos pratos que apresento no próximo capítulo. A receita dos croquetes é uma ótima oportunidade para usar vegetais marinhos: a hijiki é uma alga marinha rica em minerais colhida na costa do Japão. O grão-de-bico, que não pode faltar nessa salada, pode ser encontrado seco ou em conserva; por conveniência, costumo usar os prontos, mas, se você é rigoroso, pode cozinhá-los em casa. **Rende 4 porções**

MOLHO
½ xícara (chá) de tahine

⅓ de xícara (chá) de água

¼ de xícara (chá) de suco de limão-siciliano espremido na hora

2 cebolinhas picadas

3 colheres (sopa) de gengibre fresco picadinho

2 colheres (sopa) de tamari

½ colher (chá) de sal marinho

¼ de colher (chá) de pimenta--do-reino branca moída

SALADA
1 escarola rasgada em pedaços grandes

1 alface rasgada em pedaços grandes

sal marinho e pimenta-do-reino moída na hora

MONTAGEM
1 lata (425 g) de grão-de-bico em conserva escorrido, lavado e seco

1 beterraba média sem casca cortada em palitinhos ou ralada

12 Croquetes de algas hijiki (página 134)

¼ de xícara (chá) de sementes de girassol

Molho: No liquidificador, bata o tahine, a água, o suco de limão, a cebolinha, o gengibre, o tamari, o sal e a pimenta até obter um molho homogêneo e cremoso. Acerte o sal e a pimenta.

Salada: Em uma tigela grande, misture as folhas e tempere com molho suficiente. Mexa para envolver as folhas por igual e acerte o sal e a pimenta.

Montagem: Faça um leito de folhas verdes em pratos individuais ou em uma travessa. Espalhe os grãos-de-bico e os palitinhos de beterraba. Acomode os croquetes juntos no lado do prato ou travessa. Decore com as sementes de girassol e sirva imediatamente.

Croquetes de algas hijiki

Se a massa dos croquetes lhe parecer ressecada, acrescente um pouco mais de água. Fritos, eles devem ficar crocantes por fora e úmidos por dentro. Esta receita rende 24 croquetes. Como serão usados apenas 12 na Salada colorida com molho de tahine e gengibre, congele os outros. Quando quiser usá-los, descongele e siga as orientações da receita para fritá-los. **Rende 24 croquetes**

- 3 colheres (sopa) de algas hijiki
- 2½ xícaras (chá) de água para hidratar
- 1 xícara (chá) de painço
- 1¾ de colher (chá) de sal marinho
- 1 colher (sopa) de óleo de gergelim
- 1 cenoura grande ralada
- 6 cebolinhas bem picadinhas
- 3 dentes de alho picadinhos
- ½ xícara (chá) de tahine
- 1 colher (sopa) de tamari
- 1½ colher (chá) de cominho moído
- uma pitada de pimenta-do-reino branca moída na hora
- ⅓ de xícara (chá) de salsinha lisa ou crespa picada
- 2 colheres (sopa) de gergelim
- 1 xícara (chá) de grão-de-bico em lata escorrido e seco
- 3 colheres (sopa) de amido de milho ou farinha de trigo integral
- 6 colheres (sopa) de óleo de canola

Coloque as algas em uma tigela com água fria suficiente para cobri-las. Deixe de molho por 15 minutos ou até que fiquem hidratadas e macias. Escorra e dispense a água.

Em uma panela de fundo grosso, junte 2 xícaras (chá) de água, o painço e ½ colher (chá) de sal e leve ao fogo alto. Assim que ferver, abaixe o fogo, tampe a panela e cozinhe, sem mexer, por 25 minutos ou até o painço absorver a água e ficar macio. Transfira para uma tigela grande e deixe esfriar.

À parte, em uma panela de fundo grosso, aqueça o óleo de gergelim em fogo médio. Coloque as algas e refogue por 5 minutos. Junte a cenoura, a cebolinha e o alho; refogue por mais 5 minutos ou até a cenoura ficar tenra. Coloque a água restante, o tahine, o tamari, o cominho e a pimenta. Abaixe o fogo para brando e cozinhe por 2 minutos ou até a mistura engrossar um pouco. Retire a panela do fogo e misture a salsinha, o gergelim e o restante do sal. Deixe a mistura esfriar.

Em um processador, bata os grãos-de-bico até virar uma pasta que possa ser moldada com as mãos. Na tigela onde está o painço, ponha a massa de grãos-de-bico, o amido de milho e o refogado de algas hijiki e misture até incorporar todos os ingredientes. Molde croquetes de 3 cm de espessura com 2 colheres (sopa) da massa.

Em uma frigideira de fundo grosso, aqueça metade do óleo em fogo médio. Frite os croquetes aos poucos — eles devem ficar crocantes e dourados por fora, e úmidos e bem quentes por dentro; isso deve levar cerca de 2 minutos de fritura de cada lado. Acrescente mais óleo se necessário. Coloque os croquetes sobre folhas de papel-toalha para absorver o excesso de gordura. Sirva quente.

saladas

Existe uma proporção simples e confiável para se fazer vinagrete; a partir dela, você pode incluir uma ampla variedade de ervas, condimentos, mostardas, sal marinho e pimentas. Para preparar, a relação deve ser uma parte ácida (um vinagre de boa qualidade, como o balsâmico, os vinagres de maçã, de vinho, de framboesa, arroz e, por que não, suco de cítricos) para três partes de um bom azeite de oliva extra virgem ou outro que tenha à mão. O suco de frutas cítricas deveria ser sempre acrescentado a qualquer vinagrete, pois ele realça

A fórmula do vinagrete

o vinagre com seu sabor fresco e vivo — aliás, regar uma salada verde com um molhinho simples de azeite e suco de limão já regala qualquer paladar.

Lembre-se de que o azeite e o vinagre vão se separar assim que você parar de misturar ou bater. O melhor jeito de emulsionar os dois é usar um liquidificador. Se não tem, bata esses dois ingredientes em uma tigela de vidro antes de usar. É possível fazer um vinagrete para usar durante a semana, mas é preciso conservá-lo no refrigerador, em recipiente bem tampado (nessa condição, ele pode ser guardado por até 7 dias). Antes de usar, tire a quantidade necessária do refrigerador e deixe em temperatura ambiente; antes de temperar a salada, misture de novo. (Costumo guardar vinagretes em vidros hermeticamente fechados; na hora de usar, é só sacudir o vidro.) Com esta fórmula, você sempre terá vinagretes deliciosos em minutos.

despensa vegana

gorduras do bem

Embora todo mundo tenha sido condicionado a ter medo das gorduras, as gorduras benéficas são o componente vital de uma dieta saudável. Quando consumidas com moderação, as gorduras boas podem até melhorar a saúde. Existem duas grandes categorias de gorduras: as saturadas e as insaturadas. Como regra geral, as boas gorduras costumam ser as insaturadas, embora o óleo de coco seja uma exceção notável (veja a seguir). Entre as gorduras insaturadas, existem as monoinsaturadas e as poli-insaturadas. Ambas ajudam a diminuir o total de colesterol, mas apenas as monoinsaturadas ajudam a diminuir o LDL (o colesterol ruim) e a aumentar o HDL (o colesterol bom).

O abacate é uma verdadeira maravilha em termos de valor nutricional. Ele é repleto de nutrientes e vitaminas, como a E, as do complexo B e ácido fólico – tem muitas fibras e contém mais potássio do que a banana. O abacate é rico em gordura monoinsaturada e não tem colesterol. O equilíbrio entre vitaminas e ácidos graxos essenciais dessa fruta tem sido vinculado à diminuição do colesterol, à redução de risco de ataque cardíaco e à melhora da pele e dos cabelos. Foi também demonstrado que o abacate ajuda o corpo a absorver melhor os nutrientes de outros alimentos. Não é de admirar que algumas pessoas considerem o abacate amassado o alimento ideal para bebês. Ele também é bem aceito pelos adultos, e tem lugar especial em muitas das minhas receitas. Prefira os abacates que estejam ligeiramente macios ao toque.

O óleo de coco é uma gordura saturada, mas pesquisas recentes têm sugerido que essa gordura traz benefícios à saúde e pode até ser considerada um superalimento. O óleo de coco contém uma mistura de ácidos graxos, que teriam propriedades antimicrobianas, antioxidantes, antifúngicas e antibacterianas. Como qualquer gordura, o óleo de coco deve ser consumido

saladas

com moderação. Existe uma diferença sutil entre o produto refinado e o não refinado – eu uso ambos, alternadamente. Gosto de incorporá-lo em quantidades pequenas sempre que posso, como na Granola super-hippie (página 5). Procure por ele em lojas de produtos naturais.

As **nozes, castanhas e sementes** podem desempenhar um papel importante numa dieta saudável, de base vegetal. Elas são uma das melhores fontes vegetais de proteínas, além de serem ricas em fibras, fitonutrientes e antioxidantes, como as vitaminas E e do complexo B e selênio. Embora algumas nozes e castanhas contenham um alto teor de gorduras, estas são monoinsaturadas e poli-insaturadas, ricas em ácidos graxos ômega-3, e, quando consumidas com moderação, reduzem o colesterol LDL. Neste livro, você vai encontrar muitos preparos com nozes e castanhas e uma variedade de sementes. Use-as como ingredientes, para oferecer como petisco e também como reforço nutritivo na decoração de pratos.

O **azeite de oliva** é rico em gorduras monoinsaturadas e é, de longe, o óleo mais saudável para cozinhar – e é o que mais uso. O azeite de oliva pode ser encontrado tanto na versão virgem quanto na extra virgem. Ambas são menos refinadas que outras gradações de azeite, o que as torna muito ricas em gorduras boas para o coração. Procure os azeites prensados a frio, que significa que foram extraídos por meio de prensagem em vez de métodos químicos.

salada preferida da Ann com bacon de tempeh e bordo, e vinagrete de balsâmico

Nesta salada, aproveito as sobrinhas que inevitavelmente se acumulam quando se cozinha em casa. Adoro texturas na salada, portanto, pedaços de cenoura, salsão e pepino são acréscimos interessantes. Esta receita exige o preparo do Bacon de tempeh e bordo (página 25), mas, quando você sentir o aroma defumado e o crocante saboroso que esses pedacinhos parecidos com bacon dão a esta salada, o esforço vai ter valido a pena. Minha assinatura é o vinagrete balsâmico – um molho versátil e perfumado, que combina com uma grande variedade de hortaliças. Fique à vontade para usar esse meu vinagrete ou as receitas básicas de vinagrete (página 135) junto com os seus ingredientes preferidos, e procure criar um molhinho de salada que seja a sua assinatura. **Rende 4 porções**

VINAGRETE DE BALSÂMICO

¼ de xícara (chá) de vinagre balsâmico

2 colheres (chá) de mostarda de Dijon

1 colher (chá) de xarope de bordo

2 dentes de alho picadinhos

½ colher (chá) de sal marinho

¼ de colher (chá) de pimenta-do-reino moída na hora

¾ de xícara (chá) de azeite de oliva

SALADA

8 xícaras (chá) de folhas verdes variadas (alfaces comum, romana, americana, miolo de escarola)

1 cenoura sem casca cortada em meias-luas finas

1 talo de salsão cortado em cubinhos

1 pepino japonês cortado em meias-luas finas

1 tomate picado

1 abacate cortado em cubos

2 rabanetes cortados em quartos

½ xícara (chá) de algas secas rasgadas (página 198; opcional)

½ xícara (chá) de endro ou salsinha fresca picada ou outra erva fresca (opcional)

10 a 15 pedaços de Bacon de tempeh e bordo (página 25) quebrados

Vinagrete: No liquidificador, ponha todos os ingredientes, menos o azeite, e bata em velocidade média a alta. Diminua a velocidade e vá colocando o azeite aos poucos. Bata até a mistura ficar emulsionada. Rende quase 1 xícara (chá).

Salada: Em uma tigela grande, junte todos os ingredientes. Despeje vinagrete suficiente e mexa para temperar os ingredientes por igual. Reserve o restante do vinagrete na geladeira, em recipiente tampado. Sirva.

Enchiladas de feijão-rajado 142

Caldeirão de legumes com tofu acompanhado de arroz com gergelim 145

Macarrão setsuan com molho picante de amendoim 147

Abóbora recheada com cozido sul-americano à moda vegana 148

Penne ao forno com couve-flor e molho de queijo 152

Pão de lentilhas com molho saboroso sem glúten 156

Tempeh com crosta de nozes-pecãs acompanhado de purê de batata-doce com coco 159

Linguiças de maçã com purê de batatas e inhame 162

Tempeh de bordo e mostarda com cozido de legumes 164

Rolinhos de lasanha com ricota de tofu e molho de tomate 166

Feijão-vermelho com tempeh condimentado acompanhado de pão de milho apimentado 172

Tofu xadrez 175

Supervitamina de legumes para o jantar 176

pratos principais

Uma das perguntas que mais ouço dos não veganos é: "O que você faz no jantar se não come carne?". É compreensível que perguntem isso, afinal muita gente não consegue pensar na resposta. Quando digo que como grãos, hortaliças e proteína vegetal, soa um pouco estranho – e talvez pareça uma trabalheira para quem fica mais à vontade assando carnes do que cozinhando feijão. Tenho inúmeras receitas de refeições simples, prontas para servir à noite, em qualquer dia da semana, com os produtos que costumo ter na despensa e na geladeira. Como mãe que trabalha fora, conheço bem o valor de uma receita que pode ser feita rapidamente.

Embora no restaurante eu goste de fazer experiências com receitas que demandam mais tempo, usando ingredientes exóticos, em casa, a filosofia é "ser simples". Em casa podemos ter mais controle sobre o que a família come, portanto, uma alimentação nutritiva e saudável é fundamental – talvez até para compensar algumas imprudências cometidas na escola e no trabalho. Diante das restrições de tempo e das exigências da vida moderna, no entanto, é essencial simplificar as coisas. Vamos deixar as refeições mais complicadas para quando recebermos ou saírmos! Para o jantar da família, tudo que queremos é preparar receitas que não exijam compras difíceis, que sejam rápidas de fazer e cujo resultado agrade a todos.

Neste capítulo, você vai encontrar refeições fáceis para o dia a dia. Algumas são versões veganas de clássicos gostosos – como os Rolinhos de lasanha com ricota de tofu e molho de tomate (página 166) e o Pão de lentilhas com molho saboroso sem glúten (página 156) –, outras recorrem a tentadores aromas globais – como o Macarrão setsuan com molho picante de amendoim (página 147) e o Caldeirão de legumes com tofu acompanhado de arroz com gergelim (página 145). Todas essas receitas, entretanto, compartilham a simplicidade na execução, e podem ser revezadas nos jantares de rotina.

Embora essas receitas tenham sido concebidas para ser o prato principal da refeição, fiz sugestões de saladas, sopas ou guarnições que seriam acompanhamentos ideais para essas refeições completas. Leia adiante sobre mais de uma dúzia de saborosas refeições saudáveis e simples a base de vegetais, que respondem deliciosamente à pergunta sobre o que as famílias veganas comem no jantar.

Enchiladas de feijão-rajado

Esse é um prato notável que faço desde que comecei a cozinhar. Embora precise ser preparado com alguma antecedência – já que é preciso cozinhar o feijão do zero –, a montagem e o tempo de preparo são mínimos, e o resultado final vale o planejamento. O motivo principal para que o feijão seja feito desde o início é que, em vez de contar com montes de queijo para dar liga às enchiladas, na minha versão uso o molho feito com a água de cozimento do feijão engrossada com farinha, espalhado sobre as enchiladas. A receita não leva queijo, mas, se desejar, você pode acrescentar fatias de seu queijo vegano preferido. Fique à vontade, e polvilhe uma camada generosa de queijo sobre as enchiladas e coloque no forno para dourar um pouco antes de a família se regalar. **Rende 12 enchiladas**

FEIJÃO E CALDO

9 xícaras (chá) de água

1½ xícara (chá) de feijão-rajado

1 pedaço de 12 cm x 5 cm de kombu seca

MOLHO

2 colheres (sopa) de óleo de canola

1 cebola picadinha

6 dentes de alho picadinhos

2 colheres (chá) de páprica doce

2 colheres (chá) de coentro moído

1 colher (chá) de cominho moído

¼ de xícara (chá) de farinha de trigo integral

2 colheres (sopa) de tamari

1½ colher (sopa) de pasta de umeboshi

sal marinho

ENCHILADAS

¼ de xícara (chá) de óleo de canola

12 tortilhas de milho

sal marinho

Creme azedo de tofu (página 104)

¼ de xícara (chá) de cebolinha picada

2 colheres (sopa) de coentro picado

Feijão e caldo: Em uma panela grande de fundo grosso, ponha 7 xícaras (chá) de água, o feijão e a kombu, e leve ao fogo alto. Quando a água ferver, abaixe o fogo para médio a brando, tampe a panela e deixe cozinhar por 1h30 ou até o feijão e a kombu ficarem macios. Escorra o feijão e reserve o caldo. Você deve obter cerca de 3 xícaras (chá) de caldo. Devolva o feijão e a kombu à panela, e amasse com um amassador de batatas – deixe alguns grãos de feijão inteiros, mas amasse completamente a kombu. Reserve. Acrescente a água restante ao caldo do feijão, apenas o suficiente para obter um total de 5 xícaras (chá) de caldo, e reserve.

Molho: Em uma panela grande de fundo grosso, aqueça o óleo em fogo médio a alto. Acrescente a cebola e o alho. Frite até a cebola ficar macia e começar a dourar. Junte a páprica, o coentro e o cominho. Misture a farinha. Acrescente o caldo de feijão reservado, mexendo bastante para incorporar bem todos os ingredientes. Coloque o tamari e a pasta de umeboshi. Cozinhe devagar, por 10 minutos, mexendo de vez em quando, até o molho engrossar e os sabores ficarem mesclados. Acerte o sal e a pimenta. Reserve.

Enchiladas: Preaqueça o forno a 175 °C. Coloque 2 xícaras (chá) do molho no fundo de uma fôrma refratária (26 x 18 x 4 cm).

pratos principais

Aqueça ¼ de xícara (chá) de óleo em uma grande frigideira de ferro em fogo médio a alto. Frite as tortilhas no óleo, uma a uma, até que fiquem ligeiramente crocantes mas bastante flexíveis (20 segundos de cada lado devem ser suficientes). Coloque as tortilhas fritas sobre folhas de papel-toalha para absorver o excesso de gordura. Se necessário, acrescente mais óleo na frigideira.

Misture ¾ de xícara (chá) do molho ao feijão amassado e acerte o sal.

Coloque uma tortilha sobre uma superfície de trabalho, ponha colheradas generosas do recheio de feijão no centro e enrole; as enchiladas devem ficar com cerca de 2 cm de diâmetro. Repita com as demais. Arrume-as na fôrma refratária com a emenda virada para baixo.

Espalhe o restante do molho por cima das enchiladas. Asse por 30 minutos ou até o molho borbulhar e elas ficarem bem aquecidas. Decore com creme de tofu e cebolinha e coentro picados.

Dica de preparo antecipado: Para fazer as enchiladas com antecedência, enrole-as e reserve-as em uma travessa sem o molho, para não ficarem empapadas. Reserve o molho pronto separado. As enchiladas e o molho podem ser conservados separados por até 2 dias na geladeira, em recipiente bem tampados. Pouco antes de servir, monte o prato como está indicado na receita.

caldeirão de legumes com tofu acompanhado de arroz com gergelim

Esta receita é a simplicidade personificada, já que se trata de um único prato composto de legumes coloridos cozidos em um caldo aromático. Se você tiver uma panela bem vistosa, leve-a do fogão à mesa, e sirva uma convidativa refeição familiar. Outra qualidade desta receita é que ela é muito flexível, você pode incluir qualquer legume que tenha à mão. As hortaliças são colocadas uma a uma, e o sabor delas é realçado pelo mirin. Meus filhos disputam quem vai comer até o fim esse caldo delicioso. A praticidade do preparo e a versatilidade da receita tornam esta refeição mais do que perfeita. **Rende 4 porções**

1 cebola média

2 xícaras (chá) de brócolis dividido em floretes

450 g de abóbora-japonesa (cabochan) cortada em cubinhos

2 cenouras médias cortadas com corte oblíquo (página 174)

¼ de repolho branco médio cortado em tiras de 1 cm sem o talo

230 g de ervilhas frescas em vagens aparadas

85 g de cogumelos shitake frescos miúdos sem os caules

¼ de colher (chá) de sal marinho

1 pedaço de 10 cm de gengibre fresco

⅔ de xícara (chá) de mirin

¼ de xícara (chá) mais 2 colheres (sopa) de tamari

400 g de tofu fresco firme escorrido cortado em cubinhos

1½ xícara (chá) de agrião sem os talos

Arroz com gergelim (página 146) ou macarrão sobá ou udon cozidos conforme instruções da embalagem

2 cebolinhas picadinhas

1 folha de alga nori cortada em tiras

Corte a cebola em quartos e coloque no centro de uma panela de ferro grande (mantenha as quatro partes da cebola juntas, sem desfazer). Em volta da cebola, arrume o brócolis, a abóbora, a cenoura, o repolho, as ervilhas e os cogumelos de modo atrativo, equilibrando as cores das hortaliças. Acrescente água suficiente para cobrir apenas o fundo da panela, cerca de 1 xícara (chá). Tempere por igual com o sal. Tampe a panela e leve ao fogo alto. Quando levantar fervura, abaixe o fogo para médio a brando e cozinhe por 12 minutos ou até que a abóbora esteja tenra, mas crocante.

Rale o gengibre sobre um papel-toalha ou pedaço de gaze. A seguir, junte as pontas do papel ou da gaze e, sobre uma tigela, esprema a polpa para extrair 2 colheres (chá) do sumo do gengibre. Misture o mirin e o tamari. Junte o tofu e mexa para temperar por igual.

Coloque a mistura de tofu sobre as hortaliças e cozinhe por cerca de 5 minutos, sem tampar a panela, ou até que o tofu fique aquecido. Junte o agrião e cozinhe por cerca de 2 minutos ou até o agrião murchar. Retire a panela do fogo e coloque no centro da mesa, sobre um suporte.

Divida o arroz entre os pratos ou tigelinhas e oriente que cada pessoa pegue as hortaliças que desejar, com palitos, e coloque sobre o arroz. Com uma colher grande, espalhe um pouco do caldo sobre os vegetais, em cada prato para quem quiser. Por cima de tudo, ponha as cebolinhas picadinhas e as tiras de nori.

Arroz com gergelim

Rende 4 porções

1 colher (sopa) de óleo de gergelim

4 xícaras (chá) de arroz cateto integral cozido (página 180)

¼ de xícara (chá) de gergelim torrado

4 dentes de alho picadinhos

Em uma panela grande de fundo grosso, aqueça o óleo em fogo médio. Coloque o alho e refogue por 30 segundos. Junte o arroz e o gergelim e misture ao alho. Cozinhe por 3 minutos ou até aquecer bem o arroz.

---

sumo de gengibre fresco

Muitas receitas pedem sumo do gengibre; além do Strudel de algas marinhas (página 195), você vai encontrar esse ingrediente adocicado e ao mesmo tempo picante na Sopa de missô com gengibre (página 98) e na Smoothie de maçã e gengibre (página 13). Retirar o sumo do gengibre fresco é fácil – e é muito mais saudável preparar na hora: basta ter o ralador adequado, próprio para ralar gengibre, que você encontra em lojas que vendem produtos orientais. Esses raladores não custam muito e são muito úteis, por exemplo, para ralar a casca de frutas cítricas. Siga as orientações que dou nas receitas e você vai obter um sumo aromático num piscar de olhos.

macarrão setsuan com molho picante de amendoim

Quando morava em Nova York, eu me apaixonei pela variedade de massas chinesas disponíveis em vários restaurantes étnicos da cidade. Ao mudar para Los Angeles, expressei minha vontade de comer noodles à moda setsuan em um encontro de negócios e me levaram a um restaurante chamado Café Szechuan. Mais tarde, quis o destino que eu abrisse meu primeiro restaurante nesse mesmo lugar. Embora eu goste muito desse macarrão apenas com o molho, modifiquei a receita incluindo alguns legumes frescos no prato.

Rende de 4 a 6 porções

MOLHO
¼ de xícara (chá) de gengibre fresco

6 dentes de alho

½ xícara (chá) de tamari

½ xícara (chá) de óleo de gergelim

¼ de xícara (chá) de xarope de agave

¼ de xícara (chá) de vinagre de arroz

¼ de xícara (chá) de pasta de amendoim cremosa

¼ de xícara (chá) de tahine

1 colher (chá) de pimenta-calabresa em flocos

MACARRÃO
1 colher (sopa) de óleo de gergelim

450 g de udon

3 colheres (sopa) de amendoim torrado e moído

3 cebolinhas picadas

1½ colher (sopa) de gergelim

Molho: Pique o gengibre e o alho em um processador. Acrescente o tamari, o óleo de gergelim, o xarope de agave, o vinagre, a pasta de amendoim, o tahine e a pimenta-calabresa. Bata até obter uma mistura cremosa e homogênea.

Macarrão: Ponha água para ferver em um caldeirão. Coloque o óleo de gergelim e, a seguir, o udon. Cozinhe por 7 minutos, mexendo sempre, ou até a massa ficar al dente. Escorra em uma peneira, e ponha o macarrão em uma tigela grande. Enquanto ainda estiver quente, misture com molho suficiente para temperar. Divida o macarrão entre as tigelas de servir, espalhe o amendoim, a cebolinha e o gergelim por cima e sirva a seguir.

Variação: Embora eu goste desse prato apenas com esse molho cremoso, acrescentar algumas hortaliças traz mais cor e nutrientes à receita. Em uma wok ou frigideira grande, aqueça 2 colheres (sopa) de óleo de gergelim em fogo médio. Acrescente 3 acelgas chinesas (bok choy) com as folhas separadas e cortadas em fatias, 1 pimentão vermelho e 1 amarelo cortados em tiras finas. Salteie as hortaliças por apenas 2 minutos, elas devem permanecer crocantes. Disponha-as sobre o macarrão e a seguir coloque o molho.

abóbora recheada com cozido sul-americano à moda vegana

Ao testar receitas para escrever um artigo para o *Vegetarian Times*, ofereci um jantar para saber como se sairiam as minhas criações. A abóbora recheada foi uma verdadeira revelação. Meus convidados tinham as mais variadas inclinações gastronômicas – desde adeptos de fast-foods a autênticos gourmets –, mas todos, sem exceção, se deliciaram com esse cozido robusto e substancioso. Essa reação foi muito importante para mim, pois percebi que todo mundo tem fome de alimentos nutritivos. **Rende de 6 a 8 porções**

- 8 damascos secos picados grosseiramente
- 6 ameixas secas picadas grosseiramente
- 1½ xícara (chá) de água quente
- 1 abóbora-japonesa (cabochan) inteira de cerca de 2 kg
- 3 colheres (sopa) de azeite de oliva
- 1 cebola picadinha
- 2 dentes de alho picadinhos
- 1 lata (380-400 g) de tomates pelados inteiros picados grosseiramente mais o caldo
- ¼ de xícara (chá) de concentrado de tomate
- 2 batatas cortadas em cubinhos
- 1 batata-doce cortada em cubinhos
- 1 pimentão vermelho pequeno cortado em cubinhos
- ½ xícara (chá) de milho verde cozido em conserva ou congelado
- 400 g de feijão-roxinho cozido e escorrido
- 1 colher (sopa) de mirin
- 1½ colher (chá) de sal marinho (ou mais a gosto)
- 1 colher (chá) de pimenta-do-reino moída na hora

Em uma tigelinha, coloque 1½ xícara (chá) de água quente, os damascos e as ameixas e deixe de molho por pelo menos 2 horas ou por uma noite. Essa água ficará bem adocicada, quase como um xarope. Escorra, e reserve a água.

Preaqueça o forno a 175 °C. Unte uma assadeira grande com um pouco de azeite. Lave bem a casca da abóbora e seque. Com uma faca afiada e pontuda, corte um círculo (de 6 a 8 cm de diâmetro) na parte de cima da abóbora e reserve a tampa. Retire os filamentos e as sementes e as fibras (lembre que eles podem ser usados em outro preparo). Coloque a abóbora e a tampa na assadeira untada. Passe azeite em toda a casca da abóbora para evitar que a parte externa resseque. Reserve.

Em uma panela de fundo grosso, aqueça as 2 colheres (sopa) de azeite restantes em fogo médio. Ponha a cebola e o alho e refogue por 3 minutos ou até a cebola ficar translúcida. Adicione os tomates e seu caldo e o concentrado de tomate. Mexa por 3 minutos

A nova culinária vegana

ou até agregar os ingredientes. Acrescente a batata, a batata-doce e a água da demolha das frutas secas e deixe cozinhar. Quando levantar fervura, abaixe o fogo para médio a brando, tampe a panela e deixe cozinhar devagar por 12 minutos ou até as batatas ficarem quase macias. Junte o pimentão, o milho verde, os damascos e as ameixas demolhados. Cozinhe sem a tampa por 3 minutos ou até o pimentão começar a amolecer. Acrescente o feijão, o mirim, o sal e a pimenta. Tampe a panela e cozinhe por 5 minutos ou até as batatas ficarem macias; elas não vão amolecer muito mais dentro da abóbora.

Com cuidado, despeje esse cozido dentro da abóbora e coloque a tampa. Reserve o cozido que não couber na abóbora, mantendo-o quente, para servir à parte.

Asse a abóbora por 1h15min ou até ficar macia. Para testar, espete um garfo; se ele entrar facilmente a abóbora está no ponto. Lembre que o tempo de forno vai depender do tamanho da abóbora. Se preferir, tire a tampa da abóbora e espete o garfo diretamente na polpa, para verificar se está macia.

Coloque a abóbora em uma travessa. Retire a tampa e corte-a em fatias com cerca de 3 cm de espessura, cortando a partir da borda. A abóbora deve ficar aberta como uma flor, e o cozido escorrendo por entre as fatias. Sirva cada fatia da abóbora e uma boa colherada do cozido para cada convidado.

pratos principais

técnicas de corte

RALAR é uma maneira prática de transformar ingredientes sólidos em pedacinhos. Existem raladores de todos tamanhos e formas, que se adaptam a vários tipos de uso. Antes de ralar gengibre, retire a casca com uma faquinha de legumes (não há necessidade de descascar o gengibre para extrair o sumo, como pode ver na página 146). Embora se possa usar qualquer ralador fino manual para ralar o gengibre, eu sempre indico um ralador próprio para esse uso. Quando o gengibre estiver chegando ao fim, cuidado com os dedos!

penne ao forno com couve-flor e molho de queijo

No lugar do penne, você pode usar qualquer massa curta de tamanho médio: fusilli, farfalle, concha. Descobri que as massas curtas sem glúten aguentam bem o forno, portanto fique à vontade para usá-las. O molho rende aproximadamente 5 xícaras (chá). Reservo ¾ de xícara (chá) do molho para espalhar sobre a massa no lugar do queijo de vegetal ralado, pois ele forma uma cobertura tão bonita, agradável e cremosa que substitui o visual gratinado. **Rende de 6 a 8 porções**

3 colheres (sopa) mais 1 colher (chá) de manteiga vegana

450 g de couve-flor dividida em floretes

¼ de xícara (chá) de levedura nutritiva

1 cebola pequena picadinha

3 dentes de alho picadinhos

1 lata (380-400 g) de tomates pelados escorridos

2 colheres (chá) de mostarda de Dijon

2 colheres (chá) de sal marinho

1 colher (chá) de páprica doce

½ colher (chá) de pimenta-do-reino branca moída na hora

2 xícaras (chá) de bebida de soja para uso culinário ou bebida de arroz

¼ de xícara (chá) de Creme de castanhas-de-caju (página 83)

230 g de queijo de vegetal tipo cheddar

340 g de penne ou outra massa curta de sua preferência

Preaqueça o forno a 190 °C. Unte uma assadeira (de 22 x 18 x 4 cm) com 1 colher (chá) de manteiga vegana.

Em um caldeirão com água fervente salgada, cozinhe a couve-flor por 5 minutos ou até ficar tenra e crocante. Retire a couve-flor da água com uma escumadeira e coloque em uma tigela. Reserve a água.

Em uma panela de fundo grosso, cozinhe a levedura em fogo médio a brando, mexendo sempre, por 2 minutos ou até dourar. Acrescente a manteiga restante, mexendo até que ela derreta e a mistura fique espumante. Junte a cebola, o alho, e a couve-flor.
Refogue por 5 minutos ou até a cebola começar a amolecer. Coloque o tomate e cozinhe por 2 minutos, para apurar o sabor. Misture a mostarda, o sal, a páprica e a pimenta-branca. Junte a bebida de soja, o creme de castanhas-de-caju e o queijo. Cozinhe por 2 minutos ou até o queijo derreter e a mistura engrossar ligeiramente. Mexa continuamente para o queijo não grudar no fundo da panela.

Leve o caldeirão de água de volta ao fogo alto. Quando a água ferver, coloque a massa aos poucos e cozinhe por 7 minutos, mexendo de vez em quando, ou até ficar al dente. Escorra.

Despeje a massa na assadeira untada. Misture o molho de couve-flor e queijo, reservando cerca de ¾ de xícara (chá). Espalhe o molho reservado sobre a massa. Cubra com papel-alumínio e leve ao forno para aquecer por 25 minutos.

Tire o papel-alumínio e deixe no forno por mais 10 minutos ou até o molho começar a dourar nas beiradas. Se desejar um dourado mais escuro, grelhe.

pratos principais

Variação: Para uma cobertura dourada e crocante, use migalhas de pão: é só misturar migalhas de pão fresco com um pouco de manteiga vegana derretida e espalhar sobre a massa antes de colocar no forno.

Dica de preparo: Este prato pode ser montado algumas horas antes, mas é preciso conservar em temperatura ambiente, coberto com papel-alumínio. Para servir, leve ao forno como indicado na receita.

Seitan é um ingrediente muito versátil usado pelos vegetarianos e veganos. O seitan é muito rico em proteína e tem textura parecida com a da carne. Muitas vezes ele é chamado de "carne vegetal".

o que é seitan?

O sabor das linguiças camponesas assadas, que uso na receita Linguiças de maçã com purê de batatas e inhame (página 162), é inigualável. As hortaliças e as ervas combinadas com uma base de seitan resultam em uma textura macia, muito parecida com a de linguiças tradicionais. Não costumo usar muito seitan na minha culinária, mesmo assim acho que é um produto importante, que as pessoas deveriam experimentar e incluir em sua dieta vegana.

despensa vegana

Legumes

Os legumes são o coração da dieta vegana: eles fornecem todas as vitaminas e minerais de que necessitamos para viver com boa saúde. Embora haja no mercado muitos produtos que substituem a carne e os laticínios, o veganismo é uma dieta à base de vegetais pela seguinte razão: consumir uma dieta rica em vegetais ajuda a baixar o colesterol, melhora a circulação e oferece ao organismo a variedade natural de vitaminas e minerais de que ele precisa para estar na sua melhor forma.

Os **vegetais de solo** são legumes com formato arredondado que crescem acima da terra; eles são ricos em vitaminas e minerais, inclusive antioxidantes betacarotenos. Entre elas, destaco: couve-flor, brócolis, abóbora, pepino, aspargo, salsão e muitos outros que você encontra ao longo deste livro. A abóbora passeia pela Salada de legumes cozidos com molho de umeboshi e cebolinha (página 204), por exemplo, e os aspargos coroam a Fritada de shitake, tofu e gergelim (página 17).

Os **tubérculos** crescem sob a terra; são carboidratos complexos e uma boa fonte de vitaminas e minerais. Exigem bastante esforço do corpo para serem digeridos, portanto, melhoram a digestão ao propiciar maior fluxo de sangue para as regiões abdominais; além disso propiciam calor. Talvez por isso os tubérculos são tidos como alimentos reconfortantes – como as batatas. Entre a longa lista de tubérculos estão ingredientes comuns como: cenoura, beterraba e rabanete; e alguns menos comuns, mas não menos nutritivos: nabo, erva-doce, inhame e bardana. Você vai encontrar esses e outros tubérculos nas receitas deste livro – o cozido estilo japonês Nishimê (página 197) é um delicioso exemplo.

pão de lentilhas com molho saboroso sem glúten

Com o passar do tempo, à medida que me tornei mais consciente da necessidade de limitar o meu consumo de trigo, procurei modificar minhas receitas preferidas para tirar o glúten. Fiz pequenas alterações no pão de lentilhas, um eterno favorito em meu restaurante, e consegui criar uma versão sem glúten nutritiva e gostosa. Esta receita é ótima para fazer quando se tem um tempinho extra e se quer impressionar a família e os amigos. Embora dê um pouco mais de trabalho do que a maioria das refeições simples, esse pão vale o esforço e o tempo despendidos. (Mais sobre culinária sem glúten na página 161.)

Rende 8 porções

1 abóbora-cheirosa pequena (900 g) cortada em cubos

3½ colheres (sopa) de azeite de oliva

1¼ colher (chá) de sal marinho

5 xícaras (chá) de água

1 xícara (chá) de lentilhas

1 xícara (chá) de painço

1 cebola grande picada

3 dentes de alho picadinhos

2 talos de salsão cortados em cubinhos

1 cenoura média sem casca cortada em cubinhos

2½ colheres (sopa) de alecrim picado

1½ colher (sopa) de tomilho

1½ colher (chá) de orégano picado

1 xícara (chá) de aveia sem glúten

¾ de xícara (chá) de salsinha picada

½ xícara (chá) de amêndoas picadinhas

¼ de xícara (chá) de missô diluído em 3 colheres (sopa) de água

Molho saboroso sem glúten (página 157)

Preaqueça o forno a 190 ºC. Forre uma assadeira grande com papel-manteiga. Em uma tigela, coloque a abóbora com 2 colheres (sopa) de azeite e ½ colher (chá) de sal, e mexa para temperar por igual. Espalhe a abóbora na assadeira. Leve ao forno por 50 minutos ou até a abóbora ficar bem macia. Coloque-a ainda quente no processador e bata até obter um purê homogêneo e cremoso. Reserve. Mantenha o forno quente.

Em uma panela de fundo grosso, em fogo alto, ferva a água. Coloque a lentilha e cozinhe por 5 minutos. Acrescente o painço e ½ de colher (chá) de sal e abaixe o fogo para médio a brando. Tampe a panela e cozinhe por 30 minutos ou até a lentilha e o painço absorverem o líquido e ficarem macios.

Em um caldeirão ou frigideira grande, aqueça 1 colher (sopa) de azeite em fogo médio a alto. Ponha a cebola e o alho para fritar por 30 segundos ou até começarem a soltar seu aroma. Junte o salsão, a cenoura, o alecrim, o tomilho e o orégano; refogue por 9 minutos ou até as hortaliças ficarem tenras e crocantes.

pratos principais

Em uma tigela grande, coloque a lentilha e o painço cozidos, as hortaliças, a aveia, a salsinha, as amêndoas, o missô e o sal restante. Mexa bem e junte o purê de abóbora. Misture até obter uma massa homogênea.

Unte uma assadeira quadrada (16 cm) com ½ colher (sopa) de azeite. Espalhe a massa do pão por igual. Leve ao forno por 45 minutos ou até a massa ficar dourada nas bordas.

Corte em quadrados. Sirva com o molho sem glúten.

MOLHO SABOROSO SEM GLÚTEN

Rende 4 xícaras

½ xícara (chá) de levedura nutritiva

¼ de xícara (chá) de farinha sem glúten

⅓ de xícara (chá) de azeite de oliva

½ xícara (chá) de cebola picadinha

2 colheres (chá) de alho picadinho

2 colheres (chá) de tomilho fresco ou 1 colher (chá) do seco

2 colheres (chá) de sálvia fresca picadinha ou 1 colher (chá) da seca

1 colher (sopa) de linhaça moída (opcional)

4 xícaras (chá) de água

¼ de xícara (chá) de tamari

¾ de colher (chá) de pimenta-do-reino moída na hora

Em uma frigideira de ferro, misture a levedura e a farinha e leve ao fogo médio por 5 minutos ou até a mistura ficar ligeiramente dourada e perfumada. Reserve.

Em uma panela de fundo grosso, aqueça o azeite em fogo médio. Refogue a cebola por 8 minutos ou até começar a dourar. Acrescente o alho, o tomilho e a sálvia e refogue por 30 segundos ou até começar a soltar os aromas. Junte a mistura de farinha e a linhaça. A seguir, ponha a água, o tamari e a pimenta. Deixe o molho ferver em fogo médio a alto, mexendo sempre. Continue cozinhando até o molho engrossar.

Esse molho dura 2 dias na geladeira, em recipiente bem tampado. Antes de servi-lo, leve o molho ao fogo médio e deixe ferver, mexendo de vez em quando.

tempeh com crosta de nozes-pecãs acompanhado de purê de batata-doce com coco

Esse prato me traz saudade da minha infância em Memphis. Os sabores das nozes-pecãs, das batatas-doces e do fubá ajudam a definir a culinária sulista, e adoro combiná-los em minha cozinha, trazendo para a Califórnia, onde moro hoje, um pouco dos costumes do Sul dos Estados Unidos. Uma dica para fazer com que o purê fique esplêndido: os pedaços de coco devem ser amalgamados às batatas-doces amassadas – que podem ser substituídas por inhame (e também fica uma delícia). **Rende 4 porções**

TEMPEH

½ xícara (chá) de tamari

¼ de xícara (chá) de água

2 colheres (sopa) de alho picadinho

2 colheres (sopa) de gengibre picadinho

2 colheres (sopa) de xarope de bordo

2 colheres (chá) de tomilho seco

2 colheres (chá) de óleo de gergelim

uma pitada de pimenta-de-caiena

230 g de tempeh cortado em triângulos

1 xícara (chá) de nozes-pecãs

½ xícara (chá) de fubá

½ colher (chá) de sal marinho

uma pitada de pimenta-do-reino branca moída na hora

½ xícara (chá) de farinha de espelta

½ xícara (chá) de bebida de soja para uso culinário

óleo para fritar

PURÊ

5 batatas-doces pequenas (700 g) sem casca cortadas em cubos

1 xícara (chá) de leite de coco aquecido

¼ de xícara (chá) de coco ralado sem açúcar tostado

sal marinho e pimenta-do-reino moída na hora a gosto

Tempeh: Em uma frigideira grande de fundo grosso, misture o tamari, a água, o alho, o gengibre, o xarope de bordo, o tomilho, o óleo de gergelim e a pimenta em pó. Forme uma camada de tempeh sobre esses temperos. Deixe ferver em fogo alto, depois abaixe o fogo para médio a brando e cozinhe devagar por 10 minutos, virando o tempeh depois de 5 minutos. Retire a frigideira do fogo e deixe esfriar.

No processador, bata as nozes-pecãs, usando o botão pulsar, até ficarem bem picadas, mas cuidado para não processar demais e transformá-las em uma pasta. Acrescente o fubá e misture, usando o botão pulsar, até obter uma farofa com textura bonita, sem pedaços visíveis de nozes-pecãs. Tempere com sal e pimenta a gosto.

Coloque a farinha de espelta, a bebida de soja e a mistura de nozes-pecãs em 3 pratos separados. Pegue um pedaço de tempeh já frio por vez, passe na farinha, depois na bebida de soja e por fim na mistura de nozes e fubá. Os triângulos de tempeh devem ficar totalmente empanados.

Em uma frigideira grande, coloque óleo até atingir uma altura de cerca de 4 cm. Aqueça em fogo médio até atingir a temperatura de 175 °C, usando um termômetro de cozinha para controlar. Frite os triângulos de tempeh empanados por 2 minutos de cada lado, ou até ficarem crocantes e dourados. Coloque sobre folhas de papel-toalha para absorver o excesso de gordura.

Batata-doce: Coloque as batatas-doces em uma panela grande cheia de água e leve ao fogo alto. Quando levantar fervura, abaixe o fogo e cozinhe por mais 30 minutos ou até ficarem macias. Escorra e dispense a água.

Amasse as batatas-doces no processador. Com a máquina em funcionamento, adicione o leite de coco e o coco ralado; bata até obter um purê homogêneo. De vez em quando, raspe as laterais da tigela. Isso também pode ser feito à mão, com a ajuda de um amassador e um batedor. Tempere com sal e pimenta a gosto.

Para servir: Arrume dois triângulos de tempeh ao lado de uma boa colherada do purê.

pratos principais

Nos últimos anos, a incidência de alergias e intolerância ao glúten, bem como o número de pessoas com diagnóstico de doença celíaca (doença autoimune causada pela reação ao glúten do trigo), tem aumentado, por isso os alimentos que não contêm glúten estão se tornando cada vez mais populares. Embora eu não tenha alergia a glúten nem essa doença, percebi uma melhoria profunda no meu bem-estar depois que decidi reduzir a quantidade de trigo e de glúten na minha dieta. Desde que estabeleci essa relação, procurei maneiras de adaptar minhas receitas preferidas, para fazê-las sem glúten.

Isso não é fácil, mas tenho me saído bem. Hoje em dia, existem muitos produtos para quem adota uma alimentação sem glúten, inclusive misturas para bolos, bolachas, e até cereais. Os restaurantes também têm incluído pratos sem glúten no cardápio. A dificuldade de tirar o glúten da alimentação é que ele entra no preparo de quase todos os pratos — ingerimos glúten sem perceber tanto em pratos feitos em casa como nos prontos e consumidos em restaurantes. Mesmo cozinhando em casa, é preciso estar constantemente atento, pois o glúten aparece nas receitas mais singelas — por exemplo, no tamari e nos hambúrgueres vegetais.

eliminando o glúten

O que é o glúten, afinal? O glúten é um tipo específico de proteína comumente encontrado no trigo, no centeio e na cevada — farinhas predominantes em nossa dieta. Por sorte, nem todos os alimentos da família dos grãos contêm glúten. O arroz, o milho, o trigo-sarraceno, o painço, o amaranto e a quinoa, por exemplo, não contêm glúten. Durante algum tempo, acreditou-se que a aveia continha algum glúten, mas já ficou provado que apenas a aveia processada em máquinas que eram usadas para processar trigo ficava contaminada com o glúten, causando reações alérgicas intensas nas pessoas mais sensíveis ao trigo. Ao consumir aveia, leia a embalagem com cuidado para ter certeza de que a aveia que comprou não contém glúten, ou, melhor ainda, entre em contato com o fabricante. Quem reage ao glúten sabe que uma pequena exposição pode causar sintomas severos.

Para quem é alérgico ou tem a doença celíaca, está fora de questão: é imperativo seguir rigidamente uma dieta sem glúten, mas quem tem menos sensibilidade também deveria evitar o glúten, pois isso pode melhorar drasticamente a saúde e a energia.

Linguiças de maçã com purê de batatas e inhame

Um dia, meu amigo Scott me convidou para almoçar e me ofereceu uma linguiça vegana com mostarda incrível, acompanhada de uma linda salada. Educadamente, recusei, pois linguiças falsas nunca me apeteceram. Ele insistiu que eu experimentasse um bocadinho, e fico feliz de ter me aventurado! Fiquei fã de linguiças feitas de grãos, tanto que comprei algumas e comecei a experimentar, para ver se elas agradariam o pessoal lá de casa. Linguiças com purê de batatas são o melhor da "comida de pub britânico". Esse prato cai muito bem nas noites de inverno, ou quando se tem que alimentar um grupo de pessoas famintas. Se você usar linguiças prontas e não encontrar as de maçã, não tem problema: basta servir com o Molho saboroso sem glúten (página 157) para dar um sabor incrível ao prato! **Rende 4 porções**

2 colheres (sopa) de azeite de oliva

2 cebolas grandes cortadas em meias-luas finas

2 cebolas roxas grandes cortadas em meias-luas finas

3 dentes de alho picadinhos

½ colher (chá) de sal marinho

¼ de colher (chá) de pimenta-do-reino moída na hora

1 colher (sopa) de mirin

1 colher (sopa) de tamari

4 linguiças veganas de maçã cozidas e cortadas ao meio, no sentido longitudinal

Purê de batatas e inhame (página 163)

Molho saboroso sem glúten (página 157; opcional)

mostarda de Dijon a gosto (opcional)

Em uma frigideira de fundo grosso, aqueça metade do azeite em fogo médio a alto. Acrescente as cebolas, o alho, o sal e a pimenta, e refogue por 5 minutos, mexendo sempre, ou até as cebolas ficarem translúcidas. Misture o mirin e o tamari e cozinhe por 20 minutos, raspando os pedacinhos escuros no fundo da frigideira, ou até as cebolas ficarem levemente douradas.

Pouco antes de servir, em outra frigideira, aqueça o azeite restante em fogo médio a alto. Coloque as linguiças e frite por 1-2 minutos, até dourarem.

Faça um leito de purê de batatas e inhame no centro de cada prato e arrume a linguiça e as cebolas refogadas por cima. Decore com o molho e, se desejar, sirva a mostarda à parte.

pratos principais

Purê de batatas e inhame

Rende 4 porções

4 batatas para purê grandes cortadas em cubos

2 inhames médios sem casca cortados em cubos

3 colheres (sopa) de manteiga vegana

⅔ de xícara (chá) de bebida de soja para uso culinário quente

2 colheres (chá) de alecrim picado

2 colheres (chá) de cebolinha picadinha

sal marinho e pimenta-do-reino moída na hora a gosto

Em uma panela grande com água salgada, cozinhe a batata e o inhame por 25 minutos ou até ficarem macios. Escorra e dispense a água.

Devolva a batata e o inhame à panela e mexa, em fogo médio a alto, por cerca de 2 minutos, até secarem. Retire do fogo. Acrescente a manteiga e amasse grosseiramente até obter um purê rústico. Adicione bebida de soja suficiente para umedecer, até obter uma consistência cremosa. Por último, o alecrim (reserve um pouco para decorar) e a cebolinha. Acerte o sal e a pimenta.

Arrume o purê em uma travessa, decore com o alecrim reservado e sirva a seguir.

tempeh de bordo e mostarda com cozido de legumes

Este é um delicioso cozido para o inverno, com uma variedade de hortaliças coloridas e saborosas. A marinada do tempeh tem dupla função nesta receita, uma delas é enriquecer o sabor do cozido. Este prato pode ser acompanhado com uma variedade de grãos, como arroz integral, ou até quinoa. **Rende 4 porções**

TEMPEH

⅓ de xícara (chá) de tamari

¼ de xícara (chá) de água

3 colheres (sopa) de xarope de bordo

2 colheres (sopa) de mostarda de Dijon

2 colheres (sopa) de alho picadinho

2 colheres (sopa) de gengibre picadinho

2 colheres (sopa) de tomilho

4 colheres (chá) de alecrim picado

2 colheres (chá) de óleo de gergelim

1 colher (chá) de pimenta-do-reino moída na hora

230 g de tempeh cortado em cubinhos

COZIDO

2 colheres (sopa) de azeite de oliva

1 cebola grande cortada em cubinhos

3 dentes de alho picadinhos

4 batatas pequenas (110 g) cortadas em cubinhos

2 inhames grandes (500 g) cortados em cubinhos

2 cenouras médias cortadas com corte oblíquo (página 174)

2 mandioquinhas sem casca cortadas com corte oblíquo (página 174)

2 talos de salsão cortados em fatias grossas

1 bulbo de erva-doce cortado em cubos

2½ xícaras (chá) de água

pimenta-do-reino moída na hora a gosto

Tempeh: Em uma tigela média, misture o tamari, a água, o xarope de bordo, a mostarda, o alho, o gengibre, o tomilho, o alecrim, o óleo de gergelim e a pimenta. Coloque o tempeh e mexa para temperar por igual. Tampe e deixe marinando em temperatura ambiente por pelo menos 30 minutos, virando de vez em quando. Se preferir, tampe a tigela e reserve na geladeira até o dia seguinte.

Cozido: Em um caldeirão grande de fundo grosso, aqueça o azeite em fogo médio a alto. Refogue a cebola e o alho por cerca de 4 minutos ou até a cebola ficar translúcida. Adicione a batata, o inhame, a cenoura, a mandioquinha, o salsão e a erva-doce. Cozinhe por 5 minutos ou até as hortaliças soltarem sumo. Despeje a água e mexa. Ponha o tempeh marinado e a marinada. Abaixe o fogo para médio a brando.

Tampe a panela e deixe cozinhar devagar, mexendo cuidadosamente de vez em quando, por 25 minutos ou até os legumes ficarem macios. Se necessário, acrescente mais água para formar molho suficiente para cobrir os legumes. Tempere com sal e pimenta a gosto.

pratos principais

Para ter bons caldeirões e panelas de qualidade, é preciso um investimento vultoso, mas os anos de trabalho pesado que esses equipamentos vão enfrentar compensarão cada centavo. Se cuidar bem deles, vão durar a vida toda – talvez mais, como demonstra uma peneira que herdei de minha avó. As panelas de aço inoxidável de melhor qualidade muitas vezes têm o fundo de alumínio e cobre para conduzir melhor o calor, já o aço inoxidável ajudar a reter o calor e a cozinhar o alimento em uma temperatura estável e consistente.

caldeirões e panelas

Panelas de ferro fundido e ferro esmaltado também valem o investimento. São campeãs quando se trata de cozimento lento, uma técnica que favorece a maioria das receitas deste livro.

Embora todo cozinheiro queira usar caldeirões e panelas com alta capacidade de calor, há fatores ambientais que devem ser levados em consideração. Os materiais de alta condutividade térmica – inclusive o aço inoxidável, o ferro e o cobre – aquecem rapidamente, portanto precisam de menos gás ou eletricidade para cozinhar, e distribuem calor de modo mais uniforme. As panelas mais pesadas têm mais metal que as mais finas, portanto conservam o calor, o que é ótimo para o cozimento de grãos e hortaliças.

Embora sejam artigos caros, não é preciso estourar o orçamento. Pode-se montar uma coleção aos poucos, peça por peça. Fique de olho em promoções nas lojas especializadas e nos grandes portais de compra.

Rolinhos de lasanha com ricota de tofu e molho de tomate

Essa é uma maneira inédita de usar as placas de massa de lasanha. Em vez de montar em camadas, as placas são recheadas com uma mistura de ricota vegana e legumes e enroladas, como se fossem canelones. A minha ricota de tofu leva tofu, missô e tahine – essa combinação resulta em um creme com consistência cremosa e fácil de espalhar. O preparo do molho de tomate não leva mais do que 10 minutos; se sobrar molho, sirva-o no dia seguinte com arroz ou macarrão. **Rende 6 porções (12 rolinhos)**

2½ colheres (sopa) de azeite de oliva

2 cebolas cortadas em rodelas finas

6 dentes de alho picadinhos

2 colheres (sopa) de manjericão picado

1 colher (chá) de sal marinho

½ colher (chá) de pimenta-do-reino moída na hora

3 cenouras médias cortadas em cubinhos

2 abobrinhas cortadas em cubinhos

1 brócolis sem os talos picado

2 xícaras (chá) de Ricota de tofu (página 169)

12 lâminas de massa de lasanha preparada sem ovos

3 xícaras (chá) de Molho de tomate (página 169)

Preaqueça o forno a 175 °C.

Em uma frigideira grande de fundo grosso, aqueça 1 colher (sopa) de azeite em fogo médio a alto. Coloque a cebola, o alho, o manjericão, o sal e a pimenta. Refogue por 10 minutos ou até a cebola ficar translúcida. Junte a cenoura, a abobrinha e o brócolis; refogue por 12 minutos ou até a cenoura ficar macia mas crocante. Deixe esfriar completamente em uma tigela. Junte a ricota de tofu aos legumes e misture.

Em um caldeirão com água fervente salgada, cozinhe a massa por 10 minutos, mexendo sempre, ou até ficar al dente; ela deve ficar um pouco firme, já que o cozimento se completará no forno. Escorra e enxágue a massa. Derrame o azeite restante sobre ela, para evitar que grude.

Unte uma fôrma refratária (26 cm x 18 cm x 4 cm) com o azeite restante. Espalhe 1 xícara (chá) de molho de tomate no fundo da fôrma. Coloque uma placa de massa sobre uma superfície de trabalho. Espalhe cerca de ½ xícara (chá) de recheio, deixando livre cerca de 1 cm de cada ponta. Enrole como se fosse um rocambole, e coloque na fôrma com a emenda virada para baixo. Ao final, espalhe o molho de tomate restante sobre os rolinhos.

Cubra a fôrma com papel-alumínio. Leve ao forno por 55 minutos ou até o molho começar a borbulhar. Retire o papel e asse por mais 15 minutos.

A nova culinária vegana

Para espalhar o recheio sobre as lâminas de lasanha, uso uma espátula, deixando cerca de 1 cm de cada ponta sem cobrir. A seguir, enrolo cuidadosamente a massa, como se fosse um rocambole. Ao colocar na fôrma, deixo a emenda virada para baixo para o recheio não escapar.

pratos principais

RICOTA DE TOFU

Quando processado, o tofu oferece a este queijo vegano uma consistência cremosa que lembra a da ricota. Esta receita entrou no meu primeiro livro e, já que é ótima, por que modificá-la? **Rende 3 xícaras**

- 400 g de tofu firme, escorrido e cortado em quartos
- ⅔ de xícara (chá) de missô
- ⅔ de xícara (chá) de água
- ½ xícara (chá) de tahine
- ¼ de xícara (chá) de azeite de oliva
- 5 dentes de alho grandes
- 1½ colher (chá) de manjericão seco
- 1½ colher (chá) de orégano seco
- ¾ de colher (chá) de sal marinho

Em um processador, junte todos os ingredientes e bata até obter uma mistura cremosa e homogênea.

Este queijo dura 2 dias na geladeira, em recipiente bem tampado.

MOLHO DE TOMATE

Este molho de tomate é simples e perfeito. O segredo é usar concentrado de tomate, produto fácil de encontrar em qualquer supermercado ou mercearia. Se puder, escolha ingredientes orgânicos. **Rende 4 xícaras**

- ¼ de xícara (chá) de azeite de oliva
- 4 cebolas roxas cortadas em rodelas finas
- 3 dentes de alho picadinhos
- ½ colher (chá) de sal marinho
- 2 latas (340 g cada) de concentrado de tomate
- 1 xícara (chá) de água
- 2 colheres (sopa) de manjericão picado
- 1 colher (chá) de orégano picado

Em uma panela de fundo grosso, aqueça o azeite em fogo médio a alto. Acrescente a cebola, o alho, o sal e refogue por 20 segundos ou até a cebola ficar translúcida. Junte a polpa de tomate e a água. Assim que levantar fervura, abaixe o fogo e cozinhe lentamente por uns 20 minutos, mexendo de vez em quando, para que os sabores se mesclem. Retire do fogo. Junte o manjericão e o orégano.

despensa vegana

proteína vegetal

As proteínas vegetais são fundamentais em uma alimentação saudável e sem carne, e vale a pena adicioná-las a qualquer dieta. Ricas em carboidratos e fibras, elas conferem textura e mais sabor aos pratos. As proteínas vegetais são nutritivas, podendo enriquecer saladas, sopas e acompanhamentos. Procure se manter informado sobre elas, encontradas nos feijões, nos produtos de soja, e até em nozes e castanhas.

FEIJÕES, ERVILHAS E LENTILHAS SÃO LEGUMINOSAS. Ricas em carboidratos, fibras, ferro e ácido fólico, têm mais proteína que qualquer outro vegetal. Existe muito feijão pronto de boa qualidade, mas, se você tem tempo, vale a pena prepará-lo em casa. Embora seja necessário deixar de molho por um bom tempo (isso só significa planejar com antecedência), cozinhar o feijão permite que você controle o sal e não ingira estabilizantes e conservantes.

Houve um tempo em que eu não comia feijão – por nenhuma razão especial, apenas porque não apreciava muito. Quando voltei a comer, me apaixonei por ele, como se tivesse me reencontrado com um sabor amigável. Ele agrada muito porque é muito simples e de fácil preparo. Não é difícil dar sabor a ele.

Você vai encontrar muitos pratos com feijão neste livro, estrelando em sopas, como a Sopa de feijão-azuqui (página 90) e a Sopa de feijão-fradinho com pimentão vermelho (página 101); em pratos mais substanciosos, como as Enchiladas de feijão-rajado (página 142) e a Abóbora recheada com cozido sul-americano à moda vegana (página 148); e até combinado com legumes, na Salada de lentilhas e erva-doce (página 190).

pratos principais

A soja é mais rica em gorduras e proteína do que qualquer outro grão; é também mais difícil de digerir devido a uma enzima inibidora de tripsina. Deixar de molho, cozinhar e fermentar a soja elimina esse inibidor de tripsina. A soja pode ser consumida de diversas formas; experimente, por exemplo, o edamame, o tempeh e o tofu.

edamame é um preparado de grãos de soja verdes, na vagem, colhidos antes de amadurecer (e antes que o inibidor de tripsina esteja completamente desenvolvido). Pode ser encontrado na seção refrigerada de supermercados e comprado com ou sem a vagem. Quando você cozinha para crianças, recomendo comprar o edamame na vagem e fervê-lo em água salgada. As crianças pequenas geralmente se divertem ao descascá-lo antes de comer.

tempeh é um bolo de soja fermentado; é mais rico em proteína, fibras e vitaminas do que o tofu. Também tem uma textura mais firme e um sabor mais forte. O tempeh é uma escolha excelente para quem tem dificuldade de digerir alimentos vegetais ricos em proteína, como o feijão e o tofu. Experimente o Tempeh de bordo e mostarda com cozido de legumes (página 164), na Salada de agrião e alface com cuscuz marroquino, tempeh de laranja e manjericão com molho de missô (página 128) e, claro, no Bacon de tempeh e bordo (página 25).

tofu ou coalhada de soja é o resultado da coagulação de uma bebida de soja sem açúcar, que depois é pressionada em blocos. O tofu tem pouco sabor e aroma, portanto, pode ser usado tanto em pratos doces quanto salgados; ele costuma ser temperado ou marinado de acordo com o prato.

Ao longo de décadas, o tofu adquiriu uma péssima reputação, pois era o principal componente de uma culinária vegetariana insípida. Mas garanto que ele é muito versátil e, acredite, saboroso. Experimente-o no Mexido de tofu com cebola caramelizada e tomate seco (página 22), no cremoso Molho de chipotle (página 112) e na deliciosa Torta de chocolate com castanhas-de-caju (página 237).

Feijão-vermelho com tempeh condimentado acompanhado de pão de milho apimentado

Cresci adorando pimenta e pão de milho. Encontrava minhas pimentas preferidas em restaurantes de cidades pequenas e à beira de estradas. Quando me tornei vegetariana, foi fácil substituir a carne; o difícil foi recriar sua consistência suculenta, quase cremosa. Nesta receita, encontrei a resposta: peguei um dos pratos preferidos da minha infância e transformei-o em vegano. O acréscimo da cerveja dá um efeito adulto opcional; ela pode facilmente ser substituída por um bom caldo de legumes ou até água. O toque do xarope de bordo escurece o sumo dos tomates, dando-lhe uma linda cor amarronzada e sabor acentuado.

Rende de 6 a 8 porções

- 2 colheres (sopa) de azeite de oliva
- 1 cebola picadinha
- 2 cenouras médias cortadas em cubinhos
- 1 colher (sopa) mais 2 colheres (chá) de alho picadinho
- 2 talos de salsão cortados em fatias
- 1 pimentão vermelho cortado em cubinhos
- 1 pimenta jalapeña pequena picada
- 420 g de feijão-vermelho cozido com o caldo
- 1 lata (380-400 g) de tomates pelados com o caldo amassados
- 2 xícaras (chá) de água
- 2 colheres (chá) de orégano seco
- 2 colheres (chá) de cominho moído
- 1½ colher (chá) de páprica doce
- 1¼ colher (chá) de sal marinho
- 220 g de tempeh
- 1 colher (chá) de pimenta-calabresa em flocos
- 1 lata de cerveja (350 ml)
- 2 colheres (chá) de xarope de bordo
- ½ xícara (chá) de coentro picadinho

Em uma panela de fundo grosso, aqueça 1 colher (sopa) de azeite em fogo médio. Ponha a cebola, a cenoura, 1 colher (sopa) de alho, e refogue por 5 minutos ou até a cebola amolecer. Junte o salsão, o pimentão e a pimenta jalapeña. Refogue por 5 minutos ou até o pimentão ficar tenro. Junte o feijão com o caldo, os tomates, a água, o orégano, o cominho, 1 colher (chá) de páprica doce e 1 colher (chá) de sal. Tampe a panela e cozinhe por 15 minutos, até os legumes ficarem macios e seus sabores, mesclados.

Rale o tempeh no processador ou com um ralador grosso. Em uma tigela média, junte o tempeh ralado com o restante do alho, da páprica e do sal e a pimenta-calabresa. Em uma panela grande de fundo grosso, aqueça o azeite restante em fogo médio a alto. Acrescente a mistura de tempeh e refogue por 8 minutos ou até dourar. Adicione a cerveja e misture bem para soltar os pedacinhos do fundo da panela.

pratos principais

Junte a mistura de tempeh ao feijão cozido, acrescente o xarope de bordo e cozinhe em fogo médio. Assim que levantar fervura, abaixe o fogo e cozinhe lentamente por 1 hora, sem tampar a panela e mexendo de vez em quando, ou até o caldo engrossar. Junte o coentro. Sirva em tigelas individuais com um pedaço generoso de pão de milho apimentado.

Esta receita pode ser preparada com 2 dias de antecedência. Deixe esfriar e leve à geladeira em recipiente bem tampado. O caldo do feijão vai engrossar, por isso acrescente um pouco de água ao reaquecer o prato em fogo médio a brando.

pão de milho apimentado

Toda pimenta precisa da companhia de um pão de milho. Este é rápido e fácil – é minha receita de pão de milho básica, temperado com pimenta jalapeña e realçado pelo milho verde fresco. Se não for consumido todo de uma vez, não deixe de guardá-lo na geladeira, pois não dura muito. **Rende de 6 a 8 porções**

1½ colher (chá) mais ¾ de xícara (chá) de óleo de canola

3 xícaras (chá) de fubá

1 xícara (chá) de farinha de trigo integral

3½ colheres (chá) de fermento em pó

½ colher (chá) de sal marinho

1½ xícara (chá) de água

230 g de tofu macio embalado a vácuo

¾ de xícara (chá) de xarope de bordo

1½ xícara (chá) de milho verde fresco, descongelado ou em conserva escorrido

2 colheres (sopa) de pimenta jalapeña picadinha

Preaqueça o forno a 175 °C. Unte uma assadeira antiaderente quadrada de (18 x 18 cm) com 1½ colher (chá) de óleo.

Peneire o fubá, a farinha, o fermento e o sal em uma tigela grande. Reserve.

No liquidificador, bata a água, o tofu, o xarope de bordo e o restante do óleo até obter uma mistura homogênea. Junte as misturas de tofu e de fubá. Misture lentamente o milho verde e a pimenta. Transfira a massa para a assadeira untada.

Leve ao forno por 40 a 45 minutos, até que o pão de milho fique dourado e quebrado em cima. Enfiando um palito, ele deve sair seco. Corte o pão em quadrados e sirva quente.

técnicas de corte

O CORTE OBLÍQUO (roll cut ou obliqué) é ótimo para legumes duros e compridos, como cenoura, mandioquinha e nabo japonês (daikon). Coloque o legume sobre a tábua de cortar, fazendo um corte na diagonal (45º) para tirar um primeiro pedaço. Vire o legume (180º) e corte reto na mesma diagonal. Repita o procedimento no restante do legume.

tofu xadrez

Prepare um arroz integral fumegante para servir como simples pano de fundo aos abundantes sabores deste prato condimentado de inspiração asiática. Se quiser ainda mais picante, experimente acrescentar mais pimenta-calabresa. **Rende 4 porções**

TOFU

3 colheres (sopa) de tamari

⅓ de xícara (chá) de água

3 colheres (sopa) de xarope de bordo

1½ colher (sopa) de óleo de gergelim

1 colher (sopa) de alho picado

1 colher (sopa) de gengibre fresco picado

1 colher (chá) de pimenta-malagueta

1 colher (chá) de páprica doce

¾ de colher (chá) de pimenta-calabresa em flocos

½ colher (chá) de sal marinho

1 tofu fresco firme escorrido e cortado em cubinhos

FRITURA

2 colheres (sopa) de óleo de coco

1 cebola cortada em cubos de 2 cm

½ brócolis cortado em floretes grandes

1 pimentão vermelho cortado em cubinhos

1 cenoura grande sem casca cortada em meias-luas grossas

230 g de ervilhas na vagem

1½ colher (sopa) de polvilho doce dissolvido em 3 colheres (sopa) de água

½ xícara (chá) de amendoim torrado sem casca

Arroz integral cozido (página 180)

Tofu: Em uma travessa rasa, misture o tamari, a água, o xarope de bordo, o óleo de gergelim, o alho, o gengibre, a pimenta, a páprica, a pimenta-calabresa e o sal. Junte os cubinhos de tofu, virando com cuidado para temperar. Deixe marinando por 30 minutos, no mínimo, em temperatura ambiente, ou cubra e leve à geladeira até o dia seguinte.

Refogar: Em uma wok ou frigideira grande, aqueça o óleo de coco em fogo médio a alto. Coloque a cebola, o brócolis, o pimentão, a cenoura e as ervilhas e mexa e frite por uns 2 minutos, até os legumes ficarem tenros e crocantes. Junte o tofu e a marinada. Despeje aos poucos o polvilho doce dissolvido na mistura de tofu, refogando por 3 minutos, até o molho ferver e engrossar um pouco, aquecendo bem o tofu. Junte metade do amendoim e misture.

Para servir: Disponha o refogado em uma travessa e espalhe por cima o restante do amendoim. Sirva com o arroz.

supervitamina de legumes para o jantar

Quando tenho um dia cheio e já fiquei muitas horas cozinhando para os outros, nem sempre tenho vontade de comer muito depois. Não gosto de pular nenhuma refeição, pois não quero me flagrar à meia-noite revirando a geladeira e comendo qualquer coisa que encontrar. Quero algo nutritivo e saboroso, mas que não precise mastigar. É em noites assim que preparo num instante esta receita maravilhosa. **Rende 1 porção**

1 xícara (chá) de água de coco

4 folhas de couve crespa sem talo picadas grosseiramente

1 pepino pequeno sem casca picado grosseiramente

1 talo de salsão picado grosseiramente

½ cenoura sem casca ralada em fitas

½ pimentão vermelho picado grosseiramente

½ abacate sem casca e caroço

¼ de xícara (chá) de algas secas (página 198)

2 colheres (sopa) de suco de limão-siciliano fresco

1 colher (sopa) de coentro picado

1 colher (sopa) de missô

1 dente de alho picado

Bata todos os ingredientes no processador ou liquidificador potente em velocidade alta até obter uma mistura homogênea. Ela deve ficar encorpada e ser de um lindo verde não muito escuro.

Variações: Seja criativo e invente a sua vitamina de jantar. Experimente que texturas e sabores combinam melhor com seu apetite e paladar. Eis aqui algumas substituições e alternativas baseadas em muita degustação. Você pode acrescentar um ou mais desses ingredientes à mistura, ou deixar um ou dois de fora. O importante é que você goste.

- Alface, couve, acelga verde ou agrião, em vez de couve
- Abobrinha em vez de salsão
- Suco de laranja ou de limão em vez de limão-siciliano
- Endro, manjericão ou a sua erva fresca preferida em vez de coentro
- Uma pitada de sal em vez de missô
- Uma ou meia maçã sem casca e semente
- Linhaça hidratada (página 11) ou amêndoas hidratadas (página 11)
- Gengibre fresco ralado
- Uma pitada de pimenta-de-caiena
- Uma pitada de cominho moído
- Beterraba sem casca cortada em tiras

Grãos e legumes

Arroz integral **180**

Arroz integral com centeio e legumes coloridos **181**

Arroz basmati simples **182**

Arroz basmati com curry **183**

Salada de trigo-sarraceno com molho de gergelim **184**

Risoto de cevada com ervilhas, aspargos e alho-poró **185**

Cole slaw de yacon e cenoura **189**

Salada de lentilhas e erva-doce **190**

Abobrinha e couve-flor assadas **191**

Legumes ao forno **192**

Abóbora cozida com gengibre **193**

Strudel de algas marinhas **195**

Nishimê **197**

Kimpirá picante **200**

Cebolas cozidas ao molho de missô **203**

Salada de legumes cozidos com molho de umeboshi e cebolinha **204**

Trio de folhas verdes refogadas **206**

Batata-doce frita no forno **207**

Salada de batatas à moda sulista, com molho de estragão e mostarda **208**

grãos e legumes

Sua mãe sempre lhe disse para comer verduras, e ela tinha razão, claro. Não é segredo nenhum que as hortaliças são essenciais para uma boa saúde. Elas apresentam uma grande variedade de vitaminas, minerais e outros componentes vegetais conhecidos pelos benefícios na prevenção de doenças. As hortaliças são pobres em gorduras e calorias, o que significa que você pode comer um monte delas sem problema, e são uma excelente fonte de fibras, por isso nos sentimos saciados por mais tempo.

As hortaliças também estabelecem fortes vínculos entre o consumidor e o produtor. Quando a gente segura uma hortaliça nas mãos, talvez não saiba quem a cultivou, mas sabe que veio da terra e que é um alimento integral. Com a variedade de cores frescas e vibrantes e os sabores dos melhores produtos da estação, cozinhar hortaliças acaba sendo uma tarefa criativa. As técnicas de corte e de cozimento também ajudam a realçar cada ingrediente. Você vai encontrar inspiração em alguns dos meus pratos de legumes preferidos, como Abobrinha e couve-flor assadas (página 191), a Abóbora cozida com gengibre (página 193) e o Trio de folhas verdes refogadas (página 206).

Concordo com sua mãe a respeito dos vegetais, mas também acrescento grãos integrais à lista de alimentos que você deve consumir. Consumir hortaliças anda de mãos dadas com consumir grãos integrais – às vezes, numa mesma mordida, pois gosto de combinar hortaliças aos pratos de grãos integrais, dando-lhes mais cor e textura. A coisa mais importante a saber sobre os grãos é a diferença entre o produto integral e o processado. Já inventaram muita história para convencer as pessoas de que é possível obter a porção diária de grãos integrais em uma caixinha de cereal ou em pães reforçados. Embora se possa obter um tanto de grão integral nesses alimentos, em minha opinião eles são processados demais para serem considerados integrais.

Entre as opções muito saudáveis e nutritivas que reuni neste livro, recomendo as tigelas de grãos integrais, como o Arroz basmati com curry (página 183) e a Salada de trigo-sarraceno com molho de gergelim (página 184). Tendo as receitas deste capítulo como guia, você vai acrescentar facilmente grãos integrais a seu cardápio de modo delicioso e nutritivo.

arroz integral

Esta receita mostra como cozinhar o arroz integral. Você pode usar qualquer tipo de arroz integral – grãos curtos, como o cateto, grãos longos ou médios. Pode também experimentar algum arroz exótico, como o arroz preto, o vermelho ou o arroz tailandês, que podem ser encontrados em lojas de produtos naturais ou bons supermercados. Só o nome deles já nos entusiasma a cozinhar arroz todos os dias.

Rende de 4 a 6 porções

2 xícaras (chá) de arroz integral bem lavado

3½ xícaras (chá) de água

¼ de colher (chá) de sal

Em uma panela grande de fundo grosso, ponha o arroz, a água e o sal e leve ao fogo. Quando levantar fervura, abaixe o fogo, tampe a panela e deixe cozinhando lentamente, sem mexer, por 35 minutos ou até que o arroz fique macio e a água tenha sido absorvida. Retire do fogo. Deixe descansar por 5 minutos, tampado. Destampe e solte o arroz com um garfo. Tampe de novo e deixe mais 5 minutos descansando. Solte o arroz mais uma vez e sirva.

arroz integral com centeio e legumes coloridos

Ainda que eu goste muito de uma simples tigela de arroz integral, também gosto de incrementá-lo com grãos, hortaliças, condimentos e ervas. O centeio em grão (que pode ser substituído por trigo em grão) surpreende um pouco, pois é mais grudento que o arroz, e é integral, pois ainda não foi transformado em farinha. Os grãos de centeio e trigo quase foram esquecidos — as pessoas só os conhecem como ingredientes de pães —, mas eles ganham aroma frutado e consistência macia quando são torrados. **Rende de 4 a 6 porções**

1½ xícara (chá) de arroz cateto integral bem lavado

½ xícara (chá) de centeio ou de trigo em grãos

3½ xícaras (chá) de água

¼ de colher (chá) mais uma pitada de sal marinho

1 colher (chá) de azeite de oliva

1 dente de alho picadinho

1 cenoura média cortada em cubinhos

1 talo de salsão cortado em cubinhos

½ xícara (chá) de milho verde descongelado ou em conserva escorrido ou grãos de 2 espigas

1 colher (sopa) de endro fresco picado

Aqueça ligeiramente o fundo de uma frigideira de ferro grande (18 a 20 cm) em fogo médio a brando (ela não pode ficar fumegante). Coloque o arroz e o centeio. Mexa enquanto secam – cerca de 12 minutos ou até que o arroz fique dourado (o centeio, como tem um tom castanho, vai ficar mais escuro do que o arroz).

Em uma panela grande de fundo grosso, ferva a água com ¼ de colher (chá) de sal. Quando ferver, abaixe o fogo e coloque lentamente o arroz e os grãos de centeio. Tampe e deixe cozinhar, sem mexer, por 35 minutos ou até os grãos ficarem macios e a água secar. Retire a panela do fogo e deixe-a descansando por 5 minutos, tampada. Em seguida, solte o arroz com um garfo. Tampe de novo e deixe descansando mais 5 minutos.

Em uma panela de fundo grosso, aqueça o azeite, em fogo médio, e frite o alho por 20 segundos ou até começar a soltar o aroma. Coloque a cenoura, o salsão, os grãos de milho e o sal restante. Refogue os legumes até amolecerem um pouco (cerca de 3 minutos).

Junte os grãos cozidos em uma travessa com os legumes e o endro, e misture tudo com cuidado. Sirva em seguida.

arroz basmati simples

A Sopa de arroz com tomate e limão (página 93) pede um arroz aromático como o basmati, e nesta receita ensino a melhor maneira de cozinhá-lo. Gosto de usar menos água do que se pede em muitas receitas de grãos integrais, e prefiro ferver a água primeiro, e só depois acrescentar os grãos, para garantir que fiquem soltinhos. O arroz tailandês é outra variedade aromática que pode substituir o basmati. Se o consumo de arroz integral é novidade para você ou sua família, vai perceber que começar com grãos leves pode satisfazer mais. **Rende 4 porções**

3½ xícaras (chá) de água

2 xícaras (chá) de arroz basmati bem lavado

¼ de colher (chá) de sal marinho

Em uma panela grande de fundo grosso, ferva a água em fogo alto. Ponha o arroz e o sal, e deixe levantar fervura novamente. Abaixe o fogo, tampe a panela e cozinhe devagar — cerca de 35 minutos ou até o arroz amolecer e a água ser absorvida. Solte o arroz com um garfo e sirva em seguida.

arroz basmati com curry

Esta é outra sugestão para incrementar o arroz de cada dia. Nesta receita, tempero o arroz basmati com uma mistura de condimentos de acordo com sua origem indiana. **Rende de 4 a 6 porções**

1 colher (sopa) de azeite de oliva ou óleo de canola

2 dentes de alho picadinhos

½ colher (chá) de curry em pó

¼ de colher (chá) de cominho em pó

1 cebola pequena picada

½ colher (chá) de sal marinho

2 xícaras (chá) de arroz basmati bem lavado

3½ xícaras (chá) de água

1 pau de canela

1 xícara (chá) de ervilhas em conserva ou frescas

Em uma panela grande de fundo grosso, aqueça o azeite em fogo médio a alto. Coloque o alho, o curry e o cominho, e frite por alguns segundos ou até os aromas se soltarem. Junte a cebola e metade do sal, abaixe o fogo e refogue por 5 minutos ou até a cebola ficar transparente, mexendo de vez em quando. Acrescente o arroz e mexa, para envolver os grãos com o tempero. Coloque a água, o pau de canela e o sal restante; mantenha o fogo alto.

Quando levantar fervura, abaixe o fogo, tampe a panela e cozinhe cerca de 30 minutos ou até o arroz ficar macio e a água ser absorvida. Com cuidado, misture a ervilha no arroz, tampe a panela e deixe cozinhar por mais 2 minutos. Retire o pau de canela e, delicadamente, solte os grãos e as ervilhas. Arrume o arroz em uma travessa e sirva.

salada de trigo-sarraceno com molho de gergelim

O trigo-sarraceno tem uma coloração ligeiramente esverdeada e um sabor fresco de ervas. Quando esse grão é torrado, fica com um sabor mais forte de frutas oleaginosas e recebe o nome de "kasha", ingrediente muito comum na culinária da Europa Oriental. Esta receita pede o acompanhamento de Tempeh de mostarda (página 116), que você pode substituir pelo Bacon de tempeh e bordo (página 25) ou por Sementes de abóbora com tamari (página 54). O molho de gergelim é fácil de preparar, e traz alguns dos meus sabores preferidos. Tempere toda a salada com o molho ou sirva-o à parte. **Rende de 4 a 6 porções**

MOLHO

½ xícara (chá) de gergelim

¼ de xícara (chá) de água filtrada

2 colheres (sopa) de mirin

2 colheres (sopa) de vinagre de arroz

1 colher (sopa) de vinagre de umeboshi (opcional)

2 colheres (chá) de tamari

SALADA

1¾ xícara (chá) de água filtrada

1 xícara (chá) de trigo-sarraceno

½ colher (chá) de sal marinho

2 pepinos pequenos picadinhos

4 rabanetes picadinhos

½ xícara (chá) de chucrute escorrido e picado

Tempeh de mostarda (página 116)

Molho: Coloque o gergelim em uma peneira fina, lave em água corrente e deixe escorrer bem.

No liquidificador, bata a água, o mirin, os vinagres e o tamari. Junte o gergelim e, usando a tecla pulsar, triture ligeiramente as sementes (elas devem ficar visíveis). Reserve.

Salada: Em uma panela de fundo grosso, ferva a água em fogo alto. Ponha o trigo-sarraceno e o sal. Quando levantar fervura novamente, tampe a panela e abaixe o fogo para médio a brando. Cozinhe por 20 minutos ou até o trigo absorver a água e estiver amolecido. Solte os grãos com um garfo, transfira para uma travessa e deixe esfriar.

Misture o pepino, o rabanete, o chucrute e o tempeh ao trigo-sarraceno. Tempere a salada com uma colher do molho de gergelim.

risoto de cevada com ervilhas, aspargos e alho-poró

A cevada é encontrada sob a forma de farinha e de grãos integrais, que são muito nutritivos e podem ser preparados e saboreados como o trigo integral e o arroz. Deixe a cevada de molho de véspera para que os grãos fiquem com consistência mais macia. Como todo bom risoto, este prato pede atenção durante o cozimento, e deve ser servido imediatamente, para que os convidados apreciem a cremosidade. Se sobrar, prepare deliciosos bolinhos de arroz. **Rende de 4 a 6 porções**

5½ xícaras (chá) de água quente

¼ de xícara (chá) de azeite de oliva

2 alhos-porós (apenas a parte branca e verde-clara) cortados em rodelas finas

2 colheres (chá) de sal marinho

1½ xícara (chá) de cevada em grãos

¾ de xícara (chá) de vinho branco seco

¼ de xícara (chá) de salsinha picada

1 colher (sopa) de raspas de limão-siciliano (cerca de 2 limões)

1 colher (chá) de pimenta-do-reino moída na hora

170 g de aspargos aparados nas pontas e cortados na diagonal

280 g de ervilhas descongeladas ou 1½ xícara (chá) de ervilhas frescas

Ponha a água para aquecer. Em uma panela grande de fundo grosso, aqueça o azeite em fogo médio. Coloque o alho-poró e salpique 1 colher (chá) de sal. Refogue por 6 minutos ou até o alho-poró amolecer. Junte a cevada e mexa bem para temperar no azeite. Despeje o vinho branco e cozinhe por 3 minutos, em fogo médio, mexendo sempre até o álcool evaporar. Acrescente aos poucos a água quente – cerca de duas conchas pequenas por vez –, mexendo sem parar. Quando a água for quase toda absorvida, acrescente mais. Cozinhe os grãos de cevada dessa maneira por cerca de 25 minutos. Misture a salsinha, as raspas de limão, a pimenta e o restante do sal e cozinhe por mais 20 minutos, acrescentando água e mexendo sempre, até a cevada ficar al dente.

À parte, cozinhe os aspargos em água salgada até ficarem al dente (cerca de 1 minuto). Retire-os com uma escumadeira e coloque em uma tigela com água. Faça o mesmo com as ervilhas.

Misture os aspargos e as ervilhas no risoto e cozinhe até aquecer os vegetais. Sirva imediatamente.

despensa vegana

grãos integrais

À medida que aumenta o conhecimento sobre os benefícios proporcionados pelos grãos integrais à saúde, tomamos mais consciência de que eles são importantes em qualquer dieta. Por definição, o grão integral não foi refinado, portanto, seu farelo, que contém fibras, vitaminas do complexo B e vestígios de minerais, fica intacto. Não é de admirar que os grãos integrais tenham sido itens de primeira necessidade para a maioria das culturas da Antiguidade.

No mundo moderno, grande parte dos grãos integrais é beneficiada e transformada em farinhas. (Para saber mais sobre farinhas integrais, veja página 220.) No entanto, é mais nutritivo – e simples – ingerir grãos em seu estado original. Uso grãos integrais cozidos em muitas de minhas receitas, de arroz integral até painço, como no Pão de lentilhas com molho saboroso sem glúten (página 156) e o tabule com quinoa da Salada grega com tabule de quinoa e molho de limão (página 130). Apresento a vocês quatro de meus grãos integrais preferidos: eles não contêm glúten e estão sempre em minha mesa.

O **arroz basmati** é uma variedade de arroz de grãos longos cultivada na Índia e no Paquistão. Embora seja normalmente encontrado branco, insisto que você procure comprar o basmati integral, pois ele conserva a casquinha externa, proporcionando mais nutrientes e fibras. O arroz basmati é conhecido pelo aroma e sabor delicados – é por isso que adoro prepará-lo. Além disso, ele não contém glúten. Na página 182, você vai encontrar orientações para cozinhá-lo, além de uma receita simples mas com sabor sofisticado: Arroz basmati com curry (página 183).

Grãos e legumes

O **arroz integral,** seja de grão longo ou curto, é o mais equilibrado de todos os grãos integrais e também não contém glúten. O arroz integral faz parte do meu cotidiano, e não apenas do meu: em algumas partes do mundo, o verbo "comer" significa literalmente "comer arroz" — o arroz oferece metade das calorias diárias para metade da população mundial. Em termos nutricionais, é preferível optar pelo arroz integral, pois em seu beneficiamento retira-se apenas a camada mais externa do grão, mantendo seu valor nutricional. Já o arroz branco perde a maior parte das vitaminas e minerais, fibras e ácidos graxos essenciais. Na verdade, o arroz branco beneficiado e polido precisa ser enriquecido com vitaminas B_1, B_3 e ferro para adquirir algum valor nutricional. Você vai encontrar arroz integral em muitas receitas ao longo deste livro, como na do Hambúrguer vegano de feijão-preto (página 118).

O **painço,** grão (ou semente) pequeno, sem glúten e com um sabor frutado levemente adocicado. O painço é um dos alimentos mais antigos consumidos pela humanidade; já foi usado na África e na Índia como item de primeira necessidade por milhares de anos. Você pode achar que esse grão é usado exclusivamente para alimentar pássaros, mas não; o fato de as aves consumirem-no ilustra como é sábio ingerir itens que estão mais abaixo na cadeia alimentar. O painço contém proteína e fibras, vitaminas do complexo B e minerais, como magnésio, manganês, fósforo, entre outros. Pode ser cozido e servido como fazemos com o arroz, em mingaus matinais e até em pães. Eu o utilizo nos Croquetes de algas hijiki (página 134) e em muitos outros pratos!

A **quinoa,** outra semente geralmente considerada grão. A quinoa tem um leve sabor frutado; leve e fofa quando crua, conserva-se crocante mesmo depois cozida. Boa fonte de proteína, também é rica em vitaminas, minerais e fibras. A quinoa surgiu nos Andes há milhares de anos; os incas a consideravam sagrada e se referiam a ela como "mãe dos grãos". A quinoa não contém glúten e pode ser servida cozida como alternativa ao arroz.

cole slaw de yacon e cenoura

"Rápido, fácil, barato" – essas são três palavras que sempre queremos ouvir na cozinha, e servem para descrever perfeitamente este prato. **Rende de 6 a 8 porções**

2 colheres (sopa) de suco de limão

1 colher (sopa) de xarope de agave ou xarope de bordo

1 colher (sopa) de vinagre de maçã

½ colher (chá) de sal marinho

gotas de molho de pimenta-malagueta em pó

4 xícaras (chá) de yacon (600 g) cortada em palitos

¼ de xícara (chá) de cenoura cortada em palitos

½ xícara (chá) de cebola cortada em fatias finas

3 colheres (sopa) de coentro fresco picadinho

Em uma tigela grande, misture o suco de limão, o xarope, o vinagre, o sal e a pimenta. Coloque o yacon, a cenoura, a cebola e o coentro e mexa para envolver bem os legumes no tempero. Tampe e reserve na geladeira por 1 hora, virando de vez em quando.

À esquerda, Cole slaw de yacon e cenoura e Salada de batatas à moda sulista, com molho de estragão e mostarda (página 208).

salada de lentilhas e erva-doce

Nesta receita, não deixe de picar as hortaliças bem miúdo para equilibrar com o tamanho das lentilhas que, quanto menores e mais delicadas, mais saborosas. A variedade vermelha, sem dúvida, dá um ar especial a este prato. As lentilhas não precisam ficar de molho; elas cozinham rapidamente e consomem menos tempo de preparo do que a maioria das leguminosas. **Rende de 4 a 6 porções**

3 xícaras (chá) de água

1 xícara (chá) de lentilhas escolhidas e lavadas

1 folha de louro

3 colheres (sopa) de azeite de oliva

2 colheres (sopa) de vinagre de vinho tinto

2 dentes de alho picadinhos

2 colheres (chá) de mostarda de Dijon

½ colher (chá) de endro seco

½ xícara (chá) de cebola picadinha

1 xícara (chá) de salsão picadinho

1 xícara (chá) de pepino sem casca e sem sementes picadinho

½ xícara (chá) de milho verde em conserva escorrido

½ xícara (chá) de erva-doce picadinha

sal marinho e pimenta-do-reino moída na hora

Em uma panela grande de fundo grosso, ponha a água, a lentilha e o louro e leve ao fogo alto. Assim que ferver, abaixe o fogo para médio a brando, tampe a panela e cozinhe, mexendo de vez em quando, por 20 minutos ou até as lentilhas ficarem macias, porém inteiras. Escorra, dispense o louro e deixe esfriar completamente.

Em uma tigela grande, misture o azeite, o vinagre, o alho, a mostarda e o endro. Junte as lentilhas frias, a cebola, o salsão, o pepino e a erva-doce; mexa com cuidado para envolver todos os ingredientes com o tempero e coloque sal e pimenta a gosto. Sirva a seguir.

abobrinha e couve-flor assadas

Assar hortaliças é tão simples – elas ficam suculentas e com o formato e as cores vibrantes conservados. Embora empreste uma doçura ligeiramente defumada, assar é uma forma de cozimento que concentra todos os aromas. A couve-flor é uma das minhas hortaliças preferidas, e acho que todo mundo gosta dela também. É fácil preparar este prato o ano todo. **Rende de 4 a 6 porções**

1 couve-flor dividida em floretes médios

3 abobrinhas cortadas em meias-luas grandes

2 colheres (sopa) de azeite de oliva

1 colher (chá) de sal marinho

¼ de colher (chá) de pimenta-do-reino moída na hora

Preaqueça o forno a 200 °C. Unte uma assadeira grande com azeite.

Coloque a couve-flor e a abobrinha na assadeira, regue com o azeite, envolvendo as hortaliças. Tempere com sal e pimenta.

Leve ao forno por 20 minutos ou até as hortaliças ficarem macias e começarem a dourar.

Legumes ao forno

Para esta receita, prefiro cortar os legumes em pedaços grandes, de modo que se sinta a leveza, o calor e a essência do sabor de cada um. Tome o cuidado de cortá-los em cubos mais ou menos do mesmo tamanho para que assem por igual. Ao preparar este prato, procure usar as hortaliças da época. **Rende de 4 a 6 porções**

- ¼ de xícara (chá) de azeite de oliva
- 2 colheres (chá) de vinagre balsâmico
- 4 dentes de alho picadinhos
- 1 colher (sopa) de tomilho picadinho
- 2 colheres (chá) de alecrim picadinho
- 1½ colher (chá) de sal marinho
- ½ colher (chá) de pimenta-do-reino moída na hora
- 600 g de abóbora-japonesa (cabochan) sem casca cortada em cubos
- 400 g de inhame cortado em cubos
- 300 g de cenoura cortada em rodelas
- 250 g de mandioquinha cortada em rodelas
- 350 g de couve-de-bruxelas aparadas e cortadas ao meio
- 1 cebola roxa cortada em rodelas grossas

Preaqueça o forno a 200 °C. Forre 2 assadeiras grandes com papel-manteiga.

Em uma tigela grande, misture o azeite, o vinagre, o alho, as ervas, o sal e a pimenta. Coloque a abóbora, o inhame, a cenoura, a mandioquinha, a couve-de-bruxelas e a cebola e misture para temperar por igual. Arrume os legumes nas assadeiras forradas, formando uma única camada.

Leve ao forno por 45 minutos, virando a cada 20 minutos, ou até os legumes ficarem macios e começarem a dourar.

Arrume os legumes assados em uma travessa e sirva.

abóbora cozida com gengibre

Este prato é um exemplo perfeito de como as abóboras são naturalmente adocicadas. A abóbora-menina, a abóbora-paulista e a japonesa se adaptam a esta receita. **Rende 4 porções**

1 kg de abóbora-japonesa (cabochan)

2 colheres (sopa) de azeite de oliva

1 colher (sopa) de alho picadinho

1½ colher (chá) de gengibre picadinho

¼ de xícara (chá) de água

1 colher (sopa) de mirin

1 colher (chá) de tamari

sal marinho e pimenta-do-reino moída na hora

Corte a abóbora ao meio, retire os filamentos e as sementes. Corte cada metade em fatias de 2 cm. Com uma faca afiada, retire a casca.

Em uma frigideira grande de ferro, aqueça o azeite em fogo médio. Coloque o alho e o gengibre e frite por 1 minuto. Ponha a abóbora, a água, o mirin e o tamari. Quando a água ferver, abaixe o fogo para brando, tampe a panela e cozinhe por 15 minutos, virando a abóbora a cada 5 minutos, até que ela fique macia, mas continue firme.

Destampe a frigideira e aumente o fogo para médio. Cozinhe por mais 10 minutos, virando os pedaços de abóbora de vez em quando, ou até que toda água evapore e a abóbora comece a caramelizar. Tempere a gosto com sal e pimenta.

strudel de algas marinhas

Este prato é um modo original de oferecer algas marinhas para os familiares e amigos. A aramê é uma alga marinha com sabor suave, e dar a ela uma casquinha crocante é uma combinação perfeita. Para fazer, é só enrolar a massa como se fosse um rocambole. **Rende de 4 a 6 porções**

RECHEIO DE ARAMÊ
1 xícara (chá) de algas aramê secas (20 g)

1 pedaço de 5 cm de gengibre fresco sem casca

2 colheres (chá) de óleo de gergelim

1 cebola pequena cortada em rodelas finas

1 cenoura pequena cortada em palitos

1 dente de alho picadinho

2 colheres (sopa) de xarope de arroz

1 colher (sopa) de mirin

1 colher (sopa) de tamari

MASSA
¾ de xícara (chá) de farinha de trigo especial

¾ de xícara (chá) de farinha de trigo integral

1 colher (chá) de sal marinho

¼ de xícara (chá) de óleo de canola

¼ de xícara (chá) de água gelada

1 colher (sopa) de mirin

Aramê: Reidrate as algas em uma tigela com água fria suficiente para cobrir, por 15 minutos ou até que fiquem macias. Coe as algas e reserve a água.

Em uma tigela forrada com gaze ou papel-toalha, rale o gengibre. Pegue as pontas da gaze e esprema a polpa de gengibre para extrair 1 colher (sopa) de sumo. Dispense a polpa e reserve o suco.

Em uma panela de fundo grosso, aqueça o óleo de gergelim em fogo médio. Ponha a cebola, a cenoura e o alho e frite por 3 minutos ou até a cebola ficar translúcida. Junte as algas e abaixe o fogo para brando. Tampe a panela e deixe cozinhar por 15 minutos, mexendo de vez em quando, ou até que a cenoura e a aramê fiquem tenras. Os legumes vão soltar líquido suficiente, mas se o refogado ficar muito seco, acrescente um pouco da água de demolha das algas.

Misture o xarope de arroz, o mirin, o tamari e o sumo de gengibre. Cozinhe com a panela destampada por 5 minutos ou até evaporar o excesso de líquido, lembrando que o recheio deve ficar ligeiramente úmido. Deixe esfriar completamente.

Massa: Em uma tigela média, misture as duas farinhas e o sal. Com um garfo, junte o óleo – o ponto é uma massa farelenta. Adicione a água fria, mexendo sempre, até começar a dar liga. Forme um monte de massa e depois achate, formando um disco de 14 cm de diâmetro. Enrole a massa, embrulhe com filme de PVC e leve à geladeira por 30 minutos.

Montagem: Preaqueça o forno a 190 °C. Forre uma fôrma média com papel-manteiga. Desenrole a massa em uma superfície ligeiramente enfarinhada, molde um círculo com 24 cm de diâmetro e 3 mm de espessura.

Espalhe uma camada do recheio de aramê na massa, deixando 2 cm da beirada sem cobrir. Enrole a massa com pressão suficiente para que o recheio não vaze e fique com a forma de rocambole comprido – mas não aperte muito. Dobre as pontas – o strudel deve ficar com cerca de 16 cm de comprimento por 6 cm de diâmetro. Coloque na assadeira e pincele com mirin.

Leve ao forno por 50 minutos ou até o strudel assar por dentro e ficar levemente dourado por fora. Retire do forno, deixe esfriar ligeiramente, corte em fatias médias ou finas e sirva.

carboidratos: o lado bom e o lado ruim

Não fique pulando de dieta em dieta – elas vêm e vão em ciclos –, principalmente nas que declaram que os carboidratos não são saudáveis. Uma alimentação saudável deve consistir fundamentalmente em carboidratos complexos integrais e não processados. Isso mesmo: os "carboidratos" fazem bem, porém, se os grãos integrais vão parar numa fábrica de beneficiamento que lhes retira as fibras e os nutrientes, quebrando o complexo carboidrato e transformando-o em simples moléculas de açúcar, o resultado é um alimento engordativo que vai aumentar o nível de açúcar no sangue e causar estrago à saúde. É por isso que os carboidratos têm má reputação. O pior é que as pessoas ficam dependentes de carboidratos simples, que oferecem poucos nutrientes ao organismo. É por esse motivo que as receitas deste livro, os princípios da culinária macrobiótica e as recomendações de qualquer programa alimentar sensato limitam ou restringem as farinhas brancas refinadas e os alimentos com açúcar.

Fica mais fácil pensar nos alimentos em termos integrais do que em termos de proteína, gordura e carboidrato; aliás, esse último é um método científico reducionista de analisar o conteúdo nutricional dos alimentos. Se você é como eu, que deseja apreciar boa comida sem se tornar especialista em bioquímica, é mais fácil memorizar que "cara" têm os alimentos no jardim e na fazenda, e aprender a distinguir se foram beneficiados antes de chegar a seu prato. Se você seguir essa recomendação, vai fazer escolhas alimentares inteligentes e seguras em termos nutricionais.

nishimê

Este foi um dos primeiros pratos que aprendi no início de minha carreira em gastronomia, e continuo gostando dele depois de todos esses anos. O nishimê (assim como o kimpirá, na página 200) representa o melhor da cozinha do interior do Japão. Para fazer um nishimê, usa-se um método de cozimento lento, propiciando que os legumes suem e sejam cozidos em seu próprio sumo, o que os torna macios e adocicados. Para fazer esta minha versão de nishimê, coloque no fundo do caldeirão primeiro os legumes que precisam de menos tempo de cozimento e, acredite, você vai precisar de pouquíssima água. O resultado é um caldeirão de legumes cozidos lentamente, que propiciam uma energia surpreendente. **Rende 6 porções**

1 tira de kombu de 15 x 2 cm

1 cebola média

450 g de abóbora-japonesa (cabochan) sem casca cortada em cubos

2 cenouras médias (170 g) cortadas com corte oblíquo (página 174)

2 bardanas médias (230 g) cortadas com corte oblíquo (página 174)

2 nabos pequenos (340 g) cortados em fatias

2 inhames pequenos (450 g) cortados em cubos

3 colheres (sopa) de tamari

Em uma panela, coloque a kombu de molho, com água suficiente para cobrir toda a alga. Deixe de molho por 20 minutos.

À parte, descasque a cebola. Corte em 4 partes, mantendo os pedaços presos na parte de baixo. Coloque a cebola sobre a kombu no centro da panela. Em volta, distribua os pedaços de abóbora. Por cima dessa camada, coloque a cenoura, a bardana, o nabo e o inhame. (Repare que os legumes mais pesados vão por cima. Pode parecer que não vai dar certo, mas sempre dá!) Cozinhe em fogo alto. Assim que levantar fervura, abaixe o fogo para médio a brando, tampe a panela e cozinhe por 45 minutos ou até os legumes ficarem tenros.

Arrume os legumes numa travessa, reservando a kombu. Misture o tamari na água de cozimento, e depois despeje o caldo nos legumes. Corte a kombu em palitinhos e use para decorar o prato.

despensa vegana

algas marinhas

Muito conhecidos no Japão, na Coreia e em outras regiões costeiras do mundo, os vegetais marinhos (ou, em termos técnicos, algas marinhas) ainda são vegetais muito subaproveitados e pouco utilizados. Como grupo, esses vegetais estão entre os alimentos mais nutritivos da Terra. Eles contêm muitas vitaminas e minerais, além de um amplo leque de aminoácidos importantes. Relacionei algumas das minhas algas marinhas preferidas; elas podem ser facilmente encontradas em lojas de produtos asiáticos ou de produtos naturais.

ágar ou kanten é a alternativa vegana para a gelatina. Eu a utilizo na Kanten com damascos, figos e avelãs (página 235), em uma versão saudável de creme chantili (página 233) e no Queijo vegano de castanhas-de-caju (página 57).

aramê, uma alga marinha marrom-escura, muito parecida com espaguete, é rica em ferro, cálcio e outros minerais. Prove-a no Strudel de algas marinhas (página 195).

dulse, de um vermelho profundo, é uma das poucas algas marinhas que não precisa ser cozida. Como a consistência é elástica, pode ser consumida como petisco ou misturada em saladas e sopas. Experimente colocá-la na Supervitamina de legumes para o jantar (página 176).

hijiki é uma alga preta azulada que lembra a aramê, mas tem um forte sabor de oleaginosa. Prove a Salada colorida com molho de tahine e gengibre acompanhada de croquetes de algas hijiki (página 133).

KOMBU é uma alga marinha verde-escura, larga e grossa. Quando adicionada à água do feijão, ela ajuda a quebrar os gases naturalmente criados durante o cozimento. Além disso, eu a utilizo no Kombu dashi (página 99), um caldo de algas típico da culinária japonesa.

NORI tem folhas secas e finas de cor escura, que ficam esverdeadas quando assadas. A maioria das pessoas já experimentou a nori – em geral ela é usada para preparar sushis. Eu a utilizo crua no Caldeirão de legumes com tofu acompanhado de arroz com gergelim (página 145) e mostro como tostá-la em casa (página 50).

Kimpirá picante

Kimpirá é o nome que se dá a uma forma de refogar lentamente tubérculos. A bardana (gobo) é uma raiz longa e fina com coloração castanha. Ela tem muitas propriedades medicinais, dizem até que fortalece e purifica o sangue. Como o Nishimê (página 197), este Kimpirá é um prato pensado para fortalecer e aumentar a vitalidade. Gosto de dar-lhe um toque bem condimentado, por isso uso pimenta-calabresa, e de servi-lo com arroz ou macarrão japonês. **Rende de 4 a 6 porções**

2 cenouras grandes ou 3 cenouras médias (280 g)

1 bardana grande ou 2 bardanas médias (170 g)

1 colher (sopa) de óleo de gergelim

½ colher (chá) de pimenta- -calabresa em flocos

2 colheres (sopa) de água

2 colheres (sopa) de tamari ou shoyu

Raspe a casca das cenouras e da bardana e corte-as em palitos longos. Você pode usar uma faca de chef, um cortador para corte à juliana ou ainda um fatiador de legumes. À medida que for cortando, coloque os palitos de molho em uma tigela com água fria, para evitar que a cenoura escureça e que a bardana oxide e perca a cor. Se a água ficar turva, escorra e cubra as tirinhas com água fresca.

Em uma frigideira de fundo grosso, aqueça o óleo em fogo médio. Frite rapidamente a pimenta-calabresa, mexendo sempre para não queimar. Escorra a bardana e coloque imediatamente na frigideira. Refogue por 3 minutos, acrescente as cenouras, e refogue por 2 minutos.

Coloque a água e o tamari, e espere ferver. Abaixe o fogo para médio a brando, tampe a panela e cozinhe lentamente por 5 minutos, mexendo de vez em quando, até os legumes ficarem crocantes e macios e absorverem o líquido. A cenoura e a bardana vão soltar água suficiente para cozinharem no próprio líquido, mas se achar que não é o bastante, acrescente um pouco mais de água.

grãos e legumes

técnicas de corte

CORTE À JULIANA: comece cortando os legumes em tiras de 4 a 5 cm de comprimento. Para facilitar, corte os legumes em fatias finas, em seguida, empilhe cerca de 4 fatias e corte-as bem finas, formando palitinhos. Quanto mais praticar esse corte, mais fácil será fazê-lo!

A nova culinária vegana

Em poucas palavras, macrobiótica significa "boa vida" e prega fazer uma alimentação simples e equilibrada e estar em harmonia com a natureza e com o que nos cerca.

A noção fundamental da macrobiótica é o equilíbrio – o equilíbrio é a chave da felicidade, da saúde e da longevidade. Sendo assim, a macrobiótica pode ser traduzida por uma dieta bem balanceada, baseada em grãos e legumes, rica em fibras e proteínas vegetais e pobre em gorduras; às vezes, ela inclui o peixe. Ela enfatiza o consumo de uma variedade de alimentos orgânicos sazonais frescos, naturais e próximos de seu estado integral.

Uma parte essencial da teoria macrobiótica é o conceito do yin e do yang do Extremo Oriente. Yin e yang são forças opostas, porém complementares, que governam a vida e podem ser encontradas em todas as coisas. A macrobiótica classifica os alimentos em termos de yin e yang, de acordo com cinco sabores – azedo, doce, salgado, quente/picante e amargo – e os efeitos de cada um deles no corpo.

noções de macrobiótica

Durante minha formação, o aprendizado sobre a macrobiótica teve grande influência pois consegui entender o impacto dos alimentos sobre minha energia e humor. Compreendi o conceito de equilíbrio, não apenas no meu prato, mas em contextos mais amplos da vida. Acima de tudo, foi estudando a macrobiótica que aprendi a cozinhar. É grande a minha afinidade com os alimentos dessa dieta e seu método de culinária. Comer arroz e adotar os condimentos interessantes, deliciosos e incomuns usados na culinária macrobiótica sempre me fez bem (leia mais sobre alguns dos meus ingredientes asiáticos preferidos na página 68).

A culinária macrobiótica sempre teve uma reputação ruim: as pessoas acham que se trata de uma dieta para gente doente ou fanática. Ao contrário dos boatos de que você vai ficar o dia inteiro na cozinha, quando se pega o jeito de cozinhar segundo a macrobiótica, tudo fica relativamente simples. A macrobiótica emprega diversos métodos de cozimento, como os usados neste livro – refogar, assar, torrar, fritar –, e adota alguns alimentos crus também. Insisto que você prove e inclua em seu cardápio os deliciosos pratos deste livro, pois todos farão bem a sua saúde.

cebolas cozidas ao molho de missô

O resultado desse prato é muito bonito, por isso arrume as cebolas em uma travessa elegante. O missô empresta um sabor ligeiramente salgado à doçura das cebolas cozidas lentamente. O tamanho das cebolas não importa – elas podem ser bem pequenas ou médias –, mas escolha cebolas do mesmo tamanho para que cozinhem por igual. **Rende 6 porções**

7 cebolas médias (250 g cada)

2 colheres (chá) de óleo de gergelim

3 xícaras (chá) de água, mais 4 colheres (sopa)

6 colheres (sopa) de missô

1 colher (sopa) de polvilho doce

2 colheres (sopa) de salsinha lisa picada

Retire a casca das cebolas e corte as pontas. Faça de 6 a 8 talhos não muito profundos em cada uma (elas devem parecer que estão cortadas).

Escolha uma panela rasa onde caibam todas as cebolas. Despeje o óleo e acomode as cebolas bem junto umas das outras para que fiquem firmes no lugar, com os cortes para cima. Acrescente água suficiente para cobrir um dedo acima das cebolas.

Em uma tigela pequena, ponha o missô e 3 colheres (sopa) de água, misture bem e despeje sobre as cebolas.

Tampe a panela e cozinhe em fogo alto. Quando ferver, abaixe o fogo para médio a brando e deixe as cebolas cozinharem por 1 hora ou até ficarem macias e levemente translúcidas. Com uma escumadeira, retire uma a uma com cuidado, para que se mantenham inteiras, e arrume em uma travessa.

Ferva a água do cozimento em fogo alto. Em uma tigela pequena, dissolva o polvilho doce na água restante. Despeje essa mistura no caldo da panela e cozinhe por 12 minutos, mexendo sempre, ou até que o molho engrosse um pouco e fique reduzido (cerca de 2 xícaras). Despeje esse molho sobre as cebolas. Decore com salsinha e sirva.

salada de legumes cozidos com molho de umeboshi e cebolinha

Neste prato, é importante que os legumes sejam cozidos separadamente em água fervente, mas apenas o suficiente para que alcancem o ponto mais alto de delicadeza e de sabor. Fique à vontade para fazer uma combinação de legumes da estação que agradem você e seus convidados – eu sempre faço isso. O molho guarda o sabor refrescante e a leveza insuperável das umeboshis; além disso, é rápido e fácil de fazer. Prefiro prepará-lo com pasta de umeboshi, caso não encontre, passe algumas umeboshis por uma peneira ou use vinagre de umeboshi (que é difícil de achar), ou outro de excelente qualidade.
Rende 4 porções

LEGUMES
1½ xícara (chá) de couve-flor dividida em floretes

6 rabanetes aparados

1 xícara (chá) de salsão cortado com corte oblíquo (página 174)

1 xícara (chá) de abóbora-menina cortada em fatias finas

1½ xícara (chá) de brócolis dividido em floretes

1 xícara (chá) de cenoura cortada com corte oblíquo (página 174)

MOLHO
½ xícara (chá) de água

1½ colher (sopa) de pasta de umeboshi (ou algumas umeboshis passadas por uma peneira)

3 cebolinhas fatiadas na diagonal

3 colheres (sopa) de gergelim

Legumes: Em uma panela grande, ferva água com um pouco sal. Cozinhe um legume por vez por cerca de 2 minutos, seguindo esta ordem: couve-flor, rabanetes, salsão, abóbora e brócolis. Fique atento, pois eles devem ficar crocantes. À medida que os legumes forem sendo cozidos, mergulhe-os imediatamente em água gelada para interromper o cozimento e manter a cor deles. Escorra e seque bem com um pano limpo. Corte os rabanetes grandes em quartos e os menores ao meio.

Molho: Em uma tigelinha, misture a água com a pasta de umeboshi. Junte a cebolinha e 2 colheres (sopa) de gergelim.

Montagem: Com cuidado, misture os legumes em uma travessa e tempere com molho suficiente. Decore com o restante do gergelim e sirva.

trio de folhas verdes refogadas

Este prato tem alma. Realçado com pimentões vermelhos, pimenta-calabresa, muito alho e um tantinho de vinagre, é um modo diferente de oferecer verduras às pessoas – e fazer com que desejem repetir o prato. **Rende de 4 a 6 porções**

3 colheres (sopa) de azeite de oliva

3 colheres (sopa) de alho picadinho

¼ de colher (chá) de pimenta-calabresa em flocos

½ colher (chá) de páprica picante

250 g de couve-manteiga sem os talos cortada em tiras

250 g de couve-crespa sem os talos cortada em tiras

250 g de acelga chinesa (bok choy) cortada em tiras

1 pimentão vermelho pequeno cortado em cubos

sal marinho e pimenta-do-reino moída na hora

2 colheres (sopa) de vinagre de maçã

Em uma frigideira de ferro ou wok, aqueça o azeite em fogo médio. Ponha o alho e a pimenta-calabresa e frite por 30 segundos, mexendo sem parar, ou até os ingredientes começarem a soltar seus aromas. Adicione a páprica e misture. Junte as couves e o pimentão. Refogue por 12 minutos ou até as verduras amolecerem ligeiramente (elas devem continuar firmes). Retire do fogo. Acerte o sal e a pimenta.

Arrume as verduras em uma travessa, regue com vinagre e sirva.

Batata-doce frita no forno

Batatas-doces fritas, crocantes e adocicadas são muito populares em restaurantes americanos, principalmente em fast-foods. Sempre achei que os melhores restaurantes preparavam essa fritura deliciosa na própria cozinha. Para minha decepção, soube que essas "joias" entram pela porta dos fundos em sacos congelados. Quando comecei a fazê-las em casa, percebi que o preparo é tão fácil e rápido que nem peço mais quando vou comer fora. Os meus filhos adoram, e aposto que os seus também vão adorar! **Rende 4 porções**

4 batatas-doces médias (600 g)

2½ colheres (sopa) de óleo de canola

1 colher (chá) de sal marinho

1 colher (chá) de páprica doce

½ colher (chá) de alho em pó

uma pitada de pimenta-do--reino moída na hora

Preaqueça o forno a 220 °C. Forre 3 assadeiras com papel-manteiga.

Descasque as batatas-doces, corte no sentido longitudinal em lâminas de 1 cm de espessura. A seguir, corte as lâminas, também no sentido longitudinal, em palitos regulares de 1 cm de espessura.

Em uma tigela grande, misture o óleo, o sal, a páprica, o alho em pó e a pimenta. Coloque a batata-doce, mexa para temperar por igual e arrume na assadeira forrada. Faça apenas uma camada e não encha demais a fôrma.

Leve ao forno por 25 minutos, ou até que fiquem macias e douradas. Vire as batatas-doces de vez em quando. Deixe esfriar um pouco antes de servir.

salada de batatas à moda sulista, com molho de estragão e mostarda

Os americanos sulistas são muito exigentes em matéria de salada de batatas, e cada região se orgulha da sua como sendo a melhor. Os grandes destaques da minha versão são o perfume do molho, que leva estragão e mostarda em vez de maionese (aliás, a mostarda de Dijon acrescenta um sabor picante insuperável), o toque crocante do salsão e a cremosidade do tahine. **Rende 6 porções**

- 1,5 kg de batatas asterix médias
- 1 xícara (chá) de cebola roxa picada
- 1 xícara (chá) de salsão picado
- 3 colheres (sopa) de salsinha fresca picada
- 2 colheres (sopa) de estragão fresco picado
- 1 colher (sopa) de endro fresco picado
- ½ xícara (chá) de azeite de oliva
- ½ xícara (chá) de suco de limão-siciliano
- 3 colheres (sopa) de tahine
- 1 colher (sopa) de mostarda de Dijon
- 1 colher (sopa) de alho picadinho
- 1 colher (chá) de molho de pimenta
- sal marinho e pimenta-do-reino moída na hora

Lave bem a casca das batatas, coloque em um caldeirão com água salgada e leve ao fogo alto. Assim que levantar fervura, abaixe o fogo para médio e cozinhe por 8 minutos ou até as batatas ficarem macias, lembrando que elas não devem ficar quebradiças.

Escorra as batatas e enxágue em água corrente fria. Escorra bem e seque-as com um pano limpo. Espalhe as batatas em uma assadeira e deixe esfriar em temperatura ambiente.

Quando estiverem frias, corte ao meio, e depois em fatias de 6 mm de espessura no sentido longitudinal. Em uma tigela grande, junte as batatas, a cebola, o salsão, a salsinha, o estragão e o endro.

Em uma tigelinha, misture o azeite, o limão-siciliano, o tahine, a mostarda, o alho e o molho de pimenta a gosto. Despeje o molho nas batatas, virando para temperar por igual. Acerte o sal e a pimenta. Sirva em temperatura ambiente ou reserve na geladeira, em recipiente fechado, até a hora de servir.

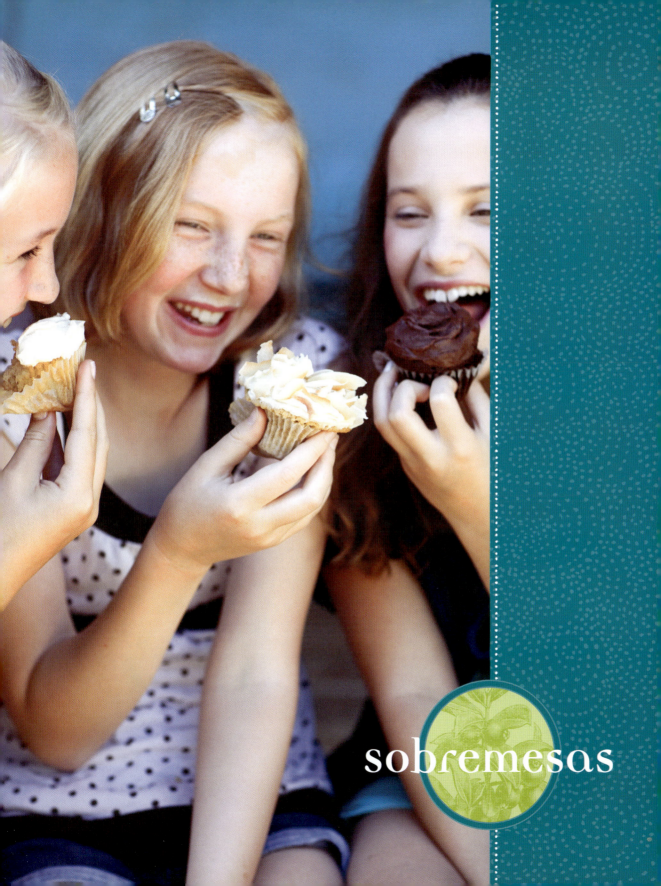

sobremesas

Brownies de chocolate **213**

Biscoitos de amêndoas e geleia **214**

Cookies jumble **217**

Crumble de mirtilos **219**

Cupcakes de baunilha com cobertura amanteigada **223**

Cupcakes de chocolate com cobertura cremosa **225**

Cupcakes de coco e limão com cobertura e fitas de coco **226**

Barrinhas de tâmaras **230**

Arroz-doce com leite de coco **231**

Creme de tofu **233**

Kanten com damascos, figos e avelãs **235**

Torta de chocolate com castanhas-de-caju **237**

Bolo bicolor com glacê de chocolate **238**

Pêssegos e nectarinas com creme de amêndoas e castanhas-de-caju **241**

Milk-shake de baunilha **242**

Milk-shake de morango **242**

Milk-shake de chocolate **242**

sobremesas

Todo mundo adora sobremesas. Acho que é por causa do sublime trio composto de açúcar, farinha e gordura. Não queremos ficar sem essa combinação – nem precisamos. Com sobremesas, celebramos, unimos a família e os amigos em ocasiões especiais. Elas são um deleite na hora do chá, e um mimo depois do jantar. Não é de admirar que muitas lembranças felizes estejam relacionadas com doces. Como com qualquer coisa que é consumida mais por prazer do que pelos nutrientes, precisamos comer doces com moderação, por isso é importante prepará-los com adoçantes, farinhas e gorduras saudáveis.

Admito que reprogramar um paladar que anseia por açúcar e farinha brancos demanda tempo. Sei muito bem disso, pois era viciada em açúcar. A minha mudança demorou um bocado, mas isso não significa que a sua também vá demorar. Depois de uma década com uma alimentação em que só uso adoçantes naturais, finalmente encontrei o equilíbrio entre o desejo de doces e o desejo de evitá-los. Agora, consigo me deleitar sem aquela ânsia constante por açúcar.

Atualmente, estou bastante interessada em criar sobremesas saudáveis para os meus filhos – sobremesas para adoçar momentos especiais sem estragar o desenvolvimento das papilas gustativas. Neste capítulo, apresento doces veganos deliciosos e nutritivos, que não levam manteiga nem ovos. A maior parte das receitas também é preparada com alternativas mais saudáveis para o açúcar refinado e a farinha branca. Isso significa incorporar alimentos integrais à alimentação sem ter de abandonar a zona de conforto gastronômico. O açúcar refinado pode ser substituído pelo xarope de bordo (veja alternativas para o açúcar na página 228); a farinha comum pode ser substituída pelas integrais (veja página 220); já a manteiga e os ovos podem ser substituídos por óleo de canola de boa qualidade (veja página 136). Embora eu prefira alternativas mais nutritivas, de vez em quando uso açúcar mascavo e um pouco de farinha de trigo especial, com sêmola, pela leveza que ela dá a alguns doces especiais – você vai encontrar esses ingredientes nos cupcakes, por exemplo. O bom de usar ingredientes saudáveis no dia a dia é que as ocasiões em que exageramos não vão pesar tanto.

Meus biscoitos, cupcakes, tortas e bolos foram todos testados e aprovados em anos de experiência na criação de deleites saudáveis, nutritivos e deliciosos, e estão prontos para satisfazer qualquer formiguinha. Na verdade, essas sobremesas têm um gosto tão parecido com as suas contrapartes convencionais que sempre ouço: "Não acredito que você não usou leite!" ou "Tem certeza de que isso não levou ovos?". Do Crumble de mirtilos (página 219), feito com farinha de aveia, às tradicionais Barrinhas de tâmaras (página 230), feitas com xarope de bordo, garanto que quem provar as receitas deste capítulo vai ser fisgado por sobremesas da melhor qualidade!

despensa vegana

a confeitaria

Ao prepararmos doces veganos, alguns ingredientes são necessários para conseguirmos um bom resultado sem o uso de laticínios, ovos ou gelatina. Procure-os em lojas de produtos naturais.

O ágar, uma gelatina feita de algas marinhas, pode substituir a gelatina nas culinárias vegana e vegetariana. Já que a gelatina é extraída de ossos de animais, ela não é considerada vegetariana (nem é considerada apetitosa por ninguém que pare para pensar no assunto). No meu mundo, a alga marinha limpa e gelatinosa é uma escolha muito melhor. Facilmente encontrada em lojas de produtos naturais, o ágar é vendido em pó ou em flocos. Quando comecei a cozinhar, as barras eram muito comuns, mas prefiro o pó, pois dissolve facilmente. Você vai precisar de ágar para fazer a deliciosa gelatina Kanten com damascos, figos e avelãs (página 235).

A araruta é uma alternativa saudável ao amido de milho: ela serve para engrossar molhos sem torná-los duvidosos e, além disso, nem a acidez nem o congelamento a alteram. Talvez seja difícil encontrá-la, mas vale a pena procurar. Caso não encontre, substitua pela mesma quantidade de polvilho doce. A araruta deve ser dissolvida em água fria antes de ser adicionada às receitas. Eu a utilizo para engrossar o suco que entra no Crumble de mirtilos (página 219).

A goma xantana é espessante, emulsificante e estabilizante natural, muito usada para reproduzir as propriedades de liga e fermentação propiciadas pelo glúten da farinha. A goma xantana deriva principalmente do amido de milho. Só a utilizo em preparos com farinhas sem glúten. Tentei fazer os Cupcakes de coco e limão com cobertura e fitas de coco (página 226) sem goma xantana, mas não ficaram tão firmes.

Brownies de chocolate

Esses brownies são massudos mas fofos e com consistência quebradiça. Eles têm pedacinhos de chocolate suficientes para satisfazer qualquer chocólatra. Experimente acrescentar uma xícara (chá) de nozes, amêndoas ou outras oleaginosas de sua preferência. Embora eu prefira o adoçicado sutil do açúcar de bordo, indico aqui a medida de açúcar mascavo. **Rende 12 brownies**

1½ xícara (chá) de farinha de trigo especial

1½ xícara (chá) de açúcar mascavo

1 xícara (chá) de cacau em pó

½ colher (chá) de bicarbonato de sódio

½ colher (chá) de sal marinho

1 xícara (chá) mais 2 colheres (sopa) de óleo de canola (página 224)

¾ de xícara (chá) de xarope de agave

1 colher (sopa) de essência de baunilha

1½ colher (chá) de vinagre de maçã

½ xícara (chá) de água quente

1¾ xícara (chá) de chocolate meio amargo picado

Preaqueça o forno a 175 °C. Unte com óleo uma assadeira antiaderente quadrada (de 18 x 18 x 5 cm) ou uma fôrma refratária.

Em uma tigela grande, peneire a farinha, o açúcar, o cacau, o fermento e o sal – despreze tudo que não passar pela peneira. Em uma tigela média, misture o óleo, o xarope de agave, a essência de baunilha e o vinagre. Junte à mistura de farinha e incorpore bem. Raspe as laterais da tigela e continue a mexer por 30 segundos. Aos poucos, adicione a água quente e misture bem. Junte os pedacinhos de chocolate.

Despeje a massa na assadeira e espalhe por igual. Leve ao forno por 45 minutos ou até enfiar um palitinho no bolo e ele sair com pedacinhos úmidos grudados.

Guarde os brownies em temperatura ambiente por até 2 dias, em um recipiente bem tampado.

biscoitos de amêndoas e geleia

Estas pequenas joias são úmidas, levemente adocicadas e crocantes na medida exata. Causam boa impressão a qualquer um – de adultos, em uma reunião festiva, a crianças, na hora do lanche. Para transformar as amêndoas em farinha fininha, nada melhor do que um processador. Escolha sua geleia ou gelatina preferida. Também é divertido usar mais de um tipo de geleia em uma fornada, para ter sabores e cores diferentes. **Rende 36 biscoitos**

2½ xícaras (chá) de amêndoas inteiras

1½ xícara (chá) de farinha de aveia

1 xícara (chá) de farinha de trigo integral (própria para massas) ou farinha de cevada

½ colher (chá) de bicarbonato de sódio

½ colher (chá) de sal marinho

1 xícara (chá) de xarope de bordo

¼ de xícara (chá) de suco de maçã

¼ de xícara (chá) de óleo de canola

2 colheres (chá) de essência de amêndoas

¾ de xícara (chá) de geleia de framboesa, damasco ou maçã

Preaqueça o forno a 165 °C. Forre 2 assadeiras de fundo grosso com papel-manteiga.

Coloque as amêndoas em um processador e aperte o botão pulsar até obter uma farinha fina, mas com alguns pedacinhos de amêndoas. Esses pedacinhos de amêndoas vão deixar os cookies mais crocantes.

Em uma tigela grande, misture a farinha de amêndoas, a aveia, a farinha, o bicarbonato e o sal. Em uma tigelinha, misture o xarope de bordo, o suco de maçã, o óleo e a essência de amêndoas e junte aos ingredientes secos. Incorpore bem.

Com uma colher de sorvete, coloque montinhos de massa na assadeira, deixando um espaço de 2 cm entre eles. (Se não tiver uma concha de sorvete, faça montinhos usando 2 colheres (sopa) de massa. Com o cabo de uma colher, afunde o centro do biscoito (cuidado para não atravessá-lo). Coloque a geleia em um saco de confeiteiro ou em um saco plástico (neste caso, faça um pequeno corte em uma das pontas) e preencha com ela a reentrância, fazendo um montinho (lembre que ela vai derreter quando os cookies assarem, por isso, capriche na quantidade).

Asse no forno por 25 minutos ou até crescerem e ficarem dourados. Retire do forno e deixe esfriar.

Guarde os biscoitos por até 2 dias em temperatura ambiente, em recipiente bem tampado.

despensa vegana

substitutos da manteiga

Para muita gente, a confeitaria sem manteiga é simplesmente inconcebível. Antigamente, os veganos dependiam da margarina (algumas marcas contêm laticínios, outras não). Quando se soube que a gordura trans entope as artérias mais do que a manteiga, a popularidade da margarina afundou. Hoje em dia, muitas margarinas são feitas sem gorduras trans – leia sempre as embalagens.

Gosto de usar uma combinação de gorduras veganas para enriquecer tanto os doces quanto os salgados. Quando um óleo vegetal não vai dar à receita a consistência e o sabor adequados, procuro usar tabletes de manteiga vegana, gorduras veganas ou uma combinação de ambas. Atualmente, os substitutos para a manteiga estão muito mais desenvolvidos do que as margarinas antigas. Além de serem naturais e sem gorduras trans e colesterol, eles são fabricados com uma mistura de óleos de canola, soja, palmito e oliva – já foi demonstrado que os óleos vegetais trazem benefícios à saúde.

A gordura vegetal vegana é uma emulsão de óleos naturais. Como não oferece o mesmo sabor atraente da manteiga, é um produto que só funciona para confeitaria/padaria. Embora seja incrivelmente substanciosa, vale a pena experimentar a gordura vegetal em sobremesas para ocasiões especiais. Ela dá estabilidade às coberturas amanteigadas – é por isso que uso em coberturas de cupcakes. As coisas mudaram: a gordura vegetal que minha avó conservava em um pote ao lado do fogão não é a mesma que uso nas minhas receitas.

cookies jumble

Considerado o precursor dos biscoitos doces, o jumble já foi o cookie preferido dos viajantes, pois tinha um longo tempo de validade. Dizem que eles chegaram à América do Norte no *Mayflower*. O que um dia foi um biscoito duro e condimentado, que antes de ir ao forno era enrolado ou retorcido, evoluiu com o tempo, e o significado de seu nome – confusão, mistura – e os ingredientes também mudaram. Atualmente, são populares porque podemos misturar ingredientes como chocolate, nozes, castanhas e sementes. Eu acrescento malte de cevada e xarope de bordo para reforçar a consistência crocante desse "biscoitão". **Rende 24 biscoitos**

- 2½ xícaras (chá) de farinha de trigo especial (com sêmola)
- 3 xícaras (chá) de aveia em flocos
- 2 colheres (chá) de canela em pó
- 1½ colher (chá) de bicarbonato de sódio
- ½ colher (chá) de sal marinho
- 340 g de manteiga vegana
- 1½ xícara (chá) de açúcar mascavo
- 1 xícara (chá) de malte de cevada
- 1½ colher (sopa) de xarope de bordo
- 1½ colher (sopa) de essência de baunilha
- 3 xícaras (chá) de chocolate meio amargo picado
- 2 xícaras (chá) de nozes-pecãs picadas grosseiramente

Preaqueça o forno a 165 °C. Forre 2 assadeiras com papel-manteiga.

Em uma tigela média, misture a farinha, a aveia, a canela, o bicarbonato e o sal. Na batedeira, bata a manteiga vegana e o açúcar mascavo em velocidade média a alta por 8 minutos ou até a mistura ficar aerada. Se desejar, pode usar um mixer, mas vai levar mais tempo. É imprescindível, nesta receita, conseguir uma massa fofa: com uma massa bem aerada consegue-se cookies incríveis.

Acrescente o malte de cevada, o xarope de bordo e a essência de baunilha. Bata por 4 minutos ou até obter uma massa leve. Junte os ingredientes secos e bata somente até mesclar tudo. Misture os pedacinhos de chocolate e as nozes-pecãs. Se desejar, guarde a massa no congelador por até 2 meses, em um recipiente bem tampado. Antes de usar, descongele a massa.

Use uma colher de sorvete para calcular ⅓ de xícara (chá) da massa para montar cada biscoito na assadeira. Coloque 6 montinhos de massa, bem separados, em cada assadeira.

Asse os biscoitos no forno por 20 minutos ou até crescerem e começarem a dourar. Retire as assadeiras do forno e deixe-as esfriar por 10 minutos. Com uma espátula de metal, tire os biscoitos da assadeira e deixe que esfriem. Repita o procedimento com o restante da massa.

Guarde os biscoitos por até 2 dias em temperatura ambiente, em recipiente bem tampado.

crumble de mirtilos

Esta é uma das minhas sobremesas preferidas com frutas. Ela vai bem em todas as ocasiões. A combinação adocicada dos mirtilos com aveia é insuperável e deliciosa. Costumava prepará-la quando cozinhava na casa das pessoas, e tenho fãs que a pedem em todo lugar. Gosto de usar a farinha de aveia por causa do sabor adocicado sutil, além da consistência que ela confere à massa e do impacto visual que causa. Quanto à gordura, pode-se usar tanto um óleo vegetal neutro como manteiga vegana derretida, mas prefiro a manteiga, pois faz realmente diferença: o crumble fica deliciosamente quebradiço. Experimente esta receita com morangos e amoras. **Rende 8 porções**

RECHEIO

5 xícaras (chá) (680 g) de mirtilos frescos ou descongelados e escorridos

½ xícara (chá) de xarope de bordo

½ colher (chá) de sal marinho

1 colher (chá) de polvilho doce dissolvida em 2 colheres (sopa) de água

COBERTURA

1⅓ xícara (chá) de aveia em flocos

⅔ de xícara (chá) de nozes-pecãs

⅓ de xícara (chá) de óleo de canola ou manteiga vegana

⅓ de xícara (chá) de xarope de bordo

¾ de colher (chá) de essência de baunilha

¼ de colher (chá) de sal marinho

Preaqueça o forno a 175 °C. Unte uma assadeira quadrada (18 x 18 x 5 cm).

Recheio: Em uma panela de fundo grosso, junte 4 xícaras (chá) de mirtilos, o xarope de bordo e o sal; cozinhe em fogo médio por 5 minutos, mexendo de vez em quando, até as frutinhas soltarem bastante suco. Abaixe o fogo e junte a mistura de polvilho doce aos poucos. Quando ferver, retire do fogo e acrescente os mirtilos reservados. Despeje a massa na assadeira.

Cobertura: Em um processador, bata a aveia até que ela vire uma farinha, com alguns pedacinhos inteiros. Junte as nozes-pecãs e use a tecla pulsar até que elas fiquem picadas grosseiramente. Transfira essa mistura para uma tigela grande. Com um garfo, junte o óleo, o xarope de bordo, a essência de baunilha e o sal. A mistura de aveia deve ficar bem umedecida.

Para terminar: Espalhe a mistura de aveia sobre a de mirtilos. Leve ao forno por 25 minutos ou até que surjam bolhas na mistura de frutas e a cobertura fique dourada. Sirva morno.

despensa vegana

farinhas

Assim como existem muitas alternativas saudáveis para substituir o açúcar refinado, também vale a pena experimentar outras farinhas além da farinha branca, que se tornou padrão entre padeiros e confeiteiros. Em essência, as farinhas não passam de um alimento processado derivado de grãos e de cereais integrais. O grau de beneficiamento e refinamento determina o conteúdo nutricional do produto final. A maior parte das farinhas tradicionais beneficiadas tem pouco valor nutricional. Usando farinhas integrais, você também vai conseguir fornadas deliciosas de massas e, o que é melhor, com nutrientes adicionais (na verdade, acredito que você vai aderir às farinhas integrais mais substanciosas).

A **farinha sem glúten** vem se tornando mais disponível uma vez que a demanda por produtos sem glúten continua a crescer. Essa farinha costuma ser uma combinação de farinha de grão-de-bico, de sorgo e de feijão, tapioca e fécula de batata, para ficar bastante parecida com a farinha convencional. Apesar de a farinha sem glúten ter um gostinho mais salgado do que doce e deixar um sabor residual, ela pode ser usada nos Cupcakes de coco e limão com cobertura e fitas de coco (página 226). Uso outras farinhas sem glúten, como a tapioca e a farinha de arroz integral, nos Waffles sem glúten e sem soja com compota de frutas vermelhas ou de maçã e pera (página 35), e a farinha de grão-de-bico na Fritada de shitake, tofu e gergelim (página 17).

A **farinha de cevada**, resultante da moagem da cevada integral, tem um sabor adocicado e frutado, e muita fibra também. Como muitas outras farinhas, a de cevada pode substituir a farinha de trigo em pães e sobremesas; ela oferece consistência e sabor muito interessantes. Descobri que a farinha de cevada e a farinha de trigo podem se revezar nas Barrinhas de tâmaras (página 230) e nos Biscoitos de amêndoas e geleia (página 214).

sobremesas

A **farinha de trigo-sarraceno**, apesar do nome, não tem relação alguma com o trigo, por isso tornou-se conhecida entre as pessoas que não consomem glúten. Ela é uma farinha de grão integral, rica em fibra e proteína. Seu sabor natural agrada muito como ingrediente de panquecas, blinis, crepes salgados e massas –, sempre misturada a outras farinhas. O trigo-sarraceno dá substância e sabor às Panquecas de milho e mirtilos (página 34).

O **fubá** é basicamente a farinha de milho processada até ficar fininha. Na verdade, para obtê-lo, é só bater a farinha de milho num processador, usando a tecla pulsar. Gosto de usá-lo no Hambúrguer vegano de feijão-preto (página 118) porque acrescenta um sutil sabor de milho ao preparo e, é claro, por não conter glúten.

A **farinha de aveia** é feita de grãos de aveia. Pode ser usada em uma imensa variedade de receitas, em especial as que têm uma consistência mais rústica. Embora você possa comprá-la, é possível fazê-la em casa em segundos, assim como a fécula de milho, em um processador de alimentos. Eu sempre faço a farinha de aveia que uso no Crumble de mirtilos (página 219), e recomendo fazê-la, pois assim controla-se sua textura.

A **farinha de espelta** é difícil de encontrar, mas é excelente em confeitaria. Gosto de seu sabor delicado, frutado e ligeiramente doce. É por isso que ela aparece nos Muffins de framboesas com nozes-pecãs (página 33). Também fica ótima em pães e biscoitos, e para empanar pratos salgados. Substituo a farinha de trigo integral pela de espelta em muitas receitas; já a farinha de espelta light pode substituir a farinha de trigo especial. A espelta é um grão antigo, parente do trigo. Embora contenha glúten, as pessoas com intolerância ao trigo podem apreciar pratos feitos com espelta.

A **farinha de trigo especial** (com sêmola) é uma farinha altamente beneficiada, sem o farelo e a semente. Ela não é branqueada quimicamente, o que é muito bom, pois esse processo elimina a maior parte de seus nutrientes. A farinha de trigo especial é muito versátil; pode ser usada em quase todos os itens de padaria e de confeitaria, pois proporciona uma leveza inigualável e um suave viés farelento difícil de conseguir com outras farinhas. A farinha de trigo especial pode ser substituída pela comum. Gosto de usá-la nos Cupcakes de baunilha com cobertura amanteigada (página 223) e nos Cupcakes de chocolate com cobertura cremosa (página 225), pois ambos têm de ser bem leves; nos Brownies de chocolate (página 213) e no Bolo bicolor com glacê de chocolate (página 238).

A **farinha de trigo integral** é feita do trigo, naturalmente. "Integral" significa que o farelo e a semente não foram completamente retirados, resultando em uma farinha mais nutritiva do que a convencional. Como outras farinhas para massas, esta é moída até ficar bem fininha: isso dá mais leveza às massas. A farinha de trigo integral para massas costuma ser mais pesada, se comparada com a "branca", mas com ela se consegue um resultado mais delicado do que usando a integral mais grossa.

cupcakes

Qualquer cupcake merece uma cobertura cremosa! A cobertura amanteigada é exatamente o que o nome sugere: espessa e doce, feita de manteiga e açúcar. Para conseguir a mesma consistência e sabor de um creme tradicional, existem alternativas que levam gorduras veganas; com elas o resultado fica semelhante ao de receitas comuns, com o benefício adicional de ter muitos ácidos graxos ômega e zero de colesterol.

Descobri que combinar manteiga vegana e gordura vegetal dá mais certo do que usar apenas manteiga vegana. Juntas, elas criam um creme de manteiga excepcional para cupcakes e coberturas de bolo. Essas receitas são prova de que você pode fazer cupcakes deliciosos e comê-los!

cupcakes de baunilha com cobertura amanteigada

Rende 12 cupcakes

CUPCAKES

2½ xícaras (chá) de farinha de trigo especial

1½ xícara (chá) de açúcar mascavo

1½ colher (chá) de fermento em pó

1 colher (chá) de bicarbonato de sódio

½ colher (chá) de sal marinho

1½ xícara (chá) de leite de amêndoas

2 colheres (chá) de vinagre de maçã

1 xícara (chá) de óleo de canola

4 colheres (chá) de essência de baunilha

½ colher (chá) de essência de amêndoas

COBERTURA

½ xícara (chá) de manteiga vegana fria

½ xícara (chá) de gordura vegetal não hidrogenada em temperatura ambiente

2 xícaras (chá) de açúcar de confeiteiro

1½ colher (sopa) de essência de baunilha

Cupcakes: Preaqueça o forno a 175 °C. Coloque fôrmas de papel em uma assadeira para 12 cupcakes (ou muffins).

Em uma tigela grande, peneire a farinha, o açúcar, o fermento, o bicarbonato e o sal. Reserve. Em outra tigela, bata o leite de amêndoas e o vinagre por 5 minutos, mexendo de vez em quando (o leite vai engrossar um pouco a mistura). Ponha o óleo e as essências e junte aos ingredientes secos. Incorpore bem.

Divida a massa por igual entre forminhas e asse por 25 minutos ou até que, ao enfiar um palito no centro do cupcake, ele saia limpo. Tire do forno e deixe esfriar por 10 minutos. Retire as forminhas da assadeira e deixe os cupcakes esfriarem completamente.

Cobertura: Em uma batedeira, bata a manteiga vegana e a gordura vegetal em velocidade média a alta, até obter uma mistura homogênea e cremosa. (Se desejar, use um mixer, mas isso vai levar mais tempo.) Despeje o

A nova culinária vegana

açúcar peneirado aos poucos, batendo em velocidade baixa. Acrescente a baunilha. Raspe as laterais da tigela e continue batendo em velocidade média por 4 minutos ou até obter uma cobertura leve e aerada.

Coloque a cobertura em um saco de confeiteiro e decore os cupcakes. Se desejar, use um bico apropriado para decorar.

Guarde os cupcakes em temperatura ambiente por 3 dias, no máximo, em recipiente bem tampado.

cozinhando com óleo

Muitas receitas deste capítulo e de todo o livro pedem óleo de canola, que é um óleo de cozinha neutro. "Neutro" se refere ao sabor do óleo. Em sobremesas, queremos um óleo que seja suave o suficiente para não interferir nos outros sabores. Você pode utilizar outros óleos monoinsaturados, como os de uva, açafrão e girassol.

sobremesas

cupcakes de chocolate com cobertura cremosa

Rende 12 cupcakes

CUPCAKES

2½ xícaras (chá) de farinha de trigo especial

1½ xícara (chá) de açúcar mascavo

½ xícara (chá) de cacau em pó

1½ colher (chá) de fermento em pó

1 colher (chá) de bicarbonato de sódio

½ colher (chá) de sal marinho

1½ xícara (chá) de bebida de soja com ou sem baunilha

2 colheres (chá) de vinagre de maçã

1 xícara (chá) de óleo de canola

4 colheres (chá) de essência de baunilha

COBERTURA

½ xícara (chá) de manteiga vegana fria

½ xícara (chá) de gordura vegetal não hidrogenada em temperatura ambiente

2 xícaras (chá) de açúcar de confeiteiro

¼ de xícara (chá) de cacau em pó

1 colher (sopa) de essência de baunilha

5 colheres (chá) de bebida de soja com ou sem baunilha

Cupcakes: Preaqueça o forno a 175 °C. Coloque fôrmas de papel em uma assadeira para 12 cupcakes (ou muffins).

Em uma tigela grande, peneire a farinha, o açúcar, o cacau, o fermento, o bicarbonato e o sal. Reserve. Em outra tigela, bata a bebida de soja e o vinagre, por 5 minutos, mexendo de vez em quando (o leite vai engrossar um pouco). Adicione o óleo e a essência de baunilha e junte aos ingredientes secos, incorporando bem.

Divida a massa por igual entre as forminhas e leve ao forno por 30 minutos ou até que, ao enfiar um palito no centro do cupcake, ele saia limpo. Tire do forno e deixe esfriar por 10 minutos. Retire as forminhas da assadeira e deixe os cupcakes esfriarem completamente.

Cobertura: Em uma batedeira, bata a manteiga vegana e a gordura vegetal em velocidade média a alta, até obter uma mistura homogênea e cremosa. (Se desejar, use um mixer, mas isso vai levar mais tempo.) Adicione o açúcar e o cacau peneirados juntos, aos poucos, batendo em velocidade baixa. Junte a essência de baunilha. Raspe as laterais da tigela e acrescente a bebida de soja aos poucos, sem parar de bater, em velocidade média. Bata por 4 minutos ou até obter um creme leve e aerado.

Coloque a cobertura em um saco de confeiteiro e decore os cupcakes. Se desejar, use um bico apropriado.

Guarde os cupcakes em temperatura ambiente por 3 dias, no máximo, em recipiente bem tampado.

cupcakes de coco e limão com cobertura e fitas de coco

Esses cupcakes, feitos com farinha sem glúten, são uma prova de que é possível adaptar uma sobremesa deliciosa a uma alimentação sem glúten. É difícil conseguir bons resultados no sabor e na consistência usando farinhas sem glúten, mas nesta receita o óleo e o leite de coco eliminam complemente essa dificuldade. **Rende 12 cupcakes**

CUPCAKES

2½ xícaras (chá) de farinha sem glúten

1½ xícara (chá) de açúcar mascavo

2 colheres (chá) de goma xantana

1½ colher (chá) de fermento em pó

1 colher (chá) de bicarbonato de sódio

½ colher (chá) de sal marinho

1½ xícara (chá) de leite de coco

1 xícara (chá) de gordura de coco não refinada derretida (veja dica na página 6)

4 colheres (chá) de essência de baunilha

2 colheres (chá) de raspas de limão

COBERTURA

½ xícara (chá) de coco cortado em fitas

¾ de (chá) xícara de manteiga vegana fria

¼ de xícara (chá) de gordura vegetal não hidrogenada em temperatura ambiente

2½ xícaras (chá) de açúcar de confeiteiro

1 colher (sopa) de essência de baunilha

Cupcakes: Preaqueça o forno a 175 °C. Coloque fôrmas de papel em uma assadeira para 12 cupcakes (ou muffins).

Em uma tigela grande, peneire a farinha, o açúcar, a goma, o fermento, o bicarbonato e o sal. Reserve. Em outra tigela, bata, por 5 minutos, o leite e o óleo de coco, a essência de baunilha e as raspas de limão e junte aos ingredientes secos, incorporando bem.

Divida a massa entre as forminhas e leve ao forno por 30 minutos ou até que, ao enfiar um palito no centro do cupcake, ele saia limpo. Tire do forno e espere esfriar por 10 minutos. Retire as forminhas da assadeira e deixe os cupcakes esfriarem completamente.

Cobertura: Abaixe a temperatura do forno para 150 °C. Espalhe ¼ de xícara de coco ralado em fitas em uma assadeira e leve ao forno até o coco ficar levemente dourado.

Em uma batedeira, bata a manteiga vegana e a gordura vegetal em velocidade média a alta, até obter uma mistura homogênea e cremosa. (Se desejar, use um mixer, mas isso vai levar mais tempo.) Despeje o açúcar peneirado e bata em velocidade baixa. Adicione o restante de coco ralado sem tostar e a essência de baunilha. Raspe as laterais da tigela e continue a bater em velocidade média até ficar bem leve e fofa, em torno de 4 minutos.

Coloque a cobertura em um saco de confeiteiro e decore os cupcakes. Finalize com um pouco de fitas de coco tostadas.

Guarde os cupcakes em temperatura ambiente por 2 dias, no máximo, em recipiente bem tampado.

sobremesas

Quando eu era criança, achava que a senhora que estampava o rótulo do xarope de bordo que minha mãe comprava tinha inventado o produto. Mal sabia eu que ela nunca chegou perto de uma árvore de bordo, e que o que eu pensava ser xarope de bordo, na verdade, era feito de amido de milho com frutose e corante caramelo. Quando fui para a faculdade em Vermont, terra do bordo açucareiro, passava por muitos armazens de açúcar, e minha mente e minhas papilas gustativas ficaram definitivamente estimuladas pelo sabor adocicado natural do xarope de bordo original.

A tradição de extrair seiva das árvores de bordo é mais antiga que os Estados Unidos. Os primeiros colonizadores europeus foram apresentados ao xarope de bordo pelos índios nativos. Diz a lenda que o primeiro fabricante de xarope de bordo foi uma mulher iroquesa cujo parceiro puxou sua machadinha, que estava cravada em uma árvore. O tempo estava quente e a seiva escorreu pelo corte na árvore. Usando-a como água, ela preparou um ensopado com essa seiva. O sabor adocicado encantou

A lenda do xarope de bordo

todo mundo que comeu o ensopado, e assim nascia o xarope de bordo. Sabe-se que os índios nativos norte-americanos cozinhavam a seiva até a água evaporar por completo, obtendo assim cristais de açúcar de bordo, que eles comercializavam com os antigos colonizadores.

Durante os primeiros tempos da colonização, o xarope de bordo foi o principal adoçante, já que o açúcar era proibitivo de tão caro. À medida que o açúcar barateava, ele foi substituindo o xarope de bordo. Atualmente, a produção de xarope de bordo é aproximadamente $1/5$ menor do que era no início do século XX. O processo de produção desse xarope é trabalhoso: a seiva, que contém 98 por cento de água, tem de ser reduzida lentamente – são necessários 40 a 50 galões de seiva para fabricar 1 galão de xarope de bordo.

Os tipos mais comuns de xarope de bordo são o grau A e o grau B. O primeiro costuma ser mais claro e tem um sabor mais delicado, excelente para acompanhar panquecas e waffles. O segundo é mais escuro, tem um tom âmbar, é mais viscoso e tem um sabor mais pronunciado. Devido à intensidade de seu sabor, o xarope de bordo grau B é usado em preparos que vão ao forno e necessitam de um sabor mais forte.

despensa vegana

o fino dos adoçantes

As sobremesas dependem do sabor, da umidade e da textura dos adoçantes. Fui criada com açúcar branco comum e sempre adorei as suas calorias. Demorou muito para eu me acostumar com outros tipos de adoçantes, mas foram eles que permitiram que eu continuasse degustando sobremesas sem sofrer com a hipoglicemia. Embora haja pessoas mais sensíveis do que outras, o açúcar refinado baliza o nível de açúcar do sangue, liberando a insulina no corpo, o que faz com que os níveis de açúcar no sangue caiam repentinamente.

Além do turbilhão pelo qual passamos enquanto o corpo se esforça para estabilizar o nível de açúcar no sangue, o açúcar branco é um alimento altamente processado – ou seja, exatamente o que as pessoas preocupadas em ter boa saúde tentam evitar.

Do ponto de vista ético, o próprio beneficiamento torna o açúcar branco inaceitável para muitos veganos, porque na filtragem costumam usar carvão feito de ossos. (Os veganos também evitam o mel, mesmo sendo pouco beneficiado. Aceitar o mel na dieta é uma escolha muito pessoal.)

Neste capítulo, apresento receitas em que uso meus adoçantes prediletos. Mesmo em uma dieta saudável, às vezes o açúcar branco tem seu lugar, mas deve ser usado com moderação. Ao adotar outros tipos de adoçantes, você poderá apreciar sobremesas com mais frequência, sem a culpa causada pelo açúcar refinado.

O **xarope de agave é extraído** do agave, uma planta grande e espinhenta nativa do México. Ele tem uma consistência semelhante à do mel, mas seu sabor é mais suave. O uso do xarope de agave como adoçante é recente, mas saiba que ele é um dos ingredientes da tequila. O xarope de agave tem um nível glicêmico baixo, o que significa que ele não aumenta o nível de açúcar no sangue como o açúcar refinado. Além disso, contém minerais, inclusive cálcio,

sobremesas

potássio, magnésio e ferro. Puro, o xarope de agave orgânico é um adoçante natural para bebidas, como Milk-shakes (página 242), e chás em geral. Na confeitaria, é empregado como qualquer outro adoçante, experimente-o nos Brownies de chocolate (página 213). É também delicioso no mingau do café da manhã, como no meu Mingau de aveia com quinoa (página 16).

O **malte de cevada** é um adoçante feito da cevada germinada, cuja digestão é lenta. É marrom escuro, espesso e grudento e tem um forte sabor de malte. É quase tão doce quanto o açúcar de cana. É melhor usar o malte de cevada combinado com outros adoçantes. Nos Cookies jumble (página 217), por exemplo, eu o utilizo com açúcar de bordo ou açúcar mascavo e xarope de bordo. Ele pode ser encontrado em lojas de produtos naturais.

O **xarope de arroz** também se sai melhor junto com outros adoçantes. O produto costuma ser uma combinação de malte de cevada e arroz integral, cozidos até que a fécula se transforme em açúcar. Esse xarope tem um sabor de caramelo inconfundível, sua consistência é espessa como a do mel. Ele é um dos ingredientes da Granola super-hippie (página 5), pois ajuda a formar aqueles gruminhos deliciosos. É considerado um dos adoçantes mais saudáveis, quando se fala em produtos naturais, já que é derivado de uma fonte alimentícia integral e é composto de açúcares simples. Pode ser adquirido em lojas de produtos naturais.

O **açúcar de bordo** é produzido aquecendo-se o xarope até a evaporação de todo o líquido e surgimento dos cristais do açúcar. Como o xarope de bordo queima com facilidade, este procedimento é arriscado, o que eleva o preço desse tipo de açúcar. No entanto, os benefícios para a saúde e a facilidade para substituir o açúcar branco refinado compensariam o custo. O açúcar de bordo é a melhor escolha para receitas que não ficam boas com adoçantes líquidos.

O **xarope de bordo** é um adoçante feito da seiva do bordo. Em climas mais frios, a árvore armazena açúcar nas raízes na forma de seiva; na primavera, a seiva sobe e pode ser extraída. O xarope de bordo, uma fonte excelente de magnésio e zinco, é mais consumido com panquecas e waffles, mas também fica delicioso quando usado como adoçante natural em bolos e pães. Gosto muito de incluir adoçantes à base de bordo nas sobremesas, não apenas porque satisfazem a vontade de doce, mas porque são metabolizados em um ritmo mais lento, se comparados com o açúcar convencional – portanto, não causam desequilíbrios nos níveis de açúcar no sangue.

O **açúcar mascavo** é feito do caldo da cana-de-açúcar. Tem quase o mesmo sabor do açúcar branco, mas é menos processado. O açúcar mascavo é um ingrediente maravilhoso em doces, mas deve ser usado com moderação, pois o açúcar de cana pode provocar efeitos dramáticos nos níveis de açúcar contido no sangue e em nosso metabolismo. Muitas receitas trazem a medida do açúcar mascavo. Minha recomendação é que você use açúcar mascavo vegano.

barrinhas de tâmaras

Esta versão de barrinhas de tâmaras aproveita os elementos clássicos desse docinho rústico, transformando-o em uma guloseima mais refinada. Gosto de preparar eu mesma a farinha de aveia para conseguir a textura ideal. O suco e as raspas de laranja realçam o adocicado natural das tâmaras; as nozes e o coco diferenciam ainda mais o sabor dessas barrinhas, que se destacam de qualquer outra. **Rende de 18 a 24 barrinhas**

2 xícaras (chá) de aveia em flocos

1⅓ de xícara (chá) de farinha de trigo integral ou farinha de cevada

⅔ de xícara (chá) de coco ralado seco sem açúcar

⅔ de xícara (chá) de nozes picadas

½ colher (chá) mais uma pitada de sal marinho

⅔ de xícara (chá) de xarope de bordo

½ xícara (chá) de óleo de canola

2 colheres (chá) de essência de baunilha

16 tâmaras sem caroço

½ xícara (chá) de suco de laranja fresco ou água filtrada

¾ de colher (chá) de raspas de laranja

Preaqueça o forno a 175 °C. Unte ligeiramente uma assadeira (de 26 x 18 x 4 cm). No processador, bata a aveia até obter uma farinha grossa, mantendo alguns flocos. Transfira essa farinha para uma tigela grande. Junte a farinha de trigo integral, o coco, as nozes e ½ colher (chá) de sal.

Em outra tigela, misture o xarope de bordo, o óleo e a essência de baunilha, despeje nos ingredientes secos e misture (a massa vai ficar úmida e grudenta).

No processador, bata as tâmaras, o suco e as raspas de laranja e o restante do sal até obter uma mistura homogênea.

Despeje metade da massa na assadeira, espalhe por igual com os dedos protegidos com um pedaço de filme de PCV. A seguir, espalhe todo o purê de tâmaras sobre a massa e alise com uma espátula. Cubra com o restante da massa de aveia e aperte para aderir.

Leve ao forno por 40 minutos ou até a massa ficar ligeiramente firme e com a superfície crocante e dourada. Retire do forno e deixe esfriar completamente. Corte a gosto e sirva.

arroz-doce com leite de coco

Esta versão mais moreninha do tradicional arroz-doce, que é muito branco, é feita com arroz integral, que traz benefícios nutricionais para a sobremesa. Prefiro usar o arroz integral com grãos curtos, como o cateto, pois ele continua macio depois de frio e deixa o doce mais cremoso. **Rende 8 porções**

- ½ xícara (chá) de uvas-passas escuras sem sementes ou cranberries secas
- ½ xícara (chá) de amêndoas tostadas e picadas grosseiramente
- 3 xícaras (chá) de água filtrada fria
- 1 xícara (chá) de arroz cateto integral
- 1 xícara (chá) de Leite vegano caseiro (página 30)
- 400 ml de leite de coco light
- ¾ de xícara (chá) de xarope de bordo
- ½ colher (chá) de canela em pó
- ¼ de colher (chá) de raspas de laranja
- uma pitada de noz-moscada ralada na hora
- 1 pedacinho de 5 cm de fava de baunilha aberta ao meio

Deixe as uvas-passas ou as cranberries de molho em água quente, por 30 minutos. Escorra e reserve.

Preaqueça o forno a 175 °C. Forre uma assadeira de fundo grosso com papel-manteiga. Espalhe as amêndoas. Asse no forno até elas dourarem, mexendo a cada 5 minutos.

À parte, coloque o arroz e as 3 xícaras (chá) de água fria em uma panela grande de fundo grosso e leve ao fogo, de médio a alto. Quando levantar fervura, abaixe o fogo, tampe a panela e cozinhe por 50 minutos ou até o arroz ficar macio e a água ser absorvida.

Junte o leite de amêndoas, o leite de coco, o xarope de bordo, a canela, as raspas de laranja, a noz-moscada e as uvas-passas ou cranberries. Raspe as sementes da baunilha diretamente na panela e, depois, coloque a fava.

Leve de volta ao fogo médio a alto. Quando levantar fervura, abaixe o fogo para médio a brando, e cozinhe por 35 minutos, mexendo sempre, ou até a mistura engrossar e ficar parecida com um mingau de aveia (lembre que o doce vai continuar engrossando enquanto esfria). Retire a fava de baunilha e deixe esfriar.

Despeje o doce em uma tigela, cubra com filme de PVC e mantenha na geladeira por 6 horas no mínimo. Essa sobremesa pode ser conservada por até 2 dias na geladeira.

Sirva o arroz-doce em tigelinhas decorado com amêndoas tostadas.

despensa vegana

substitutos do creme de leite

Da sopa cremosa ao recheio de uma torta, os cozinheiros dependem muito do creme de leite fresco para conseguir uma textura acetinada. Isto sem falar no chantili, que coroa as sobremesas mais incríveis! Felizmente, o creme de leite, imprescindível em muitas receitas, pode ser substituído por creme de vegetal. Já o chantili pode ser preparado à base de soja. Portanto, você pode fazer essas alterações sem sentir falta de nada.

Os **cremes à base de nozes e castanhas** são feitos em casa – gosto muito do Creme de castanhas-de-caju (página 83), ele é perfeito para complementar a Sopa de cebolas caramelizadas (página 82). Os cremes à base de amêndoas e de castanhas-de-caju, com e sem açúcar, podem entrar tanto em pratos doces como salgados, sempre lembrando que eles não devem ser batidos, ou seja, são utilizados na forma líquida em receitas que pedem creme de leite, como sopas e ganaches.

As **coberturas à base de soja** em geral ficam na seção refrigerada das lojas de produtos naturais. Também podem ser encontradas em caixas longa-vida; neste caso, devem ser batidas. Essas coberturas casam muito bem nas sobremesas! Eu já as uso nos Waffles sem glúten (página 35) e na Torta de chocolate com castanhas-de-caju (página 237). Você também pode fazer um creme chantili à base de soja em casa, seguindo a receita a seguir.

sobremesas

creme de tofu

Tenho esta receita há anos. Trata-se de uma versão de chantili à base de soja que você pode preparar em casa, com ingredientes naturais. A gelatina vegetal (ágar) é o segredo da consistência, de resto ele é muito fácil de preparar! **Rende 2 xícaras**

350 g de tofu firme embalado a vácuo

¼ de xícara (chá) de xarope de bordo

1 colher (chá) de essência de baunilha

⅓ de xícara (chá) de suco de maçã

1 colher (sopa) de ágar em pó

uma pitada de sal

Bata o tofu, o xarope de bordo e a essência de baunilha no processador, até obter um creme homogêneo. Reserve.

Em uma panela pequena de fundo grosso, junte o suco de maçã, o ágar e o sal e leve ao fogo alto. Quando levantar fervura, abaixe o fogo para médio a brando. Tampe a panela e cozinhe por 15 minutos, mexendo sempre, até o ágar dissolver. Imediatamente, incorpore a mistura de ágar quente no creme de tofu. Transfira para uma tigela.

Cubra com filme de PVC e leve à geladeira por 1 hora ou até a mistura ficar firme. Coloque de novo no processador e bata até obter um creme homogêneo e acetinado.

Essa cobertura cremosa, que às vezes eu chamo de "chantili de tofu", dura 2 dias na geladeira em recipiente bem tampado. Antes de usar, bata vigorosamente o creme.

kanten com damascos, figos e avelãs

Kanten ou ágar é uma gelatina saudável! Trata-se de um jeito maravilhoso de preparar uma sobremesa com frutas não apenas refrescante, mas também livre de ingredientes de origem animal, edulcorantes, farinhas e gorduras. As variações são infinitas: é só escolher entre sucos, frutas secas ou frescas. A melhor maneira de usar a gelatina vegetal é combinando-a em um suco, pelo menos por 15 minutos antes de levá-la ao fogo. A proporção é 1 xícara (chá) de líquido para 1 colher (sopa) de ágar em flocos (leia mais sobre esse ingrediente na página 213). **Rende de 4 a 6 porções**

1 xícara (chá) de damascos secos (170 g)

1 xícara (chá) de figos secos (170 g)

5 xícaras (chá) de suco de maçã

5 colheres (sopa) mais 1 colher (chá) de ágar em flocos

uma pitada de sal marinho

1 colher (chá) de essência de baunilha

1 xícara (chá) de avelãs tostadas picadinhas

Coloque os damascos e figos em uma tigela com água fervente suficiente para cobri-los. Deixe por 45 minutos, ou até amolecerem. Escorra e corte as frutas em pedacinhos.

À parte, em uma panela de fundo grosso, misture ½ xícara (chá) do suco de maçã e os flocos de ágar e espere 15 minutos até os flocos amolecerem. Junte o suco de maçã restante e o sal, e leve a mistura ao fogo médio. Assim que começar a ferver, deixe mais 3 minutos, mexendo sem parar. Apague o fogo e junte a essência de baunilha.

Despeje a kanten em uma tigela grande. Deixe descansar por 1 hora ou até chegar à temperatura ambiente e engrossar, sem ficar firme.

Coloque no liquidificador 2 xícaras (chá) de kanten e bata até clarear e espumar. Despeje na mesma tigela e, delicadamente, incorpore os damascos e figos. Transfira o doce para uma vasilha de servir, cubra com filme de PVC e reserve na geladeira por 4 horas, ou até gelar.

Sirva decorada com avelãs.

A kanten pode ser conservada na geladeira por até 2 dias, em recipiente tampado.

A nova culinária vegana

o chocolate é vegano?

Geralmente, quem está pensando em adotar uma alimentação vegana se preocupa com o fato de ter de abandonar o chocolate. A boa notícia é que a maioria dos chocolates de alto padrão é de fato vegana: os melhores chocolates contêm manteiga de cacau em vez de laticínios ou gordura hidrogenada. Na verdade, há marcas de chocolate que deixaram de lado complementos, emulsificantes e leites, que diminuem a qualidade do produto final, e adotaram o açúcar vegano e a lecitina de soja. Estes podem ser qualificados de "veganos".

Existe um vasto leque de tipos de chocolate, de doces a meio amargos, e, apesar dos níveis altos de açúcar e de gordura, ele faz bem à saúde e faz parte da maioria das listas de superalimentos. O chocolate contém flavonoides (a mesma substância boa presente no vinho tinto e no chá) e antioxidantes. Já existem evidências de que o chocolate amargo, consumido em pequenas quantidades, proporciona benefícios cardiovasculares. Quanto mais escuro, menos açúcar ele tem e maiores os benefícios para a saúde. O chocolate também contém vitamina E, ferro, cobre, magnésio e potássio.

torta de chocolate com castanhas-de-caju

Atenção, amantes de chocolate! Essa é uma torta rápida, que você pode preparar de última hora e fazer de conta que ficou o dia inteiro na cozinha. O recheio tem uma maravilhosa textura acetinada, como se fosse feito de ovos e laticínios. O segredinho está no tofu, mas ninguém vai perceber. Essa torta é uma deliciosa constatação de que as sobremesas sem laticínios podem ter um sabor tão bom ou até melhor do que as convencionais. A casquinha de caju pode ser feita com antecedência. Use uma fôrma de torta tradicional ou uma fôrma de aro removível, ambas funcionam. **Rende de 10 a 12 porções**

CROSTA
½ xícara (chá) de castanhas-de-caju inteiras

1 xícara (chá) de farinha de trigo especial

3 colheres (sopa) de óleo de canola

3 colheres (sopa) de xarope de bordo

½ colher (chá) de essência de baunilha

¼ de colher (chá) de sal marinho

RECHEIO
1½ xícara (chá) de chocolate meio amargo picado

350 g de tofu firme

¾ de xícara (chá) de xarope de bordo

1½ colher (chá) de essência de baunilha

¼ de colher (chá) de sal marinho

Chantili de soja comprado pronto ou Creme de tofu (página 233)

Crosta: Preaqueça o forno a 175 °C. Unte uma fôrma de torta (18 cm). Triture as castanhas-de-caju no processador até obter uma farinha (use a tecla pulsar). Em uma tigela grande, ponha a farinha de castanhas-de-caju e a farinha comum. Em outra tigela, coloque o óleo, o xarope de bordo, a essência de baunilha e o sal, misture e junte aos ingredientes secos.

Espalhe a massa na fôrma de torta untada. Leve ao forno por 20 minutos ou até a massa firmar e ficar levemente dourada na borda. Retire do forno e deixe esfriar.

Recheio: Abaixe o forno a 165 °C. Em uma tigela média, derreta os pedacinhos de chocolate em banho-maria.

Bata o tofu, o xarope de bordo, a essência de baunilha e o sal até obter um creme. Junte o chocolate derretido. Raspe as laterais da tigela para que a mistura fique homogênea. Despeje esse creme de chocolate na massa de torta fria.

Para finalizar: Leve ao forno por 45 minutos ou até a borda da torta crescer — a massa deve ficar seca, mas o miolo, com uma consistência macia. Não se preocupe se o recheio ainda não estiver firme, ele vai firmar ao esfriar.

Leve a torta à geladeira por pelo menos 3 horas ou por 2 dias, no máximo. Sirva em fatias decoradas com Creme de tofu (página 233).

bolo bicolor com glacê de chocolate

Este bolo caseiro é fácil de fazer e não precisa de mais nada além de um glacê ou outra cobertura simples. A massa mesclada satisfaz tanto quem adora chocolate quanto quem prefere o sabor da baunilha. As duas massas se mesclam ao assar, e, quando você corta o bolo para servir, aparece um lindo desenho. Coberto com glacê, então, ele fica ainda mais irresistível! Se quiser variar, sirva com morangos frescos ou uma colherada de sorvete de vegetal. **Rende de 12 a 16 porções**

BOLO

3½ xícaras (chá) de farinha de trigo especial

2 colheres (chá) de fermento em pó

2 colheres (chá) de bicarbonato de sódio

1 colher (chá) de sal marinho

1½ xícara (chá) de xarope de bordo

⅔ de xícara (chá) de óleo de canola

1 colher (sopa) de vinagre de maçã

1¾ xícara (chá) de leite de soja com ou sem baunilha

1 colher (sopa) mais ½ colher (chá) de essência de baunilha

⅓ de xícara (chá) de cacau em pó

2 colheres (sopa) de café instantâneo descafeinado

GLACÊ

1 xícara (chá) de chocolate meio amargo picado

2 colheres (sopa) de xarope de bordo

3 colheres (sopa) de leite de arroz

Bolo: Coloque a grade no centro do forno e preaqueça-o a 165 °C. Unte uma fôrma de bolo.

Em uma tigela grande, misture a farinha, o fermento, o bicarbonato e o sal. Em outra tigela, bata o xarope de bordo, o óleo, o vinagre e 1½ xícara (chá) de leite de soja, e junte aos ingredientes secos, misturando bem.

Transfira metade da massa para outra tigela. Na primeira, misture 1 colher (sopa) de essência de baunilha. Na segunda tigela de massa, misture o cacau, o café, ¼ de xícara (chá) de leite de soja e ½ colher (chá) de essência de baunilha.

Despeje a massa de chocolate na fôrma untada. Em seguida, despeje a massa de baunilha. Não é preciso misturá-las para criar o desenho bicolor pois, ao assar, as massas se mesclam, criando um belo efeito. Leve ao forno por 50 minutos ou até que, ao enfiar um palito no centro do bolo, ele saia com alguns farelos.

Retire do forno e deixe o bolo esfriar por 30 minutos. Desenforme-o e deixe esfriar completamente. Este bolo pode ser feito com 1 dia de antecedência e reservado sem glacê em temperatura ambiente, em recipiente bem tampado. Prepare o glacê no dia em que for servir o bolo.

A nova culinária vegana

Glacê: Em uma tigela média, derreta os pedacinhos de chocolate em banho-maria. Retire a tigela do banho-maria e misture o xarope de bordo e o leite de arroz. Despeje sobre o bolo e deixe descansar até o glacê ficar firme.

Corte o bolo em fatias e sirva.

pêssegos e nectarinas com creme de amêndoas e castanhas-de-caju

Esta sobremesa, muito gostosa e fácil de fazer, leva frutas frescas da estação. Ameixas, cerejas, damascos, maçãs e peras são combinações ótimas. O creme de caju foi inspirado em uma receita de *The Natural Gourmet*, escrito por Annemarie Colbin. Devo ter feito quase todas as receitas desse livro quando comecei a cozinhar; ele ainda é o meu livro de cabeceira. O mirin é opcional, mas dá um sabor adocicado e um brilho especial à receita, tornando-a única e sofisticada. **Rende 6 porções**

1 xícara (chá) de castanhas-de-caju inteiras

1 xícara (chá) de amêndoas inteiras

2 colheres (sopa) de xarope de bordo

1 colher (sopa) de essência de baunilha

1¾ xícara (chá) de leite de amêndoas ou água

2 colheres (sopa) de mirin

5 pêssegos maduros sem caroço

4 nectarinas maduras sem caroço

Em uma tigela média, ponha as castanhas e as amêndoas de molho em água suficiente para cobri-las. Depois de 2 horas, escorra.

No processador, bata as castanhas e as amêndoas até ficarem bem moídas. Adicione o xarope de bordo e a essência de baunilha. Com a máquina em velocidade baixa, adicione o leite de amêndoas aos poucos — o suficiente para obter um creme grosso mas ainda fluido. Misture o mirin.

Corte os pêssegos e as nectarinas em fatias de 1,5 cm de espessura. Distribua os pedaços de frutas entre as tigelinhas, coloque uma colherada do creme e sirva.

milk-shakes veganos

Com sorvetes feitos de vegetais adequados, fica fácil fazer milk-shakes veganos deliciosos. Para melhores resultados, o sorvete deve ter a consistência certa: deve ser espesso e cremoso. **Cada receita rende 1 milk-shake (470 ml)**

MILK-SHAKE DE BAUNILHA

1½ xícara (chá) de sorvete de baunilha vegano

1 xícara (chá) de pedras de gelo

¾ de xícara (chá) de leite de soja com ou sem baunilha

2 colheres (sopa) de xarope de agave

MILK-SHAKE DE MORANGO

1 xícara (chá) de sorvete de baunilha vegano

¾ de xícara (chá) de pedras de gelo

¾ de xícara (chá) de leite de soja com baunilha

250 g de morangos frescos

2 colheres (sopa) de xarope de agave

MILK-SHAKE DE CHOCOLATE

1½ xícara (chá) de sorvete de chocolate vegano

1 xícara (chá) de pedras de gelo

¾ de xícara (chá) de leite de soja com baunilha

2 colheres (sopa) de xarope de agave

Bata separadamente os ingredientes de cada milk-shake no liquidificador em velocidade baixa, por 30 segundos ou até que o gelo fique grosseiramente picado. Pare de bater e deixe os ingredientes descansarem. Em seguida, bata em velocidade alta por outros 30 segundos ou até que a mistura fique espessa e cremosa.

Despeje o milk-shake em copos altos e sirva a seguir com canudos.

Livros e sites recomendados

LIVROS

Açúcar – O perigo doce, de Fernando Carvalho (Alaúde, 2010): Pesquisa multidisciplinar sobre os malefícios do açúcar.

Comer animais, de Jonathan Safran Foer (Rocco, 2010): As histórias em que acreditamos para justificar nossos hábitos alimentares.

Dieta para um pequeno planeta, de Frances Moore Lappé (Ground, 1985) e *Hope's Edge – The Next Diet for a Small Planet*, de Frances Moore Lappé e Anna Lappé: O significado social e pessoal de aderir à alimentação vegetariana.

Food Matters, de Mark Bittman: Um maravilhoso livro de memórias sobre alimentação vegana.

Food Politics – How the Food Industry Influences Nutrition and Health, de Marion Nestle: Além da leitura, recomendo visitar o site, que é bastante informativo: www.foodpolitics.com (em inglês).

Lugar de médico é na cozinha – Cura e saúde pela alimentação viva, do dr. Alberto Peribanez Gonzalez (Alaúde, 2008): O autor mostra que a chave para a boa saúde está nos alimentos da horta e do pomar.

O dilema do onívoro – Uma história natural de quatro refeições (Intrínseca, 2007); *Em defesa da comida – Um manifesto* (Intrínseca, 2008); *Regras da comida – Um manual da sabedoria alimentar* (Intrínseca, 2010), todos de Michael Pollan: Esclarecimentos a respeito dos transtornos alimentares que acometem não só os americanos.

The Real Food Daily Cookbook: O primeiro livro de receitas que escrevi.

A nova culinária vegana

Vegetarianismo e ciência – Um ponto de vista médico sobre a alimentação sem carne, do dr. Julio Cesar Acosta Navarro (Alaúde, 2010): Leitura instrutiva para leigos e especialistas sobre as relações entre os diferentes tipos de alimentação e as diversas patologias humanas.

Vegetarian Times: Tenho orgulho de ser a chef executiva do website desta revista, que tem a maior coleção de receitas vegetarianas do mundo (www.vegetariantimes.com)

SITES

Portal Vista-se (www.vista-se.com.br)

Revista dos Vegetarianos (www.revistavegetarianos.com.br)

Segunda sem carne (www.segundasemcarne.com.br)

Seja vegano (www.sejavegano.com.br)

Sociedade Vegetariana Brasileira (www.svb.org.br)

Tudo para vegetarianos (www.tudoparavegetarianos.com.br)

Veganismo (www.veganismo.org.br)

índice remissivo

a

abacate, 136
- Guacamole de tomates-cerejas, 45
- Hambúrguer com salada, cebola caramelizada, abacate, tomate e molho rosê, 117-118
- Mexido de tofu com abacate, bacon e queijo, 31

abóbora
- Abóbora cozida com gengibre, 193
- Abóbora recheada com cozido sul-americano à moda vegana, 148
- Caldeirão de legumes com tofu acompanhado de arroz com gergelim, 144-146
- Legumes ao forno, 192
- Omelete de tofu com abobrinha, alho-poró e tomates-cerejas, 20
- Pão de lentilhas com molho saboroso sem glúten, 156
- Salada de legumes cozidos com molho de umeboshi e cebolinha, 204

abóbora cabochan, 148-150
Abóbora cozida com gengibre, 193
Abóbora recheada com cozido sul-americano à moda vegana, 148
abobrinha *veja também* abóbora.
- Abobrinha e couve-flor assadas, 191
- Omelete de tofu com abobrinha, alho-poró e tomates-cerejas, 20
- Sopa cremosa de abobrinha e ervas, 78

Abobrinha e couve-flor assadas, 191
açaí 7, 9
açúcar, 229
adoçantes, 211, 228-229
- açúcar de bordo, 229
- açúcar de cana, 229
- açúcar mascavo, 229
- malte de cevada, 229
- xarope de agave, 228-229
- xarope de arroz, 229
- xarope de bordo, 229

ágar, 198, 212
agrotóxicos, 124-125
algas marinhas, 198-199
- dulse, 198
- hijiki, 134

alho-poró
- Omelete de tofu com abobrinha, alho-poró e tomates-cerejas, 20-21
- Risoto de cevada com ervilhas, aspargos e alho-poró, 185

alimentação crua e viva, 52
alimentação natural *versus* alimentação orgânica, 53
Amêndoas condimentadas, 55
amêndoas, 55
- Amêndoas condimentadas, 55
- Biscoitos de amêndoas e geleia, 214-215
- como hidratar sementes, 11
- leite de amêndoas, 28
- Pêssegos e nectarinas com creme de amêndoas e castanhas-de-caju, 241
- Queijo à base de amêndoas, 56

amendoim, molho de, 147
amora, 9
- amoras goji, 9
- amoras secas, 9

Anvisa, Agência Nacional de Vigilância Sanitária, 124-125
aramê, 198
araruta, 212
arroz
- Arroz basmati, 182, 183, 186
- Arroz basmati com curry, 183
- Arroz com gergelim, 144-146
- Arroz de sushi, 51
- Arroz-doce com leite de coco, 231
- Arroz integral, 180, 187
- Arroz integral com centeio e legumes coloridos, 181
- Bolinhos de arroz e umeboshi, 50
- Caldeirão de legumes com tofu acompanhado de arroz com gergelim, 144-146
- leite de arroz, 29
- Mingau de arroz, 15
- Queijo à base de arroz, 56
- Risoto de cevada com ervilhas, aspargos e alho-poró, 185
- Sopa de arroz com tomate e limão, 93
- vinagre de arroz, 68
- xarope de arroz, 229

Arroz-doce com leite de coco, 231
Arroz integral com centeio e legumes coloridos, 181
aspargos, 185

A nova culinária vegana

aveia
- Granola super-hippie, 5-6
- farinha de, 221
- leite de, 29
- Mingau de aveia com quinoa, 16
- O mingau do meu marido, 14

avelãs, 234-235

azeite de oliva, 137

b

Bacon de tempeh e bordo, 25

bacon
- Bacon de tempeh e bordo, 25
- Mexido de tofu com abacate, bacon e queijo, 31
- Salada preferida da Ann com bacon de tempeh e bordo, e vinagrete de balsâmico, 138
- Tartines vegana de tomate, 72

Barrinhas de tâmaras, 230

batatas
- Batatas assadas, 23
- Linguiças de maçã com purê de batatas e inhame, 162-163
- Purê de batatas e inhame, 162-163
- Salada de batatas à moda sulista com molho de estragão e mostarda, 188, 208

Batatas assadas, 23

batata-doce
- Batata-doce frita no forno, 207
- Tempeh com crosta de nozes-pecãs acompanhado de purê de batata-doce com coco, 158-160

Batata-doce frita no forno, 207

baunilha
- Bolo bicolor com glacê de chocolate, 238-240
- Cobertura amanteigada, 223
- Cupcakes de baunilha com cobertura amanteigada, 223
- Milk-shake de baunilha, 242

biscoitos
- Biscoitos de amêndoas e geleia, 214-215
- Cookies jumble, 217

Biscoitos de amêndoas e geleia, 214-215

Bittman, Mark, 243

Bolinhos de arroz e umeboshi, 50

Bolo bicolor com glacê de chocolate, 238-240

bolos, 238-240

Borscht com creme azedo de tofu, 103

Brownies de chocolate, 213

c

Café da manhã, 3 *veja também* Smoothies
- Bacon de tempeh e bordo, 25
- Batatas assadas, 23
- Compota de frutas vermelhas, 36
- Compota de maçã e pera, 38
- Fritada de shitake, tofu e gergelim, 17
- Granola com creme de açaí, 7
- Granola super-hippie, 5-6
- leite de nozes e castanhas, 30
- leite de vegetal, 28-30
- Mexido de tofu com abacate, bacon e queijo, 31
- Mexido de tofu com cebola caramelizada e tomates secos, 22
- Mingau de arroz, 15
- Mingau de aveia com quinoa, 16
- Muffins de framboesas com nozes-pecãs, 32-33
- Omelete de tofu com abobrinha, alho-poró e tomates-cerejas, 20
- O mingau do meu marido, 14
- Panquecas de milho e mirtilos, 34
- Supervitamina matinal da Ann, 10
- Tofu benedict com molho holandês de milho assado, 26
- Torradas com xarope de framboesa, 39
- Smoothie bem vermelho, 12
- Smoothie de maçã e gengibre, 13
- Smoothie tropical, 12
- Waffles sem glúten e sem soja com compota de frutas vermelhas ou de maçãs, 35

Caldeirão de legumes com tofu acompanhado de arroz com gergelim, 144-146

caldeirões e panelas, 165

caldo, 92

carboidratos, 196

castanha-de-caju
- Creme de amêndoas e castanhas-de-caju, 241
- Creme de castanhas-de-caju, 83
- leite de, 30
- Pêssegos e nectarinas com creme de amêndoas e castanhas-de-caju, 241
- Queijo vegano de castanhas-de-caju, 57
- Sopa de cebolas caramelizadas com creme de castanhas-de-caju e croûtons com ervas, 82-83
- Torta de chocolate com castanhas-de-caju, 237

cebola
- Cebolas cozidas ao molho de missô, 203
- Hambúrguer com salada, cebola caramelizada, abacate, tomate e molho rosê, 117-119
- Mexido de tofu com cebola caramelizada e tomate seco, 22
- Sopa de cebolas caramelizadas com

índice remissivo

creme de castanhas-de-caju e croûtons com ervas, 82
Cebolas cozidas ao molho de missô, 203
cenouras, 188-189
centeio, 181
cereal matinal
    Mingau de arroz, 15
    Mingau de aveia com quinoa, 16
cevada, farinha de, 220
Chantili de tofu, 232-233
Chèvre de tofu, 109
    com casca de ervas, 110
    com casca de nozes e castanhas, 110
    com casca de pimenta, 110
chi (energia), 3
Chips de couve, 58-60
    alho e gergelim, 60
    bordo e coco, 60
    picante e condimentado, 60
    vinagre e sal marinho, 60
chocolate, 236
    Bolo bicolor com glacê de chocolate, 238-240
    Brownies de chocolate, 213
    Cupcakes de chocolate com cobertura cremosa, 225
    Glacê de chocolate, 238-240
    Milk-shake de chocolate, 242
    Torta de chocolate com castanhas-de-caju, 237
cobertura
    amanteigada, 223-224
    cremosa de chocolate, 225
    de coco, 226
    cremosa de tofu, 233
    Glacê de chocolate, 238-240
coco
    Arroz-doce com leite de coco, 231
    bebida, 29

Chips de couve com bordo e coco, 60
cobertura de coco, 226
Cupcakes de coco e limão com cobertura e fitas de coco, 226
óleo, 136-137
Tempeh com crosta de nozes-pecãs acompanhado de purê de batata-doce com coco, 158-160
cogumelos, 69
    Fritada de shitake, tofu e gergelim, 17
    Sopa de missô com gengibre, 98
    Tartine de cogumelo, espinafre e mozarela vegana, 71, 81
colesterol, 136
Compota de maçã e pera, 38
compotas
    Compota de frutas vermelhas, 36
    Compota de maçã e pera, 38
    Crumble de mirtilos, 219
condimentos, 102
condimentos asiáticos, 68-69
Cookies jumble, 217
couve-flor
    Abobrinha e couve-flor assadas, 191
    Penne ao forno com couve-flor e molho de queijo, 152
cozidos
    de legumes, 164
    sul-americano à moda vegana, 148
cozinha mais verde, 64-65
Creme de castanhas-de-caju e croûtons com ervas, 82
Creme azedo de tofu, 103-104
cremes de leite, substitutos, 232-233
croquetes, 132-134
croûtons, 83
Crumble de mirtilos, 219
cupcakes, 222-226
    Cupcakes de chocolate com cobertura

cremosa, 225
    Cupcakes de baunilha com cobertura amanteigada, 223
    Cupcakes de coco e limão com cobertura e fitas de coco, 226
curry
    Arroz basmati com curry, 183
    Salada de tofu ao curry no pão sírio, 70
    Sopa de lentilhas vermelhas com curry, 89
cuscuz, 128-129

d

damasco, 234-235
Diet for a New America (Robbins), x
Dieta para um pequeno planeta (Lappé), x
dulse, 198

e

edamame, 171
    Patê de edamame e espinafre com endívia, 44
erva-doce
    Salada de lentilhas e erva-doce, 190
    Sopa de alho assado e erva-doce com pesto, 87
ervas e especiarias, 102
ervilhas, 170
    Arroz basmati com curry, 183
    Caldeirão de legumes com tofu acompanhado de arroz com gergelim, 144-146
    Risoto de cevada com ervilhas, aspargos e alho-poró, 185
    Tofu xadrez, 175
espelta, farinha de, 221
espinafre

A nova culinária vegana

Patê de edamame e espinafre com endívia, 44
Tartine de cogumelo, espinafre e mozarela vegana, 71, 81
estragão
    Molho de estragão e mostarda, 208
    Vinagrete de estragão, 122-123
ética, xiii

f

farinhas, 220-221
Feijão, 170. *veja também* lentilha, soja
    Enchiladas de feijão-rajado, 142-143
    Feijão-vermelho com tempeh condimentado acompanhado de pão de milho apimentado, 172-173
    Hambúrguer vegano de feijão-preto, 118
    Patê de pimentão e sementes de girassol, 67
    Salada colorida com molho de tahine e gengibre acompanhada de croquetes de algas hijiki, 132-134
    Sopa de feijão-azuqui, 90
    Sopa de feijão-fradinho com pimentão vermelho, 101
Feijão-vermelho com tempeh condimentado acompanhado de pão de milho apimentado, 172
figos, 234-235
framboesas
    Muffins de framboesas com nozes-pecãs, 33
    Smoothie bem vermelho, 12
    Torradas com xarope de framboesa, 39
    Xarope de framboesa, 39-40
fritada, 17-19
    Fritada de shitake, tofu e gergelim, 17
frutas vermelhas
    Compota de frutas vermelhas, 36
    Crumble de mirtilos, 219
    Milk-shake de morango, 242
    Muffins de framboesas com nozes-pecãs, 33
    Panquecas de milho e mirtilos, 34
    Smoothie bem vermelho, 12
    Xarope de framboesa, 39

g

Gases de efeito estufa, xii
Gaspacho à moda da Califórnia, 97
gengibre
    Abóbora cozida com gengibre, 193
    Molho de tahine com gengibre, 133
    Smoothie de maçã e gengibre, 13
    Sopa de missô com gengibre, 98
    Suco de gengibre caseiro, 146
Gentry, Layton, 6
gergelim
    Arroz com gergelim, 144-146
    Caldeirão de legumes com tofu acompanhado de arroz com gergelim, 144-146
    Chips de couve com alho e gergelim, 60
    Fritada de shitake, tofu e gergelim, 17-19
    Molho de gergelim, 184
    Salada colorida com molho de tahine e gengibre acompanhada de croquetes de algas hijiki, 132-134
    Salada de trigo-sarraceno com molho de gergelim, 184
glacê, 238-240
glúten, 161
goma xantana, 212
gordura vegetal vegana, 216
gorduras, 136-137
granjas, xiii
granola, 6
Granola com creme de açaí, 7
Granola super-hippie, 5-6
grão-de-bico, 97, 132-34, 231
    Patê de edamame e espinafre, 44
    Salada colorida com molho de tahine e gengibre acompanhada de croquetes de algas hijiki, 133
Grãos e hortaliças, 179 *veja também* feijão, grãos integrais, legumes
    Abobrinha e couve-flor ao forno, 191
    Arroz basmati com curry, 183
    Arroz integral com centeio e legumes coloridos, 181
    Aveia em flocos e quinoa, 16
    Batata-doce frita no forno, 207
    Cebolas cozidas ao molho de missô, 203
    Cole slaw de yacon e cenoura, 189
    Kimpirá picante, 200
    Legumes ao forno, 192
    Nishimê, 197
    Risoto de cevada com ervilhas, aspargos e alho-poró, 185
    Salada de batatas à moda sulista, com molho de estragão e mostarda, 208
    Salada de legumes cozidos com molho de umeboshi e cebolinha, 204
    Salada de lentilhas e erva-doce, 190
    Salada de trigo-sarraceno com molho de gergelim, 184
    Salada grega com tabule de quinoa e molho de limão, 130
    Strudel de algas marinhas, 195
    Trio de folhas verdes refogadas, 206
grãos integrais, 186-187

índice remissivo

arroz basmati, 182, 186
arroz integral, 180, 187
painço, 187
quinoa, 187
trigo-sarraceno, 221
Guacamole de tomates-cerejas, 45

h

hambúrgueres, 117-119
    Hambúrguer com salada, cebola caramelizada, abacate, tomate e molho rosê, 117
    Hambúrguer vegano de feijão-preto, 118
hijiki, algas, 132-34, 198
hortaliças e verduras, 120, 154

i

inhame, 94
    Linguiças de maçã com purê de batatas e inhame, 162-163
    Sopa picante de inhame, 94

j

Jackson, James Caleb, 6
Jacobs, Larry, xii
Johns Hopkins Bloomberg School of Public Health, x

k

Kanten de damascos, figos e avelãs, 234-235
Kellog, John Harvey, 6
Kimpirá picante, 200
Kombu dashi, 99
kombu, 199

l

Lappé, Frances Moore, x
Laranja
    Molho de tahine com laranja, 114-116
    Tempeh de laranja e manjericão, 128-129
laticínios, xiii
legumes *veja também* grãos e hortaliças
    Abóbora cozida com gengibre, 193
    Abóbora recheada com cozido sul--americano à moda vegana, 148
    Abobrinha e couve-flor assadas, 191
    Arroz integral com centeio e legumes coloridos, 181
    Caldeirão de legumes com tofu acompanhado de arroz com gergelim, 144-146
    Cole slaw de yacon e cenoura, 189
    Cozido de legumes, 164
    Legumes ao forno, 192
    Nishimê, 197
    Patê de legumes e tahine, 48
    Picadinho de hortaliças assadas com vinagrete de estragão, 122-123
    Purê de batatas e inhame, 162-163
    Salada de legumes cozidos com molho de umeboshi e cebolinha, 204
    Supervitamina de legumes para o jantar, 176
    Tempeh de bordo e mostarda com cozido de legumes, 164
    Tofu xadrez, 175
leguminosas, 170
leite vegano
    caseiro, 30
    de amêndoas, 28
    de arroz, 29
    de aveia, 29
    de cânhamo, 29
    de coco, 29
    de soja, 29
lentilhas
    Pão de lentilhas com molho saboroso sem glúten, 156
    Salada de lentilhas e erva-doce, 190
    Sopa de lentilhas com legumes, 84
    Sopa de lentilhas vermelhas com curry, 89
levedura nutritiva, 19
Linguiças de maçã com purê de batatas e inhame, 162-163
linhaça, 9, 11, 108-110
Living the good life (Nearing e Nearing), xii

m

maçã
    Compota de maçã e pera, 38
    Linguiças de maçã com purê de batatas e inhame, 162-163
    Smoothie de maçã e gengibre 13
    Waffles sem glúten e sem soja com compota de frutas vermelhas ou de maçã e pera, 35-38
Macarrão setsuan com molho picante de amendoim, 147
macrobiótica, ix, 202
malte de cevada, 229
Molho de manga, 46
manteiga, substitutos da, 216
margarina, 216
massas
    Macarrão setsuan com molho picante de amendoim, 147
    Penne ao forno com couve-flor e molho de queijo, 152

A nova culinária vegana

Rolinhos de lasanha com ricota de tofu e molho de tomate, 166
Mexido de tofu com abacate, bacon e queijo, 31
Mexido de tofu com cebola caramelizada e tomate seco, 22
milho
    farinha de, 221
    Molho holandês de milho assado, 25-26
    Panquecas de milho e mirtilos, 34
    Pão de milho apimentado, 172-173
    Tempeh com crosta de nozes-pecãs acompanhado de purê de batata-doce com coco, 158-160
Milk-shake de baunilha, 242
Milk-shake de chocolate, 242
Milk-shake de morango, 242
Milk-shakes veganos, 242
mingaus
    Mingau de arroz, 15
    Mingau de aveia com quinoa, 16
    mingau matinal, 14-16
    O mingau do meu marido, 14
Minha niçoise, 126-127
mirin, 68
mirtilos
    Crumble de mirtilos, 219
    Panquecas de milho e mirtilos, 34
missô, 68
    Cebolas cozidas ao molho de missô, 203
    Molho de missô, 128-129, 203
    Sopa de missô com gengibre, 98
mixers, 88
molhos
    Holandês de milho assado, 25-26
    Molho cítrico, 67
    Molho de chipotle, 112-113
    Molho de gergelim, 184

Molho de limão, 130-131
Molho de manga, 46-47
Molho de missô, 128-129, 203
molho para panquecas, 142-143
Molho de queijo, 152-153
Molho de salada caseiro, 110
Molho de tahine com gengibre, 132-134
Molho de tahine com laranja, 114-116
Molho de tomate, 166-169
Molho de umeboshi e cebolinha, 204-205
Molho picante de amendoim, 147
Molho rosê, 117-119
Molho saboroso sem glúten, 156-157
mudanças climáticas, xii
muffins, 32-33
    Muffins de framboesas com nozes-pecãs, 32-33

n

Nearing, Helen, xii
Nearing, Scott, xii
nectarina, 241
Nishimê, 197
nori, 50, 199
nozes e castanhas, 136-137
    Amêndoas condimentadas, 55
    Pesto vegano, 87-88
    pistaches, 55
    torradas 54-55

o

óleo de coco, 136-137
óleo na confeitaria, 224
omeletes, 20-21
    Omelete de tofu com abobrinha, alho-poró e tomates-cerejas, 20-21

orgânico
    alimentação, 53
    produtos 124-125

p

painço, 187
panquecas, 34, 142
    Panquecas de milho e mirtilos, 34
pão
    pão de lentilhas, 156
    Pão de lentilhas com molho saboroso sem glúten, 156
    pão de linhaça, 72-73
    pão de milho apimentados, 172
papel-manteiga, 60
patês, 44, 48, 67
    Patê de edamame e espinafre com endívia, 44
    Patê de legumes e tahine, 48
    Patê de pimentão e sementes de girassol, 67
Penne ao forno com couve-flor e molho de queijo, 152
peras, 38
Pêssegos e nectarinas com creme de amêndoas e castanhas-de-caju, 241
pesto
    maionese de pesto, 61
    vegano, 87-88
Petiscos e sanduíches, 43
    Amêndoas condimentadas, 55
    Bolinhos de arroz e umeboshi, 50
    Chips de couve, 58-60
    Guacamole de tomates-cerejas, 45
    Molho cítrico, 67
    Molho de manga, 46, 47
    Nozes e castanhas torradas, 54-55
    Pão de linhaça com tempeh de

índice remissivo

mostarda e chucrute, 72-73
Patê de edamame e espinafre com endívia, 44
Patê de legumes e tahine, 48
Patê de pimentão e sementes de girassol, 67
Pistaches torrados, 55
Queijo quente, 49
Queijo vegano de castanhas-de-caju, 57
Salada de tofu ao curry no pão sírio, 70
Sanduíches abertos, 71-73
Sementes de abóbora com tamari, 54
Tartine de cogumelo, espinafre e mozarela vegana, 71, 81
Tartine de bacon vegano, 72
Tofu com casca de linhaça, 67
Wrap cru e vivo, 67
Wrap de tofu com linhaça, legumes grelhados e maionese de pesto, 61-63
Picadinho de hortaliças assadas com vinagrete de estragão, 122
pipoca, 60
pistaches, 55
Poderosa vitamina matutina da Ann, 10
Pollan, Michel, x
processadores, 13, 88
produtos orgânicos, 124-25
proteína, xi, 170-171
proteína vegetal, 170-171
Purê de batatas e inhame, 162-163

q

Queijos
    Chèvre de tofu, 108-110
    de amêndoas, 56
    de arroz, 56
    de soja, 57

    de vegetal, 56-57
    Mexido de tofu com abacate, bacon e queijo, 31
    Queijo quente, 49
    Ricota de tofu, 166-169
    Tartine de cogumelo, espinafre e mozarela vegana, 71, 81
    vegano de castanhas-de-caju, 57
quinoa, 16
    Salada grega com tabule de quinoa e molho de limão, 130-131

r

raízes, 154-155
Real Food Daily, restaurante, xiii, xiv
Refeições simples, 141
    Abóbora recheada com cozido sul-americano à moda vegana, 148
    Caldeirão de legumes com tofu acompanhado de arroz com gergelim, 145
    Enchiladas de feijão-rajado, 142
    Feijão-vermelho com tempeh condimentado acompanhado de pão de milho apimentado, 172
    Linguiças de maçã com purê de batatas e inhame, 162
    Macarrão setsuan com molho picante de amendoim, 147
    Pão de lentilha com molho saboroso sem glúten, 156
    Penne ao forno com couve-flor e molho de queijo, 152
    Rolinhos de lasanha com ricota de tofu e molho de tomate, 166
    Supervitamina de legumes para o jantar, 176
    Tempeh com crosta de nozes-pecãs

acompanhado de purê de batata-doce com coco, 159
    Tempeh de bordo e mostarda com cozido de legumes, 164
    Tofu xadrez, 175
Ricota de tofu, 166-169
Risoto de cevada com ervilhas, aspargos e alho-poró, 185
Robbins, John, x
Rolinhos de lasanha com ricota de tofu e molho de tomate, 166

s

sal marinho, 104
Salada à moda do sudoeste com molho de chipotle e tirinhas de tortilha, 112
Salada colorida com molho de tahine e gengibre acompanhada de croquetes de algas hijiki, 133
Salada de agrião e alface com cuscuz marroquino, tempeh de laranja e manjericão com molho de missô, 128
Salada de batatas à moda sulista, com molho de estragão e mostarda, 188, 208
Salada de chèvre de tofu com vinagrete de ervas e linhaça, 108
Salada de couve com tempeh de mostarda ao molho de tahine com laranja, 115
Salada de couve fresca, 115
Salada de legumes cozidos com molho de umeboshi e cebolinha, 204-205
Salada de lentilhas e erva-doce, 190
Salada de tofu ao curry no pão sírio, 70
Salada de trigo-sarraceno com molho de gergelim, 184
Salada grega com tabule de quinoa e molho de limão, 130

A nova culinária vegana

Salada preferida da Ann com bacon de tempeh e bordo, e vinagrete de balsâmico, 138
saladas, 107
    Cole slaw de yacon e cenoura, 189
    Hambúrguer com salada, cebola caramelizada, abacate, tomate e molho rosê, 117-119
    Minha niçoise, 126-127
    Picadinho de hortaliças assadas com vinagrete de estragão, 122-123
    Salada à moda do sudoeste com molho de chipotle e tirinhas de tortilha, 112-113
    Salada colorida com molho de tahine e gengibre acompanhada de croquetes de algas hijiki, 132-134
    Salada de agrião e alface com cuscuz marroquino, tempeh de laranja e manjericão com molho de missô, 128-129
    Salada de batatas à moda sulista, com molho de estragão e mostarda, 208
    Salada de chèvre de tofu com vinagrete de ervas e linhaça, 108-110
    Salada de couve fresca com tempeh de mostarda ao molho de tahine com laranja, 115-116
    Salada de legumes cozidos com molho de umeboshi e cebolinha, 204-205
    Salada de lentilhas e erva-doce, 190
    Salada de tofu ao curry no pão sírio, 70
    Salada de trigo-sarraceno com molho de gergelim, 184
    Salada grega com tabule de quinoa e molho de limão, 130-131
    Salada preferida da Ann com bacon de tempeh e bordo, e vinagrete de balsâmico, 138

sanduíche
    Queijo quente, 49
    Sanduíches abertos, 71-73
Segunda-feira sem carne, x
seitan, 153
sem glúten, alimentação, 161
    farinhas, 220
    Pão de lentilhas com molho saboroso sem glúten, 156
Sementes de abóbora com tamari, 54
sementes, 137
    abóbora, 54
    como hidratar sementes, 11
    linhaça, 9
    Patê de pimentão e sementes de girassol, 67
    Sementes de abóbora com tamari, 54
    Tofu com casca de linhaça
    Vinagrete de ervas e linhaça, 108-110
shitake, cogumelos 69
    Fritada de shitake, tofu e gergelim, 17
silicone, utensílios de 24
Smoothie bem vermelho, 12
Smoothie de maçã e gengibre, 13
Smoothie tropical, 12
Smoothies, xi-xii
    Smoothie bem vermelho, 12
    Smoothie de maçã e gengibre, 13
    Smoothie tropical, 12
    Supervitamina de legumes para o jantar, 176
    Supervitamina matinal da Ann, 10
Sobremesas, 209
    Arroz-doce com leite de coco, 231
    Barrinhas de tâmaras, 230
    Biscoitos de amêndoas e geleia, 214
    Bolo bicolor com glacê de chocolate, 238
    Brownies de chocolate, 213
    Crumble de mirtilos, 219

    Cupcakes de baunilha com cobertura amanteigada, 223
    Cupcakes de chocolate com cobertura cremosa, 225
    Cupcakes de coco e limão com cobertura e fitas de coco, 226
    Cookies jumble, 217
    Kanten de damascos, figos e avelãs, 235
    Milk-shake de baunilha, 242
    Milk-shake de chocolate, 242
    Milk-shake de morango, 242
    Pêssegos e nectarinas com creme de amêndoas e castanhas-de-caju, 241
    Torta de chocolate com castanhas-de-caju, 237
soja, 171 *veja também* tofu
Sopa cremosa de abobrinha e ervas, 78
Sopa de alho assado e erva-doce com pesto, 86-87
Sopa de arroz com tomate e limão, 93
Sopa de cebolas caramelizadas com creme de castanhas-de-caju e croûtons com ervas, 82-83
Sopa de feijão-azuqui, 90
Sopa de feijão-fradinho e pimentão vermelho, 100-101
Sopa de lentilhas com legumes, 84
Sopa de lentilha vermelha com curry, 89
Sopa de missô com gengibre, 98
Sopa de tomates assados, 80-81
Sopa picante de inhame, 94
sopas, 77
    Borscht com creme de tofu azedo, 103-104
    caldo para sopas, 92
    como engrossar, 79
    Gaspacho à moda da Califórnia, 97
    Kombu dashi, 99
    Sopa cremosa de abobrinha e ervas, 78

A nova culinária vegana

caramelizada, abacate, tomate e molho rosê, 117-118
Mexido de tofu com cebola caramelizada e tomate seco, 22
Molho de tomate, 166-169
Omelete de tofu com abobrinha, alho-poró e tomates-cerejas, 20-21
Rolinhos de lasanha com ricota de tofu e molho de tomate, 166
Sopa de arroz com tomate e limão, 93
Sopa de tomates assados, 80-81
Tartine de bacon vegano, 72
tomates secos, 22
Torradas com xarope de framboesa, 39-40
tortas, 237
Torta de chocolate com castanhas-de-caju, 237
trigo-sarraceno, 221
Trio de folhas verdes refogadas, 206

U

umeboshi, 69
    Bolinhos de arroz e umeboshi, 50
    Salada de legumes cozidos com molho de umeboshi e cebolinha, 204-205

V

veganos, 53
vegetarianos, 53
verduras, 120
vinagre, 60, 68
vinagrete
    Vinagrete balsâmico, 138
    Vinagrete de ervas e linhaça, 108-110
    Vinagrete de estragão, 122-123

W

Waffles, 35-38
Waffles sem glúten e sem soja com compota de frutas vermelhas ou de maçã e pera, 35
Wrap cru e vivo, 66-67
Wrap de tofu com linhaça, legumes grelhados e maionese de pesto, 61-63
Wraps, 61-63, 67

X

xarope de agave, 228-229
xarope de bordo, 227, 229
    Bacon de tempeh e bordo, 25
    Chips de couve com bordo e coco, 59-60
    Tempeh de bordo e mostarda com cozido de legumes, 164
xaropes
    xarope de agave, 228-229
    xarope de arroz integral, 229
    xarope de bordo, 227
    xarope de framboesa, 39-40

Y

yacon
    Cole slaw de yacon e cenoura, 188-189
    Salada à moda do sudoeste com molho de chipotle e tirinhas de tortilha, 112

índice remissivo

Sopa de alho assado e erva-doce com pesto, 86-87
Sopa de arroz com tomate e limão, 93
Sopa de cebolas caramelizadas com creme de castanhas-de-caju e croûtons com ervas, 82-83
Sopa de feijão-azuqui, 90
Sopa de feijão-fradinho e pimentão vermelho, 100-101
Sopa de lentilhas com legumes, 84
Sopa de lentilhas vermelhas com curry, 89
Sopa de missô com gengibre, 98
Sopa de tomates assados, 80-81
Sopa picante de inhame, 94
sorvete vegano, 30
spa, x
strudel, 194-196
    Strudel de algas marinhas, 195
substitutos para a manteiga, 232-233
Supervitamina de legumes para o jantar, 176
Supervitamina matinal da Ann, 10
superalimentos exóticos, 8-9
    açaí, 9
    amoras goji, 9
    amoras secas, 9
    linhaça, 9
sustentabilidade, 51

tabule, 130-131
tahine
    Molho de tahine com gengibre, 132-134
    Molho de tahine com laranja, 114-116
    Patê de legumes e tahine, 48
tamari, 69
    Sementes de abóbora com tamari, 54
tapioca, queijo à base de, 57

Tartine de cogumelo, espinafre e mozarela vegana, 71, 81
Tartines vegana de tomate, 72
Técnicas de corte
    em cubos, 74
    em palitinhos 201
    em quartos, 21
    em tiras compridas, 111
    meia-lua, 21
    oblíquo, 174
    picado, 85
Tempeh com crosta de nozes-pecãs acompanhado de purê de batata-doce com coco, 158-160
tempeh, 171
    Bacon de tempeh e bordo, 25
    Feijão-vermelho com tempeh condimentado acompanhado de pão de milho apimentado, 172-173
    Pão de linhaça com tempeh de mostarda e chucrute, 72-73
    Salada de agrião e alface com cuscuz marroquino, tempeh de laranja e manjericão com molho de missô, 128-129
    Salada de couve com tempeh de mostarda ao molho de tahine com laranja, 115-116
    Salada preferida da Ann com bacon de tempeh e bordo, e vinagrete de balsâmico, 138
    Tempeh com crosta de nozes-pecãs acompanhado de purê de batata-doce com coco, 158-160
    Tempeh de bordo e mostarda com cozido de legumes, 164
    Tempeh de manjericão e laranja e molho de missô, 128-129

Time Magazine, 6
Tirinhas de tortilla de agave e pimenta vermelha, 112-113
tofu, 171
    Caldeirão de legumes com tofu acompanhado de arroz com gergelim, 144-146
    Chantili de tofu, 233
    Chèvre de tofu, 108-110
    Chèvre de tofu com casca de ervas, 110
    Chèvre de tofu com casca de nozes e castanhas, 110
    Chèvre de tofu com casca de pimenta, 110
    Creme de tofu azedo, 103-104
    Fritada de shitake, tofu e gergelim, 17
    Mexido de tofu com abacate, bacon e queijo, 31
    Mexido de tofu com cebola caramelizada e tomate seco, 22
    Minha niçoise, 126-127
    Omelete de tofu com abobrinha, alho-poró e tomates-cerejas, 20-21
    Ricota de tofu, 166-169
    Rolinhos de lasanha com ricota de tofu e molho de tomate, 166
    Salada de chèvre de tofu com vinagrete de ervas e linhaça, 108-110
    Salada de tofu ao curry no pão sírio, 70
    Tofu benedict com molho holandês de milho assado, 26
    Tofu com casca de linhaça, 67
    Tofu xadrez, 175
    Wrap de tofu com linhaça, legumes grelhados e maionese de pesto, 61-63
tomate
    Guacamole de tomates-cerejas, 45
    Hambúrguer com salada, cebola